Les politiciens
n'ont pas d'enfants

DU MÊME AUTEUR


*Les Enfants de Calliope*
NATS EDITIONS, 2014

Cyane

# Les politiciens
# n'ont pas d'enfants

*Pourquoi nos politiciens agissent délibérément
contre les intérêts de ceux qu'ils sont censés servir*

Édition : BoD – Books on Demand,
12/14 rond-point des Champs-Élysées, 75008 Paris
Impression : BoD – Books on Demand, Norderstedt, Allemagne

ISBN : 9782322095858

Dépôt légal : janvier 2020

*Le principal fléau de l'humanité n'est pas l'ignorance
mais le refus de savoir.*
Simone de Beauvoir

Je dédie ce livre à nos enfants.
Qu'ils sachent qu'il existe encore sur cette terre
des adultes qui pensent à leur avenir.

# Introduction

*On a l'impression que vous, les Français, aimez manifester et faire la grève. C'est votre sport national, non ?* Que répondre à ceux qui ne vont jamais gratter plus loin, et qui se cantonnent à leurs préjugés rassurants ? L'impuissance à changer les choses est plus facile à vivre dans l'ignorance, mais elle ne change ni votre destin ni celui du monde. Quand certains s'étonnent que d'autres se rebellent, moi je m'étonne du contraire, et je me demande comment ce système peut être encore en place malgré ses nombreuses victimes.

On peut avoir quelque raison de ne rien faire lorsqu'un politicien prend une décision qui va contre nos intérêts ou nos valeurs, mais il est impossible de ne pas s'indigner lorsqu'on le voit choisir délibérément, parmi une centaine d'options possibles, la pire de toutes, celle qui sera de loin la plus absurde et la plus préjudiciable à nos vies. Encore fallait-il connaître ces autres options, puis comprendre pourquoi elles ont été sciemment écartées. Encore fallait-il vouloir quitter le cocon réconfortant de nos certitudes pour chercher la vérité.

Ce livre s'adresse à tous les cartésiens qui ont envie de savoir pourquoi ce monde ne tourne pas rond, et qui veulent confronter leurs intuitions à des chiffres et des faits, aussi tangibles que vérifiables, pour se forger ensuite leur propre opinion. Ce livre ne vous rendra pas malheureux – il vous mettra peut-être parfois en colère – et n'essaiera pas de vous changer, mais il peut constituer un nouveau point de départ dans votre vie. Car il est certain qu'après l'avoir lu, vous ne pourrez plus rester retranché dans vos quartiers en disant : « je ne savais pas ».

# 1. Le monde comme il va

> *Parfois, les gens ne veulent pas entendre la vérité parce qu'ils ne veulent pas que leurs illusions se détruisent.*

> Friedrich Nietzsche

## 1.1.   Une croissance infinie dans un monde fini ?

> *Quand le dernier arbre aura été coupé ; quand la dernière rivière aura été empoisonnée ; quand le dernier poisson aura été attrapé ; seulement alors, l'Homme blanc se rendra compte que l'argent ne se mange pas.*

Proverbe amérindien

Hongrie, le 4 octobre 2010, la digue d'un réservoir de l'usine de fabrication d'aluminium d'Ajka cède et déverse sur les villages avoisinants près d'un million de mètres cubes de boues rouges toxiques et corrosives. Chargées en plomb, arsenic et mercure, elles brûlent chimiquement tout ce qu'elles rencontrent : la faune, la flore, la peau et les yeux… En plus du désastre environnemental, le bilan s'élève à des milliers d'habitants évacués, une centaine de blessés et sept morts. Il s'agit de la plus grande catastrophe environnementale de l'histoire de ce pays.

Quelques années auparavant, le 30 janvier 2000 à Baia Mare, c'était la Roumanie qui était touchée, avec la rupture d'un réservoir de cyanure, massivement utilisé dans l'industrie aurifère pour extraire l'or du minerai. Environ 100 000 mètres cubes de cyanure se sont déversés dans la rivière Tisza et le Danube, provoquant la mort de plus de 100 tonnes de poissons, éradiquant 19 espèces protégées et détruisant toute vie sur une distance de plus de 400 kilomètres.

Plus loin, entre mai et octobre 2015, le lac Bellandur, en Inde, a pris plusieurs fois feu. En cause, les eaux usées qui y sont rejetées par les usines sont tellement chargées en méthane et autres produits chimiques que ce mélange toxique crée une réaction de combustion spontanée. Quand il ne prend pas feu, ce mélange produit à la surface du lac une abondante mousse qui, éparpillée par le vent, devient irritante pour les yeux, la peau et les voies respiratoires en quelques secondes de contact seulement. Autrefois, ce lac était utilisé pour l'irrigation, la pêche, et même comme réserve d'eau potable ; maintenant, c'est un lac mort et mortel pour les milliers de gens qui vivent autour.

Le 12 août 2015, à Tianjin en Chine, un entrepôt de produits chimiques explose, libérant dans l'atmosphère 2400 tonnes de produits toxiques dont 700 tonnes de cyanure de sodium. Le bilan est de 173 morts et près de 800 blessés.

Le 25 janvier 2019, à Brumadinho au Brésil, la rupture d'un barrage minier contenant 12,7 millions de mètres cubes de déchets a provoqué un déferlement de boues chargées de résidus qui a tout emporté sur son passage sur une dizaine de kilomètres, faisant plus de 160 morts et presque autant de disparus.

On pourrait continuer cette énumération mais la liste serait trop longue. Selon *l'International Disaster Database*[1], on dénombrait jusque dans les années 1970 moins d'une vingtaine de catastrophes « technologiques » par an. Aujourd'hui, cela tourne autour de deux cents.

Au-delà des pertes humaines, on peut se demander combien de temps encore notre planète pourra supporter cet assassinat à petit feu. Ces désastres ne sont que la partie la plus visible de l'impact de l'homme sur la Terre, mais pas forcément la plus meurtrière : qu'en est-il de la pollution courante, celle qui s'effectue chaque jour avec l'aval des autorités ?

Selon l'Organisation mondiale de la Santé (OMS), environ 7 millions de personnes dans le monde meurent chaque année en raison de la pollution de l'air, soit 1 décès sur 8, principalement à travers les maladies cardio-vasculaires et le cancer.

La grande majorité des polluants, gaz ou particules, proviennent de l'utilisation des combustibles fossiles (pétrole, gaz naturel et charbon) qui, à eux seuls, couvrent environ 80% des besoins énergétiques mondiaux. Dans les sociétés occidentales, ce sont les transports qui génèrent le plus de particules nocives, et c'est pourquoi les taux de pollution les plus élevés s'observent aux abords des grandes artères routières ; mais la pollution de l'air n'a pas de frontières, et les polluants comme les particules fines peuvent voyager sur plusieurs milliers de

---

[1] http://www.emdat.be/

kilomètres. Ainsi, jusqu'à 50% du mercure qui se dépose chaque année en Amérique du Nord proviendrait... des centrales à charbon de Chine et d'Inde.[2] Nul ne peut en effet se considérer épargné, car sur cette planète trop petite, nous sommes tous plus ou moins voisins.

« Trop petite » en effet, car selon le Global Footprint Network (GFN), nous consommons chaque année 1,6 planète Terre, soit plus que les ressources qu'elle peut nous renouveler en un an. En d'autres termes, à partir du mois d'août, nous empruntons aux générations futures ce que nous consommons et, bien évidemment, nous n'avons pas encore la moindre idée de quand et comment nous pourrons rembourser notre dette.

Ce problème que nous léguons aux prochaines générations n'inquiète pas vraiment nos industriels, et surtout pas ceux de la pêche. Savez-vous par exemple ce qu'est la pêche au chalut ? On jette au fond de la mer un lourd filet (le chalut) de cent mètres de long qui va tout racler sur son passage et détruire des coraux qui ont mis des centaines voire des milliers d'années à se constituer, ainsi que les écosystèmes qu'ils abritent. Ensuite, parmi les espèces attrapées, on fait le tri et on rejette à la mer tous ces poissons morts qui ne sont pas de l'espèce visée, soit de 20% à 50% du poisson pêché.[3]

Les boucheries poissonnières de nos chalutiers ne sont évidemment pas sans conséquence : environ 3% des espèces de poissons ont déjà disparu, 28% vont l'être prochainement[4] et les autres, selon les prévisions les plus pessimistes, devraient disparaître entre 2035 et 2050[5].

Hélas ! l'aquaculture, loin d'être la solution, ne fait qu'accélérer cette extinction puisqu'il faut entre 2,5 et 4 kilos de poissons sauvages pour produire 1 kilo de poissons d'élevage. Sans compter que, pour éviter les risques d'épidémie, les piscicultures européennes comptent plus de trente souches d'antibiotiques, qui se retrouvent dans la mer et

---

[2] *Global Mercury Assessment*, United Nations Environment Programme (UNEP) – Chemicals, Suisse, 2002.

[3] *Surpêche : les poissons pourraient disparaître d'ici 2035*, Nolwenn Weiler, Bastamag (www.bastamag.net), 17 juin 2013.

[4] Selon l'Organisation des Nations Unies pour l'alimentation et l'agriculture (FAO) dans la première partie de son rapport intitulé *Situation mondiale des pêches et de l'aquaculture 2010*.

[5] Date calculée par le professeur canadien en biologie marine Boris Worm, sur la base des tendances actuelles de baisse des stocks.

dans notre assiette, à côté du colorant E161g que l'on rajoute dans l'alimentation du saumon d'élevage pour lui donner sa belle couleur rosée (car il ne mange pas les petits crustacés qui lui donnent cette couleur à l'état naturel) pourtant mis en cause dans la déficience visuelle chez les enfants ; tout ça pour avoir au final un poisson plus gras et moins riche en oméga-3 que son homologue sauvage[6], et également plus toxique : une étude sur le saumon d'élevage a montré qu'il est un des aliments les plus toxiques au monde, les polluants se fixant dans la graisse et celui-ci étant particulièrement gras.[7]

Mais la pêche intensive n'est pas la seule cause de la disparition de nos poissons. Ils sont aussi victimes du rejet des eaux usées domestiques, industrielles, minières et agricoles. On note une augmentation globale de leur teneur en plomb, mercure, cadmium, arsenic, cuivre et BPC. Dans les huîtres chinoises par exemple, on a recensé des concentrations de cuivre 740 fois supérieures à la normale.[8]

A cette pollution d'origine terrestre s'ajoute aussi l'augmentation du fret maritime mondial, avec sur les mers environ 60 000 navires de fret, qui polluent chacun autant que le parc automobile français (le fioul des navires, de très mauvaise qualité, possède une teneur en soufre environ 3500 fois supérieure à celle du diesel des voitures), sans compter qu'on dénombre un naufrage tous les trois jours pour des navires de plus de 300 conteneurs.[9] Quant aux paquebots de croisière, une étude de l'ONG Transport & Environnement publié le 4 juin 2019 révèle que le plus gros opérateur de croisières de luxe, Carnival Corporation, émet dix fois plus de dioxyde de soufre que l'ensemble du parc automobile européen (260 millions de véhicules).

A cette pollution maritime s'ajoute enfin la part de $CO_2$ absorbée par nos océans, qui a entraîné une acidification rapide de ces derniers. Il fallait autrefois 10 000 ans pour que le pH varie de 0,1 unité ; il n'en faut plus que 25 aujourd'hui ! A cette allure, les écosystèmes marins,

---

[6] Extrait de l'article de Jean-Sébastien Mora intitulé *La mer malade de l'aquaculture*, repris dans Le Monde Diplomatique de décembre 2015.

[7] *Elevage en eaux troubles*, Envoyé spécial du 7 novembre 2013 diffusé sur France 2.

[8] *Des coquillages à la sauce métaux lourds*, Courrier International, 17 novembre 2011.

[9] *Cargos, la face cachée du fret* diffusé le mardi 9 février 2016 sur la chaîne de télévision France 5.

dont beaucoup dépendent de la calcification (qui est elle-même perturbée par l'acidification), n'auront probablement pas le temps de s'adapter.[10]

Si le bilan des mers n'est pas glorieux, celui des lacs l'est encore moins.

La mer d'Aral, en Asie Centrale, qui était l'un des plus grands lacs salés du monde dans les années 1960, a perdu 90% de sa superficie. *Les vingt-huit espèces endémiques de poissons du lac ont disparu, tuées par les quantités colossales de pesticides accumulées au fond du bassin. Avec l'évaporation de l'eau, ces pesticides tapissent désormais le lit desséché de la mer d'Aral. Entraînés à plusieurs kilomètres des rivages par de violentes tempêtes de sable, ils ont également contaminé les populations alentour. Dans cette région, le taux de mortalité infantile est l'un des plus élevés au monde, les cancers et les cas d'anémies sont en constante augmentation.*[11]

Le lac Tchad, en Afrique, qui a été l'un des plus grands réservoirs d'eau au monde, a perdu également 90% de sa superficie. *La catastrophe humanitaire qui succédera au désastre écologique nécessite des interventions urgentes. Il faut stopper la disparition tragique du lac Tchad et sauver les moyens d'existence des millions de personnes qui vivent dans cette vaste région.*[12]

Le lac d'Ourmieh, plus grand lac du Moyen-Orient et troisième plus grand lac d'eau salée de la planète, a perdu 80% de sa superficie. *Si le lac d'Orumieh, classé réserve de biosphère par l'UNESCO, devait s'assécher entièrement, ce sont dix milliards de tonnes de poussière de sel qui subsisteraient. Or, la dispersion de ce sel représente une réelle menace pour l'écosystème du nord-ouest de l'Iran.*[13]

Le lac Mead, lac artificiel créé dans les années 1930 pour alimenter en eau Las Vegas, la Californie, le Nevada et l'Arizona, n'est plus qu'à 35% de ses capacités. Il répond aux besoins en irrigation, récréation et

---

[10] Lire l'étude d'Eric Douville, du laboratoire des sciences du climat et de l'environnement. Parmi les écosystèmes marins les plus fragilisés, on trouve les récifs coralliens qui accueillent près de 25% des poissons de la planète.
[11] Marie Dias-Alves dans son article du 8 octobre 2014 publié dans le National Géographic.
[12] Déclaration de Parviz Koohafkan, directeur de la division terre et eau de la FAO en 2009.
[13] *Iran : le lac d'Orumieh menacé d'assèchement*, Émeline Ferard, le 07 septembre 2011 pour maxisciences.com.

eau potable de plus de 20 millions de personnes, avec un problème de surexploitation et de contamination par certains polluants dont pesticides et perchlorate d'ammonium 1, un perturbateur endocrinien, qui au-delà d'une certaine dose peut affecter le système hormonal, via la thyroïde, et peut-être aussi (à plus fortes doses) causer une augmentation de risque de cancer de la thyroïde ou de troubles du développement neurologique.[14]

Le lac Poopó, considéré comme le deuxième plus grand lac d'Amérique du Sud, a perdu 99% de sa superficie. C'est une centaine d'espèces qui ont disparu et des centaines de familles de pêcheurs qui ont dû abandonner leur mode de vie lacustre.

Le lac Poyang, qui était la deuxième plus grande surface d'eau douce de Chine, a perdu 100% de sa superficie et n'est plus aujourd'hui qu'une longue étendue de boue craquelée.

La liste est longue, mais le désastre qui affecte nos eaux de surface n'est rien en comparaison de celui qui impacte nos nappes phréatiques. En effet, un tiers des plus grandes réserves d'eau souterraines de la planète sont surexploitées et menacées d'assèchement, et parmi les 37 plus grandes ressources aquifères mondiales, 8 sont surutilisées et ne bénéficient plus d'aucune reconstitution naturelle, tandis que 5 souffrent d'une exploitation bien plus rapide que leur reconstitution.[15] Si la tendance actuelle à l'augmentation des prélèvements en eau se poursuit, entre la moitié et les deux tiers de l'humanité devraient être en situation dite de stress hydrique en 2025, seuil d'alerte retenu par l'Organisation des Nations Unies (ONU) et correspondant à moins de 1 700 mètres cubes d'eau douce disponible par habitant et par an. Selon Tom Gleeson, chercheur montréalais de l'Université McGill, les nappes phréatiques du monde sont exploitées 3,5 fois plus rapidement qu'elles ne se régénèrent. Comme le souligne Brian Richter, *une grande partie de cette eau accumulée pendant des milliers d'années, qui représente l'héritage de plusieurs générations passées, est désormais épuisée en l'espace de quelques décennies.*[16]

---

[14] Lire *Ammonium Perchlorate Contamination of Colorado River Drinking Water is Associated With Abnormal Thyroid Function in Newborns in Arizona* paru dans le Journal of Occupational and Environmental Medicine de septembre 2000.

[15] *L'eau des réserves souterraines mondiales est sur-utilisée*, Le monde, 17 juin 2015.

[16] Brian Richter, *La crise de l'eau*, De Boeck Supérieur, 2017, p. 35.

La première cause de cet assèchement progressif vient de l'agriculture, qui représente 70% de la consommation en eau de la planète, et 40% de l'eau utilisée en agriculture provient des aquifères (ce chiffre passe à 60% aux Etats-Unis). L'agriculture englobe aussi les productions céréalières pour l'élevage, sachant qu'il faut environ 15 000 litres d'eau pour produire un kilo de bœuf.[17]

Le cercle vicieux est que cette eau utilisée par l'agriculture retourne ensuite dans les réserves souterraines. En France, plus de la moitié des nappes phréatiques sont polluées[18], et selon une enquête publiée par l'Institut français de l'environnement (IFEN) en 2003, pas moins de 148 pesticides différents ont été trouvés dans les eaux de surface (sur 320 recherchés) et 62 dans les eaux souterraines (sur 292 recherchés). Rien qu'en Loire-Bretagne, les pesticides sont présents sur 90% des mesures en rivière et 58% des mesures souterraines. De son côté, l'agence de l'eau Rhône Méditerranée Corse, qui effectue des prélèvements réguliers six à douze fois par an, continue d'identifier dans ses cours d'eau des traces d'utilisation renouvelée d'une trentaine de pesticides qui sont pourtant interdits depuis plus de dix ans.[19] Concernant les engrais chimiques, le constat est similaire, et une nouvelle enquête réalisée en 2009 a pu montrer que la pollution de l'eau par les nitrates continue globalement d'augmenter. Ce phénomène est si important que, de 1994 à 2015, on a dû abandonner 8 627 captages d'eau destinés à la consommation humaine (et le nombre annuel moyen d'abandons s'accélère, passant de 150 cas en 1994 à plus de 500 en 2015). Dans 38% des cas cela était dû notamment à la teneur excessive en nitrates et en pesticides, et dans 11% des cas aux débits devenus trop faibles.[20] Par ailleurs, sur la période 1998-2008 (on ne tient pas

---

[17] Selon le *Water footprint network* qui prend en compte également l'eau nécessaire pour faire pousser les céréales fourragères qui le nourriront.

[18] Chiffres disponibles sur www.ledeveloppementdurable.fr.

[19] *La contamination des rivières par les pesticides s'est durablement généralisée*, Le Monde, 25 septembre 2014.

[20] http://www.donnees.statistiques.developpement-durable.gouv.fr/lesessentiels/indicateurs/a309.html.

compte de l'année 2009 qui a connu un nombre record de 800 abandons de captages), 35 départements ont eu plus de captages abandonnés que de nouveaux captages mis en service.[21]

Plus globalement en Europe, 90% des cours d'eau ont de fortes concentrations de nitrates, et 5% d'entre eux présentent des concentrations qui correspondent à au moins 200 fois les niveaux de nitrate qu'on trouve normalement dans les cours d'eau non pollués. En Pologne, les trois quarts des cours d'eau sont tellement pollués qu'on ne peut même pas les employer à des fins industrielles. En Espagne, 60% des eaux courantes sont impropres à la consommation. Les lits de ces cours d'eau y sont notamment pollués par les engrais des terres irriguées et les eaux non épurées.[22]

En deuxième cause de cet assèchement progressif, on retrouve les besoins industriels, à hauteur d'environ 20% de l'eau consommée, avec le même cercle vicieux que l'agriculture puisque l'eau utilisée dans les processus industriels retourne souvent contaminer les nappes phréatiques, chargée de métaux lourds ou de produits chimiques. En Chine, plus de la moitié (57%) de l'eau des réserves souterraines chinoises serait ainsi non potable[23]. Les industries lourdes ou chimiques ne sont pas les seules à blâmer, car les prélèvements peuvent également se faire à des fins alimentaires. Par exemple, la compagnie Cola-Cola, qui pour fabriquer la boisson du même nom puise l'eau contenue dans les nappes aquifères ou dans les sources naturelles, doit puiser en moyenne 2,5 litres d'eau pour fabriquer 1 litre de Coca-Cola. Au Mexique, la marque a négocié pas moins de 27 concessions qui l'autorisent à prélever l'eau de 19 nappes aquifères et 15 rivières (et 8 concessions qui l'autorisent à rejeter ses eaux usées dans les eaux publiques). Ce sont donc plusieurs centaines de millions de litres d'eau qui sont pompés chaque année. Dans l'Etat du Chiapas, où les communautés indiennes sont très présentes, Coca-Cola y a pompé en 2004 plus de 107 millions de litres, soit l'équivalent de la consommation de

---

[21] *Abandons de captages utilisés pour la production d'eau destinée à la consommation humaine*, Secrétariat d'Etat chargé de la Santé, bilan février 2012.

[22] Lire l'article d'Olivier Petitjean du 12/08/2009 intitulé *La pollution de l'eau d'origine agricole en France et en Europe* sur le site www.partagedeseaux.info.

[23] Selon une étude du ministère du Territoire et des Ressources parue en 2011.

200 000 foyers. A ce rythme, les nappes phréatiques n'ont pas le temps de se renouveler et s'assèchent par endroits. Au final, les populations indigènes viennent à manquer d'eau potable pour leur consommation et d'eau pour leur agriculture : poussées par la faim et la soif, elles se retrouvent obligées de boire… du Coca-Cola, vendu à tarif préférentiel dans les campagnes.

L'appauvrissement des réserves d'eau potable peut avoir également d'autres causes insoupçonnées. En 2015, la ville de São Paulo, au Brésil, a souffert d'une pénurie chronique d'eau potable. Des coupures d'eau intervenaient tout au long de la journée, particulièrement au moment où les habitants en avaient le plus besoin (en début de matinée et en fin de soirée), les privant à la fois d'eau pour boire, pour cuisiner, pour se laver et pour les toilettes. La raison ? Le Brésil a déboisé 90% de la forêt atlantique sur toute la côte est du pays, pour faire place à des plantations de soja et des troupeaux. Or la forêt permettaient non seulement de retenir l'eau et la terre mais, par le phénomène de l'évapotranspiration du sol et des feuilles, elle reconstituait aussi vers l'atmosphère une quantité considérable de vapeur se transformant en nuages qui, barrés à l'ouest par les Andes, renvoyaient cette eau sur le sud du continent.[24] Ce phénomène, qui n'est en aucun cas propre au Brésil, a été mis en évidence par l'hydrologiste slovaque Michal Kravčík : lorsqu'on retire la végétation d'un sol, celui-ci s'érode et perd sa capacité à retenir l'eau. Le sol ainsi sec piège la chaleur solaire, qui augmente la température locale et entraîne une baisse des précipitations sur la région concernée.[25]

La surexploitation des nappes phréatiques a aussi une autre conséquence, plus inattendue cette fois, sur l'environnement : les tremblements de terre. Selon une étude canadienne reprise dans le Monde du 21 octobre 2012, une baisse de niveau des nappes aquifères serait à l'origine du séisme de la ville de Lorca en Espagne[26]. Cette baisse aurait engendré la rupture d'une partie de la croûte terrestre, à proximité du système de failles d'Alhama de Murcia, provoquant une « réaction

---

[24] Lire l'article sur Sao Paulo d'Anne Vigna dans Le Monde Diplomatique de décembre 2015.

[25] Lire à ce sujet la note de Maude Barlow intitulée *Le rôle de la surconsommation de l'eau dans le chaos climatique* pour le Sommet Féministe international du Climat et de la Terre du 20 au 23 septembre 2013.

[26] Ce séisme d'une magnitude de 5,1, survenu le 11 mai 2011, a fait 9 morts et 130 blessés.

élastique » de la croûte qui a accentué la pression sur la faille, la portant près du point de rupture. Une autre étude publiée le 14 mai 2014 dans la revue Nature[27], et se basant cette fois-ci sur la Californie, aboutit aux mêmes conclusions quant au lien entre les séismes et l'épuisement des nappes aquifères.

Mais les ressources « comestibles » ne sont pas les seules à s'épuiser inexorablement. La plupart des métaux précieux et minerais dont dépend le fonctionnement de nos sociétés consuméristes sont voués à disparaître également, non dans un futur lointain mais dans un avenir relativement proche.

Cinq cents Tours Eiffel par jour : c'est ce que nous consommons en métaux sur Terre, alors que ceux-ci ont mis des millions d'années à se constituer. Et cette tendance, qui ne cesse de s'accélérer, rend de plus en plus rare et difficile l'accès à ces métaux. *A titre d'exemple, la concentration moyenne des minerais de cuivre exploités est ainsi passée de 1,8% (55 tonnes de minerai pour une tonne de métal) dans les années 1930 à 0,8% aujourd'hui (125 tonnes de minerai pour une tonne de métal). La concentration des mines d'or en Australie et en Afrique du Sud, deux des principaux pays producteurs, est passée de plus de 20 grammes par tonne de minerai à moins de 5 grammes en l'espace d'un siècle.[28]*

Le problème, c'est qu'extraire un métal de la terre demande de l'énergie, et il arrivera fatalement un moment où l'énergie consacrée sera supérieure au bénéfice de l'exploitation de ce métal. Sans compter l'impact écologique engendré : la production d'une tonne de cuivre nécessite aujourd'hui 80 à 150 kg d'explosifs pour les mines à ciel ouvert, une demi-tonne d'acide sulfurique et provoque des émissions de 20 à 2500 kg de dioxyde de soufre. A titre d'exemple, à proximité du site de Mufulira (une mine de cuivre en Zambie), les émissions de soufre dépassent jusqu'à 72 fois les limites légales, celles de plomb atteignent 90 fois la norme, et les taux d'arsenic sont jusqu'à 16 fois supérieurs aux limites. Les émissions de soufre provoquent des pluies

---

[27] Sous le titre *Uplift and seismicity driven by groundwater depletion in central California*.
[28] *Quel futur pour les métaux ?*, Philippe Bihouix et Benoit de Guillebon, EDP Sciences, 2010.

acides, qui détériorent les sols et rongent les toits en tôle des maisons. Pour une tonne de cuivre produite, il y a 110 tonnes de déchets. [29]

Ainsi, toujours selon les auteurs de *Quel futur pour les métaux*, 99,9% des métaux sur la terre resteront inexploitables, et pour la grande majorité des éléments (zinc, cuivre, nickel, plomb, etc.), les réserves se situent entre 30 et 60 ans, et certaines, comme l'or mais aussi certaines terres rares, ont déjà dépassé leur pic de production.

Il ne faut pas non plus croire que le recyclage est une solution miracle : il est possible de recycler ces matériaux quand ils sont relativement isolés et empruntent les bonnes filières, mais il est actuellement impossible de les recycler quand ils sont composites (ordinateurs, etc.) ou incorporés dans nos produits chimiques (mercure dans les shampoings, plomb et cobalt dans les teintures capillaires, bismuth dans le rouge à lèvres, titane et sulfate de zinc dans le dentifrice, etc.) alors qu'ils représentent une part importante de la production : 20% pour le cobalt et 98% pour le titane (qui, sous forme de dioxyde, est le colorant blanc universel).[30]

On peut avoir certaines raisons de s'alarmer face à la pénurie annoncée, surtout quand on sait que notre consommation n'est pas en voie de s'essouffler, et qu'au contraire elle risque de s'accélérer davantage avec l'actuelle transition vers les « énergies vertes » (éolienne, photovoltaïque, etc.) qui sont également grosses consommatrices de ces métaux précieux.

Il est utile de rappeler que nous sommes en effet en train de migrer vers des énergies plus propres, car la principale source d'énergie utilisée actuellement dans le monde, le pétrole, nous pose deux problèmes.

Le premier, c'est que nous en consommons 12 milliards de litres chaque jour, ce qui correspond – pour donner une idée – à six fois la production journalière de l'Arabie Saoudite. Pour chaque litre d'essence brûlée, il se dégage 2,5 kg de $CO_2$ dans l'atmosphère, ce qui correspond à 30 milliards de kilos de $CO_2$ émis quotidiennement à cause du pétrole. A titre de comparaison, un humain génère chaque

---

[29] Lire l'article *Glencore : comment une multinationale pille l'Afrique avec la complicité de l'Europe* du 11 janvier 2011 par Agnès Rousseaux sur www.bastamag.net.
[30] Lire l'article *Quand le monde manquera de métaux* du 26 septembre 2012 par Agnès Rousseaux sur www.bastamag.net.

jour en respirant 1 kg de $CO_2$, ce qui induit que les voitures et autres machines fonctionnant au pétrole dégagent quatre fois plus de $CO_2$ que l'espèce humaine sur terre.

Le second, c'est que ce pétrole, qui constitue le moteur de l'économie mondiale (à travers les transports, la production électrique et la pétrochimie) est, selon les chiffres de l'OPEP, amené à disparaître à partir de 2050. Au-delà, il existera toujours des réserves exploitables, plus profondes par exemple ou moins pures, mais à un coût bien plus élevé que celui d'aujourd'hui, que ce soit pour le portemonnaie ou pour l'environnement (pour donner un ordre d'idée, en 1900 aux Etats-Unis, il fallait dépenser 1 baril de pétrole pour en extraire 100 ; aujourd'hui, cela ne permet plus que d'en extraire 10).

Or, il n'y a actuellement que deux alternatives au pétrole conventionnel : l'huile de schiste et le sable bitumineux. L'extraction de l'huile ou pétrole de schiste est relativement peu répandue, en raison de son coût élevé, de sa technologie pas suffisamment maîtrisée et de la forte pollution engendrée. En outre, l'huile de schiste est également de moins bonne qualité que le pétrole conventionnel.

Quant au sable bitumineux, dont les réserves se situent principalement au Canada, son extraction requiert au préalable de raser des kilomètres carrés de forêt boréale (on en est à plusieurs milliers aujourd'hui, soit des écosystèmes entiers), nécessite d'énormes quantités d'eau douce, et entraîne le rejet d'agents polluants (hydrocarbures, métaux lourds) et de gaz à effet de serre dans l'environnement. Le Canada a d'ailleurs dû quitter le protocole de Kyoto en 2011 pour poursuivre l'exploitation de ces sables bitumineux.[31] Bref, aucune de ces alternatives n'est réellement viable.

Il reste cependant une autre source d'énergie concurrente du pétrole : le gaz naturel « conventionnel » dont la Russie et l'Iran sont les principaux producteurs. Sa consommation a fortement augmenté durant les dernières décennies, et il est réputé comme plus écologique car, en brûlant, il émet moins de gaz à effet de serre que le pétrole ou

---

[31] Lire à ce sujet l'article d'Alexandre Shields intitulé *Les sables bitumineux condamnent le Canada à l'échec* publié le 10 avril 2015 sur ledevoir.com.

le charbon. Toutefois, comme le pétrole, son déclin est annoncé à partir du milieu de ce siècle. L'alternative restante est principalement le gaz de schiste, dont les Etats-Unis sont les premiers producteurs.

Le gaz de schiste s'extrait du sol en injectant à haute pression dans la roche un mélange d'eau et d'additifs chimiques. Ce procédé, appelé « fracturation hydraulique », est très gourmand en eau : chaque forage de puits nécessite environ 15 000 mètres cubes d'eau (qui sont en général prélevés dans des lacs ou des rivières, au détriment des espèces qui y vivent) et un site comporte en général plusieurs dizaines voire plusieurs centaines de puits. En outre, les additifs utilisés, dont certains sont particulièrement dangereux pour la santé ou l'environnement (comme le butoxy-2 éthanol, le naphtalène, l'acrylamide, le plomb, le fluorure d'hydrogène, etc. [32]), ont tendance à contaminer les nappes aquifères de manière durable, voire irréversible (et l'eau du robinet qui s'enflamme, comme filmé dans le documentaire *Gasland,* est une conséquence bien réelle). La fracturation hydraulique provoque également des tremblements de terre, par le biais du soulèvement des plaques. En Oklahoma, aux alentours des forages, on est passé de trois tremblements de terre par an à trois tremblements de terre… par jour ! Le plus fort séisme qui y a été enregistré a été ressenti dans 17 Etats, causé des dommages à près de 200 foyers et entreprises, et a détruit près de 14 maisons.

Les Etats-Unis ont beaucoup misé sur le gaz de schiste, avec deux millions de puits forés à ce jour[33], quitte à ravager complètement leurs terres sauvages. De son côté, la France figure parmi les pays d'Europe ayant les plus grosses réserves supposées : elles seraient situées dans le bassin parisien et dans le Sud-Est (Provence, Camargue, Ardèche…). C'est la raison pour laquelle, malgré le moratoire actuellement en place, le sujet revient régulièrement sur la table, poussé par les industriels. Le danger qu'il y soit un jour exploité reste donc bien réel. Est-ce pourtant une solution viable économiquement ?

Tout d'abord, il faut savoir que les rendements d'un puits de gaz de schiste sont fortement décroissants avec le temps : la production

---

[32] Jean-Louis Fellous et Catherine Gautier, *Les Gaz de Schiste : nouvel eldorado ou impasse,* Odile Jacob, 2013, p. 65.
[33] *Ibid.* p.207.

atteint son pic dès la deuxième année, et devient marginale à partir de la dixième année.[34] Cela a pour effet d'inciter les investisseurs à délaisser rapidement les puits pour se reporter vers des nouveaux, à la manière d'une fuite en avant. Par ailleurs, la France ne dispose pas d'un réseau national d'acheminement de ces gaz, comme c'était déjà le cas au Canada ou aux Etats-Unis, et la construction d'un tel réseau nécessiterait un investissement colossal se chiffrant en milliards d'euros. Enfin, les retombées économiques sur les populations locales sont nulles voire négatives. En effet, les bénéfices de l'exploitation d'un puits vont surtout au propriétaire de la parcelle (le seul qui soit local) et aux actionnaires des compagnies de forage (qui eux ne sont *jamais* locaux). Quant aux emplois locaux créés par le forage et l'extraction (qui sont extrêmement faibles : sur certains puits exploratoires, le seul poste pourvu localement est celui du gardien, poste qui disparait d'ailleurs en phase d'exploitation[35]), il faut les mettre en balance avec les nuisances engendrées (pollution atmosphérique, dégradation des écosystèmes, destruction des paysages, ondes sismiques, bruit, etc.) qui font fuir en premier lieu les touristes, puis peu à peu les résidents et les autres entreprises. Ce qui est particulièrement vrai pour le cas de la France où le tourisme occupe une part importante. Quant à la pollution engendrée par la fracturation hydraulique, il est utile de préciser que 70% de notre eau vient du captage des eaux souterraines, et qu'on y trouve plus d'aquifères karstiques qu'aux Etats-Unis. C'est un détail important, car les aquifères karstiques sont très vastes et les courants y sont très rapides, ce qui signifie qu'une contamination à un point pourtant très précis peut rapidement se propager à un énorme volume d'eau.

Le dernier argument des compagnies de forage ou des autorités est souvent de mettre en avant les normes de sécurité existantes et les pénalités en cas de manquement. Tout d'abord, même si sur le papier tout a l'air parfait, on sait avec l'expérience que les accidents sont très fréquents et même inévitables compte tenu de la technologie utilisée. Ensuite, on sait aussi par l'expérience nord-américaine que, quand il y a effectivement dégât, l'entreprise incriminée n'est jamais (ou si peu)

---

[34] *Ibid. p.177 à 179.*
[35] Anna Bednik, *Extractivisme*, Le Passager Clandestin, 2019, p. 270.

pénalisée. En effet, imaginons qu'une nappe phréatique soit accidentellement polluée et que les riverains se portent partie civile. L'entreprise en question va tout d'abord rappeler le fait que la pénalité, aussi forte soit-elle, ne va pas leur rendre leur eau de nouveau potable (il n'existe actuellement pas la technologie pour dépolluer une nappe aquifère), puis mettre en garde contre son potentiel impact sur les emplois existants (sous-entendu : si vous me faites payer une amende, je serai contraint de fermer boutique et de mettre tout le monde au chômage). Les autorités, qui ont déjà le problème de pollution à gérer, ne veulent pas y ajouter celui d'un licenciement massif et préfèrent fermer les yeux. Tout cela, les directeurs des compagnies de forage en sont déjà bien conscients, c'est pourquoi ils ne mettent pas à disposition des employés les (coûteux) moyens nécessaires pour éviter ces accidents. Quant aux salariés, ce sont souvent des gens qui ne sont en réalité pas du coin et qui ne veulent en aucun cas rester dans la région qu'ils ont contribuée à ravager une fois les activités terminées. Dans *Tout peut changer*, Naomi Klein précise d'ailleurs, au sujet des sables bitumineux cette fois, que 98% des salariés travaillant dans l'industrie souhaitaient prendre leur retraite ailleurs.

Quand on fait le bilan, il semblerait que nous ayons déjà épuisé la moitié des ressources de la planète et pollué l'autre moitié, à une allure qui ne fait que s'accélérer. Comment est-il possible que nos gouvernements, de droite comme de gauche, d'ici ou d'ailleurs, soient aussi peu sensibles à la catastrophe qui s'annonce ? Ou alors, qui est réellement aux commandes ?

## 1.2.    Le pouvoir des lobbies

> *La manipulation consciente et intelligente des habitudes et des opinions organisées des masses représente un élément important dans une société démocratique. Ceux qui contrôlent ce mécanisme social constituent un gouvernement invisible – le véritable pouvoir dirigeant de notre pays.*
>
> Edward Bernays,
> père fondateur du lobbysme

Même s'il est très difficile d'avoir un chiffre exact, on estime à environ 15 000 le nombre de lobbyistes à Bruxelles (comme à Washington), et ceux-ci dépenseraient à peu près un milliard d'euros chaque année pour leurs activités.[36]

Cet argent dépensé ne l'est pas en vain, car si les entreprises investissent autant dans le lobbying, c'est bien parce que cette activité est rentable pour elles. Rentable, car le but des lobbies est d'infléchir les règlements nationaux et européens afin de garantir à leurs entreprises membres le maintien de leurs bénéfices. Tous les moyens sont bons pour y parvenir ; ils sont parfois légaux, parfois illégaux, mais rarement éthiques. La meilleure stratégie est alors de maquiller le loup en agneau, et si possible l'agneau en loup, afin de semer le doute dans les esprits.

La première chose que conseillera un lobby est de changer les termes. En effet, les termes ont une place importante, souvent sous-estimée, dans la mémoire et l'imaginaire collectifs, et il est important pour un lobby d'utiliser des mots qui n'entraîneront pas d'emblée un blocage auprès du public, afin de préserver son potentiel d'écoute et d'affaiblir sa méfiance.

---

[36] Susan George, *Les Usurpateurs : comment les entreprises transnationales prennent le pouvoir*, Seuil, 2014.

Par exemple, les pesticides, insecticides, fongicides, etc. sont désormais désignés comme des « produits phytosanitaires », ou mieux encore « produits de protection de la plante ». Aux Etats-Unis, le lobby des « boues d'épandage », qui vise à les recycler dans l'agriculture malgré leur toxicité, a décidé de les appeler désormais des « biosolides », terme bien moins péjoratif que le précédent, et qui évoque davantage l'écologie que la puanteur. D'ailleurs, même le lobby a changé de nom : il est passé de « Fédération des associations sur les eaux usées et les déchets industriels » à « Fédération des milieux aquatiques », dont le logo est un canard survolant une mare.[37]

Cette technique s'appelle le « greenwashing », c'est-à-dire que l'on fait apparaître une activité polluante comme écologique même si elle ne l'est pas.

Après des scandales, une entreprise peut carrément changer de nom : Vivendi s'appelle aujourd'hui Veolia, et TotalFina-Elf s'appelle Total.

Ensuite, le meilleur moyen de se défendre contre l'hostilité d'une population n'est pas de chercher à éteindre sa colère, mais à la manipuler pour l'orienter dans le sens désiré.

J'ai vécu personnellement cette tentative au cours de mes recherches sur la pollution de l'air en juillet 2017, où je voyais souvent cette annonce récurrente sur la page Yahoo de mon navigateur Internet :

Sponsored　Politiques énergétiques

**Pollution : Pourquoi respire-t-on si mal ?**

La Pollution en Europe est un vrai fléau. Pour évoquer ses Causes et les Solutions à mettre en place, Débat avec Nicolas Meilhan et Olivier Appert.

Cela m'intriguait beaucoup de voir un lien sponsorisé – autrement dit de la publicité – pour un débat sur la pollution de l'air. Le lien renvoyait à l'adresse suivante :

www.politiques-energetiques.com/debat-pollution-meilhan-blond.

Ce débat étrange semblait minorer l'impact de la pollution de l'air due à l'activité automobile, ce qui me surprenait beaucoup quand on

---

[37] John Stauber & Sheldon Rampton, L'industrie du mensonge, éditions Agone, 2004, p.175.

sait, comme vu précédemment, que la qualité de l'air est globalement plus mauvaise autour des axes routiers. Après quelques recherches, j'ai découvert que Nicolas Meilhan travaillait pour le cabinet de consulting Frost & Sullivan, et qu'Olivier Appert avait fait une longue carrière à l'Institut français du pétrole avant de rejoindre l'Académie des Technologies en 2015. Aujourd'hui, à l'heure où ces lignes sont écrites, le site *www.politiques-energetiques.com* renvoie directement sur *www.total.com/fr* (le site officiel de Total).

Mais cela va même parfois plus loin que la simple influence. Imaginez une entreprise désireuse de sortir sur le marché un produit X soupçonné d'être cancérogène et qui soulève l'hostilité d'une partie de la population. L'entreprise va alors créer une association chargée de lutter en apparence contre ce produit X, qui va attirer comme un aimant tous les mécontents. Les dirigeants de l'association vont ensuite utiliser leur influence pour tempérer le message auprès des adhérents : *nous ne sommes pas bornés, nous sommes conscients qu'il y a des emplois en jeu, nous ne sommes pas contre le produit mais contre le danger qu'il peut représenter.* Les dirigeants de ladite association vont alors réclamer à l'entreprise des garanties sur la non-toxicité du produit – garanties en réalité intenables et invérifiables. L'entreprise va accepter et l'association criera qu'elle a gagné. Les activistes arrêtent leur combat et le produit est mis sur le marché.

Par exemple, l'Environmental Defense Fund (EDF), une des ONG majeures en matière de défense de l'environnement aux Etats-Unis, avec un budget s'élevant à 164 millions de dollars en 2016, est en réalité un lobby à la solde des industriels dont les donateurs sont principalement issus des 500 plus grosses fortunes. En « échange », l'EDF aide les entreprises à rendre leur activité plus respectueuse de l'environnement, comme ce fut le cas pour Walmart (n°1 de la grande distribution, une des premières causes du réchauffement climatique) ou McDonald's (un des leaders de l'élevage industriel), les gratifiant au passage d'une image « d'entreprise écolo » auprès du public. L'EDF va même plus loin : elle s'est alliée à des firmes de forage pour créer le CSSD, qui est le centre pour le développement durable du gaz de schiste.[38] En gros, l'EDF veut démontrer au public qu'on peut exploiter du gaz de schiste tout en étant écolo.

---

[38] Naomi Klein, *Tout peut changer*, Actes Sud, 2015, p. 336.

Toujours aux Etats-Unis, on retrouve également le Comité pour la santé et la sécurité au travail ; avec un nom pareil, il est difficile de croire qu'il s'agit en réalité d'un lobby de chefs d'entreprises qui s'est opposé à plusieurs projets de loi visant à renforcer les mesures de sécurité pour les ouvriers.

En 1994, l'*Association californienne pour une règlementation anti-fumeurs* a fait signer aux gens une pétition qu'ils décrivaient en faveur de restrictions plus sévères contre le tabagisme, la proposition 188. En réalité, cette proposition 188 se résumait à un référendum en faveur du tabac, et cette soi-disant association avait été créée par le cabinet de lobbying Dolphin pour le compte du fabricant de cigarettes Philip Morris (cette tromperie a finalement été découverte et le référendum a échoué).[39]

Comme le soulignent Stauber et Rampton, pour masquer la vérité les industriels peuvent même aller jusqu'à « brûler un livre avant même qu'il ne soit imprimé »[40]. Lorsqu'est sorti chez Prentice-Hall le livre de Gerard Colby Zilg, intitulé *DuPont : Behind the nylon curtain* [DuPont, derrière le rideau de nylon], visant à dénoncer les pratiques scandaleuses de la famille DuPont (à la tête d'une grande entreprise mondiale d'agrochimie), le Club du livre du mois a voulu le reprendre dans sa collection. La famille DuPont a alors menacé le Club de poursuites judiciaires à tel point qu'il a finalement renoncé à acheter les droits. Quand Jeremy Rifkins fit paraître *Beyond Beef* [Au-delà du bœuf], un ouvrage alertant sur les dangers de la consommation de bœuf, les agences de lobbying se sont tellement arrangées pour saboter sa tournée de promotion – allant jusqu'à se faire passer pour une employée de l'éditeur et annuler ses rendez-vous avec les radios et télévisions – qu'elle a dû être avortée. En 1985, David Steinman découvrit lors d'un examen médical que son sang contenait des niveaux anormaux de DDT et PCB, pesticides fortement cancérogènes produits notamment par des fabricants comme Monsanto. Durant cinq années d'enquête, il va écrire le livre *Diet for a poisoned planet* [Régime pour une planète empoisonnée] qui montre à quel point les aliments produits aux Etats-Unis sont devenus contaminés par les pesticides. Mises

---

[39] John Stauber & Sheldon Rampton, L'industrie du mensonge, éditions Agone, 2004, p.55.
[40] Les exemples qui vont suivre sont tirés de leur ouvrage *L'industrie du mensonge*, p. 16 à 24.

au courant de l'affaire, les agences de lobbying vont mener une campagne de grande ampleur, allant jusqu'à impliquer médias, scientifiques et même le ministère de l'Agriculture pour décrédibiliser le livre avant même qu'il ne paraisse.

Globalement, pour agir un lobby utilise plusieurs méthodes clés, dont les principales sont :
- Toujours mettre en avant l'argument économique face à l'argument écologique ou sanitaire, ou en d'autres termes faire croire que vouloir préserver notre environnement ou notre santé est destructeur d'emploi ;
- Corrompre des scientifiques pour qu'ils rédigent des articles en faveur de la non-dangerosité du produit à défendre ;
- Face à des études scientifiques qui prouvent la toxicité de votre produit, rappeler que les études scientifiques ne sont jamais certaines à 100% et jouer sur le doute restant ;
- Quand un produit est reconnu comme mauvais pour la santé, invoquer la liberté de choix du consommateur ;
- Infiltrer les milieux décisionnels (parlementaires, législatifs, etc.) ; par exemple, inviter des députés à des groupes de réflexion dans des restaurants somptueux, organiser des conférences « tous frais payés » dans des hôtels de luxe en bord de mer, leur verser quelques pots-de-vin, et si ça ne suffit toujours pas leur promettre ou leur donner un poste important dans leur société.[41]

Il existe des centaines d'ouvrages répertoriant les collusions d'intérêt ou ententes illicites entre les entreprises privées et les acteurs publics, que ce soit dans le domaine industriel, bancaire, pharmaceutique, culturel, etc. Certains élus ne cachent d'ailleurs pas leur lien direct avec les grosses entreprises, comme le député des Ardennes Jean-Luc Warsmann, qui déclare détenir 1 279 326 euros de participation financière dans les sociétés Crédit agricole, Safran, Air liquide, Total, Lafarge, Sanofi, Axa, Danone, Veolia Environnement, Saint Gobain, Cap Gemini, Alcatel Lucent, Société Générale, BNP Paribas, Renault, Orange, GDF Suez, Vitalassur, ADP, Technicolor, EADS et Arcelor

---

[41] Susan George, *Les Usurpateurs : comment les entreprises transnationales prennent le pouvoir*, Seuil, 2014, voir la liste complète de la page 39 à 42.

Mittal. Les politiciens ne prennent plus leurs décisions en fonction des préoccupations de leurs citoyens, mais en fonction des intérêts des dirigeants d'entreprises qui financent leur train de vie et parfois même leur campagne électorale. On l'a vu avec l'affaire Woerth-Bettencourt mais, de manière générale, nombreux sont les dirigeants politiques qui officient parallèlement dans des sociétés de conseil aux entreprises.[42] Dans une dictature, celui qui détient le pouvoir détient l'argent ; dans nos démocraties néolibérales, celui qui détient l'argent détient le pouvoir. Tant que les citoyens seront déconnectés des organes décisionnels, et tant qu'il existera des dirigeants d'entreprise assez riches pour corrompre une assemblée ou influencer une opinion, ce seront ces derniers qui feront nos lois.

Et l'avenir n'est pas à l'optimisme comme le montre la récente avancée du CETA[43], signé le 30 octobre 2016, entré en vigueur le 21 septembre 2017, et ratifié par l'Assemblée nationale le 23 juillet 2019. Cet accord, pris par nos gouvernements en dehors de tout processus démocratique direct (alors qu'il va influencer la vie de centaines de millions de citoyens), permet à une multinationale de porter plainte au sein d'un tribunal d'arbitrage international si celle-ci juge qu'une décision publique (comme une norme par exemple) lui est défavorable. Cela ouvre la porte à l'acceptation de toutes les productions nord-américaines dont les normes sont en général bien moins contraignantes que nos normes européennes, comme en témoigne le poulet au chlore, les OGM, le gaz de schiste, etc.

Ces collusions entre pouvoirs public et privé se font malheureusement toujours au détriment de notre santé, première sacrifiée dans ce commerce antidémocratique, et les exemples ne manquent pas.

La toxicité du plomb a été constatée dès l'antiquité ; pourtant, cela n'a pas empêché nos gouvernements de part et d'autre de l'Atlantique

---

[42] On se rappelle également de François Fillon qui voulait privatiser une partie des services de la Sécurité sociale alors qu'AXA était client de sa société de conseil 2F Conseil. Dominique de Villepin a touché quant à lui 4,6 millions d'euros d'honoraires entre 2008 et 2010 grâce à ses activités de conseil. Pour plus d'informations, lire *Pilleurs d'Etat* de Philippe Pascot, éditons Max Milo, 2015.

[43] *Comprehensive Economic and Trade Agreement*. Il s'agit d'un traité international de libre-échange entre l'Union européenne et le Canada, qui prend la relève suite au piétinement des négociations sur le TAFTA (accord de libre-échange entre l'Union européenne et les Etats-Unis).

de faire rouler nos voitures pendant trois quarts de siècle avec de l'essence contenant des additifs au plomb. A l'origine, le but était de faire disparaître le bruit de cliquetis dans les moteurs. L'éthanol y parvenait très bien, mais cela n'était pas du goût des compagnies pétrolières, qui y voyaient un risque pour leur chiffre d'affaires. Sous la pression de DuPont et de ces dernières, Général Motors va choisir la voie du plomb et signer un accord avec DuPont en 1922 pour la mise en production du carburant. Les premiers morts et les premiers empoisonnements dans les usines dès 1923 n'y changeront rien : à l'aide de « prétendus » articles scientifiques sur l'innocuité du plomb, du dénigrement des vraies études prouvant le contraire, et du financement de la campagne électorale de Franklin Roosevelt, l'essence au plomb sera autorisée jusqu'en 1975 aux Etats-Unis… et 2000 pour la France (il aura fallu 25 ans à notre gouvernement pour réagir).[44]

Pour l'amiante, même constat. Ce matériau a été exploité dès l'antiquité pour ses propriétés ignifuges, et à l'époque Pline l'Ancien avait déjà constaté que les esclaves romains qui en tissaient les fibres s'abîmaient les poumons (ils développaient en fait un mésothéliome, principal cancer dû à l'amiante). En France, les effets nocifs ont été remarqués officiellement dès 1906, par un rapport de Denis Auribault, inspecteur du travail à Caen, qui avait noté dans une usine de filature et de tissage d'amiante une surmortalité parmi le personnel, à raison d'une cinquantaine d'ouvriers morts durant juste les cinq premières années d'exploitation. Malgré cela, il a fallu attendre le 1er janvier 1997 (soit presque un siècle) pour que l'amiante soit officiellement considéré comme dangereux et interdit d'usage en France. On peut s'étonner d'un tel délai – ou d'une telle lenteur administrative – d'autant que de nombreux pays avaient déjà interdit l'usage de l'amiante : la Norvège en 1984, la Suisse en 1989, l'Italie en 1992, le Koweït en 1995… Sans dresser la longue liste de toutes les études scientifiques sur la dangerosité de l'amiante réalisées depuis 1899, on peut sans risque considérer qu'au début des années 1950, le monde entier était

---

[44] Plus de détails disponibles dans l'ouvrage d'Annie Thébaud-Mony, *La Science asservie*, La Découverte, 2014, chapitre 2 intitulé *Du plomb dans l'essence : un procédé révolutionnaire ou mortellement lucratif ?*

au courant de sa nocivité mortelle : pourquoi donc alors des dates d'interdiction si variables entre les pays ? Mais l'absurdité ne s'arrête pas là. Lorsque la France a interdit l'usage de l'amiante, elle a eu à faire face à un procès devant l'Organisation mondiale du commerce (OMC) pour violation des règles du GATT[45] de la part du... Canada ! Nous pouvons être surpris de voir une telle attitude de la part d'un pays avancé comme le Canada, et ce à une époque où l'amiante était déjà reconnu comme dangereux et interdit par une vingtaine de pays. Pour mieux comprendre les motivations de ce procès, il faut savoir que le Canada, à l'époque, était le 2e producteur d'amiante dans le monde et le 1er exportateur ! D'ailleurs, à l'heure où ces lignes sont écrites, alors qu'une soixantaine de pays dans le monde ont officiellement interdit l'amiante, ce n'est pas encore le cas du Canada. L'amiante n'est pourtant pas extrait sur tout le territoire canadien ; son extraction est au contraire limitée à quelques villes du Québec dont celle d'Asbestos (qui signifie d'ailleurs « amiante » en anglais). Il est difficile de ne pas voir là l'influence des compagnies minières sur les décisions politiques, et l'enjeu économique prendre le pas sur l'enjeu sanitaire.

Pourquoi les Antilles ont-elles le taux de cancer de la prostate le plus élevé au monde ? Quand le chlordécone (un puissant insecticide organochloré) a commencé à être produit aux Etats-Unis, des incidents mortels survenus dans des usines ont rapidement conduit à son interdiction en 1977. Mais sous la pression des grands producteurs bananiers, l'administration française va continuer à autoriser son utilisation en Guadeloupe et en Martinique jusqu'en 1993. Durant toutes ces années, le chlordécone – dont il est reconnu aujourd'hui qu'il provoque des atteintes neurologiques, des perturbations du système hormonal, des troubles de l'appareil reproductif, des retards cognitifs chez l'enfant et un accroissement du risque de survenue de certains cancers, dont celui de la prostate – a pu imprégner durablement les sous-sols antillais. Certaines études estiment même qu'il pourrait persister jusqu'à sept cents ans dans l'environnement.[46]

---

[45] Le GATT (*General Agreement on Tariffs and Trade*) est l'accord général sur les tarifs douaniers et le commerce.
[46] *Chlordécone aux Antilles, le scandale oublié*, Reporterre.net, 21 janvier 2014.

Quand la Société Searle a proposé l'aspartame sur le marché des Etats-Unis en 1974, elle a remis à la FDA[47] une des pires études qui aient pu se faire en la matière, tant elle était jonchée d'erreurs et d'aberrations. Comme le souligne Marie-Monique Robin[48], certaines valent de détour : « Les comptes rendus des observations indiquent que l'animal n°A23 LM était vivant à la semaine 88, mort de la semaine 92 à la semaine 104, vivant à la semaine 108 et mort à la semaine 112. [...] 98 des 196 cobayes qui sont morts pendant l'étude ont été autopsiés très tard, parfois un an après la mort ; vingt animaux ont été exclus de l'étude en raison de leur décomposition excessive ; l'animal F6HF, une femelle exposée à une forte dose, a été retrouvé mort au 787e jour et le rapport pathologique notait une tumeur mesurant 5,0 x 4,5 x 2,5 cm. Le dossier remis par Searle à la FDA ne mentionnait pas cette tumeur, car l'animal avait été exclu de l'étude en raison de son état de décomposition. Etc. ». Nous sommes en 1976, l'autorisation de mise sur le marché de l'aspartame est suspendue et le groupe de travail de la FDA recommande d'intenter une action en justice contre Searle pour « violation criminelle de la loi ».

En 1977, Searle débauche Donald Rumsfeld de son poste à la Maison Blanche pour le mettre à la tête du groupe. En 1981, il rejoint l'équipe du Président Reagan fraîchement élu, et nomme aussitôt un nouveau président à la tête de la FDA qui s'empresse d'autoriser la mise sur le marché de l'aspartame. Toutes les autres agences nationales (France, etc.) se sont depuis alignés sur le choix de FDA, alors qu'aujourd'hui encore les seules études qui fondent la décision de la FDA sont celles menées (ou bâclées) par Searle à l'époque. Depuis, il y a eu 85 études indépendantes concluant que l'édulcorant posait un ou plusieurs problèmes sanitaires, parmi lesquelles celles de l'Institut Ramazzini en Italie, une pointure dans son domaine, remarquable par la taille de ses cohortes et par le fait qu'il n'interrompt pas l'expérience au bout de deux ans (comme le veut le protocole des autres labora-

---

[47] *Food and Drug Administration*. Il s'agit de l'agence américaine des produits alimentaires et médicamenteux, dont un des mandats est d'autoriser ou non leur commercialisation.
[48] Dans son ouvrage *Notre poison quotidien*, paru aux éditions La Découverte en 2011. Toutes les citations qui suivent sont extraites du chapitre 14 consacré à l'aspartame, dont je recommande la lecture pour qui méconnaît encore le potentiel hautement cancérigène de cet édulcorant.

toires) mais laisse les rats mourir de manière naturelle (en effet, la plupart des cancers se déclarent après deux ans chez le rat, ce qui correspond à 60/65 ans chez l'être humain). La première étude portait sur 1 800 rats, et a montré « une augmentation significative, corrélée à la dose, des lymphomes, leucémies et tumeurs rénales chez les femelles, et des schwannomes (tumeurs des nerfs crâniens) chez les mâles [...], y compris à la dose de journalière de 20mg/kg qui est bien inférieure à la dose journalière acceptable (DJA) » fixée par la FDA qui est de 40mg/kg. Une deuxième étude, menée sur 400 rates en gestation, a montré que « quand l'exposition commence pendant la vie fœtale, le risque d'avoir des tumeurs observées lors de la première étude augmente de manière très significative. S'y ajoute l'apparition de tumeurs mammaires chez les descendantes femelles. [...] On observe exactement le même phénomène avec les perturbateurs endocriniens : ce sont les filles exposées pendant la vie fœtale qui ont développent un cancer du sein, mais pas leurs mères ».

Pourquoi en Allemagne est-il encore possible de se procurer des cigarettes via un distributeur automatique ? Pourquoi y autorise-t-on encore des publicités pour les cigarettes ? Pourquoi peut-on encore fumer dans les bars allemands ? Tout simplement parce qu'en Allemagne les dons des entreprises aux partis politiques sont toujours autorisés, et qu'un fabricant de cigarettes comme Philip Morris finance la quasi-totalité des partis politiques allemands.[49]

Au sujet du tabac, dans les années cinquante, pour lutter contre la diminution des ventes de tabac, les industriels du secteur ont créé un lobby appelé le Tobacco Industry Research Committee (TIRC), à la tête duquel ils ont placé le docteur Clarence Cook Little, ancien directeur de l'American Cancer Society. Ce dernier ne cessa d'exhorter à poursuivre les recherches avant de statuer sur le caractère cancérogène du tabac. Comme le souligne l'épidémiologiste Devra Davis[50] : « La stratégie du TIRC fut de créer le doute. Dorénavant, dès qu'une étude confirmera les dangers du tabac, l'institut proposera des millions de

---

[49] Julia Cagé, *Le prix de la démocratie*, Fayard, 2018, page 60.
[50] Dans son entretien accordé à Marie-Monique Robin et publié dans *Notre poison quotidien*, *p. 157*

dollars aux universités pour qu'une nouvelle étude soit réalisée, évidemment sous son contrôle. L'afflux d'argent maintiendra artificiellement une illusion de débat scientifique, permettant à l'industrie de dire que la question de la dangerosité du tabac n'est toujours pas réglée, alors qu'elle l'est depuis longtemps ! ». Ce à quoi on peut ajouter la citation d'un des dirigeants de Brown & Williamson Tobacco Corporation, révélée lors du scandale des *cigarettes papers* : « Notre produit, c'est le doute, dans la mesure où c'est le meilleur moyen de contrer les faits que le public a dans la tête. »

Cette stratégie du doute est la plus utilisée par l'industrie pour ralentir l'avancée des réglementations et des prises de conscience : elle évite les collions frontales et dissuade le législateur comme le consommateur d'agir, et tant qu'il n'agit pas, l'entreprise peut continuer son business. Cette tactique est évidemment très prisée par l'industrie des pesticides et l'industrie chimique en général, mais elle concerne en réalité tous les domaines. Par exemple, BFMTV a publié le 1er octobre 2019 un article intitulé *On n'est finalement pas sûr que la viande rouge soit mauvaise pour la santé*, avec comme premières lignes : *Une nouvelle étude américaine met en doute l'idée selon laquelle la viande rouge est mauvaise pour la santé. Cette étude contredit les précédentes études sur le sujet, alors que la viande rouge est classée "cancérogène probable" par l'Organisation mondiale de la Santé. De nombreux pays recommandent de limiter la consommation de viande rouge et de charcuterie pour prévenir cancers et maladies du cœur, mais un réexamen de dizaines d'études passées par des chercheurs indépendants conclut lundi que le risque potentiel est faible et les preuves incertaines, créant une tempête scientifique.* A aucun moment de l'article, la neutralité de l'étude est remise en cause, et l'un de ses auteurs, Bradley Johnston, est abondement cité. Or, le même jour, le portail de partage d'études scientifiques scimex.org avait déjà précisé quant au financement de l'étude : *Several of the Australian studies included in the reviews were funded by Meat and Livestock Australia. Authors on one of the papers declare personal funding from the food industry, including Dairy Farmers of Canada, PepsiCo, Nestle and*

*Kellogg.*[51] Deux semaines plus tard, *Le Monde* et le *Washington Post* révèlent également qu'un des auteurs de l'étude, Patrick Stover, est à la fois vice-chancelier, doyen du collège pour l'agriculture et les sciences de la vie et directeur de l'unité de recherche AgriLife au sein de l'université A&M Texas qui est étroitement liée aux industriels de la viande et de l'élevage. Par ailleurs, Agrilife comprend un programme d'enseignement sur les élevages de bovin, des ateliers éducatifs pour les éleveurs de bétail et la promotion du bœuf du Texas auprès des consommateurs. Enfin, le professeur Bradley Johnston qui a coordonné les travaux publiés n'a pas fait état d'un versement reçu en 2015 de l'International Life Sciences Institute (ILSI), organisation de lobbying scientifique du secteur agroalimentaire.

C'est ce que l'on appelle le « funding effect » : dès lors qu'une étude est financée par l'industrie, ses conclusions servent les intérêts de cette industrie. Ce phénomène a été mis en évidence pour la première fois par la gériatre Paula Rochan qui, alors qu'elle comparait les tests cliniques de médicaments anti-inflammatoires non stéroïdiens utilisés pour soigner l'arthrite, découvrit que les tests payés par l'industrie présentaient toujours des conclusions favorables, même si un examen attentif des données ne le permettait pas. Concernant l'aspartame, le docteur Ralph Walton a examiné un panel de 166 études publiées sur ce sujet, dont 74 financées par l'industrie (dont l'ILSI), 7 par la FDA et 85 par des organismes de recherche indépendants. Il a constaté que 100% des études financées par l'industrie et la FDA concluaient que l'aspartame était sans danger, tandis que 100% des études indépendantes concluaient que l'édulcorant posait un ou plusieurs problèmes sanitaires.[52]

Ce qui est dommage, et encore plus incroyable, c'est que les agences de réglementation font davantage confiance aux études sponsorisées qu'aux études indépendantes, pour des raisons qui relèvent

---

[51] Plusieurs des études australiennes incluses dans les publications ont été financées par Meat and Livestock Australia [le lobby australien de la viande, NdA]. Les auteurs de l'un des articles déclarent avoir reçu un financement personnel de l'industrie alimentaire, incluant les Producteurs laitiers du Canada, PepsiCo, Nestlé et Kellogg. *Traduction de l'auteur.*

[52] Marie-Monique Robin, *Notre poison quotidien*, La Découverte, 2011, p. 315.

soit de l'ignorance la plus profonde (ce qui serait tout de même surprenant pour des doctorants), soit de la corruption la plus éhontée. Comme l'a confié James Huff à Marie-Monique Robin : « Se battre contre l'industrie fait partie de notre travail, mais quand on doit se battre contre sa propre hiérarchie qui utilise les mêmes arguments que l'industrie, alors là c'est très déprimant... ».[53] Cela fait écho à une lettre adressée par 29 scientifiques internationaux à la directrice de l'OMS en février 2002, où ils se disent « très préoccupés par les problèmes de l'influence des multinationales et des conflits d'intérêts non déclarés qui caractérisent l'élaboration des documents émis par les agences de l'OMS, et particulièrement ceux concernant les propriétés cancérigènes des principaux produits et polluants industriels. »[54] C'est sans doute ce qui a fait dire en 2007 ce mensonge énorme au CIRC et aux Académies françaises de médecine et des sciences, dans un rapport intitulé *Les causes du cancer en France*, « qu'aucun des pesticides utilisés actuellement n'est cancérogène chez l'animal ou chez l'homme »[55], ou encore cette énormité prononcée par l'Académie de médecine en avril 1996 que *25% à 30% des mésothéliomes actuels ne se rattachent à aucune cause identifiable et sont sans rapport scientifiquement démontré avec l'amiante. [...] Le tabagisme demeure la cause essentielle, sinon exclusive, de cancer du poumon d'origine exogène, même chez les professionnels actuels de l'amiante.*[56] Pour rappel, quelques mois après seulement l'amiante était bel et bien reconnue cancérigène et définitivement interdit.

Quand Michael Bloomberg, alors maire de New-York, avait demandé l'interdiction des gobelets extralarges car cela favorisait l'obésité, les fabricants de boissons gazeuses sont montés au créneau et ont

---

[53] *Ibid.*, p. 196. James Huff est un toxicologue aujourd'hui à la retraite, qui a supervisé le National Toxicology Program, dont la mission est d'évaluer la toxicité des produits chimiques. Il a été récompensé par ses pairs en 2002 à travers le prix Ravid Rall.

[54] *Letter to Gro Harlem Brundtland, Director General WHO*, 25 février 2002, publiée dans *The International Journal of Occupational and Environmental Health*, vol. 8, n°3, juillet-septembre 2002, p. 271-273.

[55] Marie-Monique Robin, *Notre poison quotidien*, La Découverte, 2011, p. 190.

[56] Etienne fournier, *Amiante et protection de la population exposée à l'inhalation de fibres d'amiante dans les bâtiments publics et privés*, Bulletin de l'Académie nationale de médecine, vol. 180, n°4-16, 30 avril 1996.

gagné en arguant qu'une telle mesure reviendrait à « limiter les libertés individuelles » et « à restreindre le choix des consommateurs », malgré le fait qu'à New-York 58% des adultes et 40% des enfants sont obèses ou en surpoids.

Concernant les sodas justement, revenons au cas du Coca-Cola au Mexique. Ce pays est le premier consommateur de sodas du monde (Coca-Cola en tête) avec 163 litres par personne et par an. Les répercussions en termes de santé sont catastrophiques ; le Mexique a :

– le taux d'obésité le plus élevé d'Amérique avec 32,8% de la population (devant les Etats-Unis), et 70% des adultes mexicains sont en surpoids (à titre indicatif, le taux d'obésité en France est d'environ 16%) ;

– le taux d'obésité infantile le plus élevé du monde avec 31% des enfants de moins de 3 ans ;

– chaque année, 400 000 nouveaux cas d'hyperglycémies ;

– chaque année, 70 000 décès dus au diabète.

Sans parler des autres problèmes sur la santé que cela induit : accidents cardio-vasculaires, insuffisance rénale, troubles digestifs, etc.

On peut se demander comment le Mexique en est venu à boire autant de Coca-Cola jusqu'à s'en rendre malade, et passer d'un taux d'obésité de 18% en 1999 à 31% en 2008 (ce qui est une augmentation énorme pour une période de seulement neuf ans).

Le président du Mexique, de 2000 à 2006, a été Vicente Fox. Or cet homme fut également le Président de Coca-Cola pour toute l'Amérique latine. Sous son mandat, Coca-Cola a pu obtenir 27 concessions d'eau, c'est-à-dire pomper l'eau que buvaient les populations locales pour leur revendre ensuite en canettes. Coca-Cola a fondé la Fondation Coca-Cola qui construit et équipe les écoles en distributeurs de Coca-Cola et, dans les communautés indiennes, les sodas y sont vendus 40% moins cher qu'en milieu urbain et concurrencent donc les eaux en bouteilles.

Depuis le départ de Vicente Fox, le gouvernement a pris conscience du désastre, et a mis en place un projet de loi visant à lutter contre l'obésité ; mais depuis août 2013, Coca-Cola et Pepsi font partie intégrante de la commission nationale contre l'obésité, il ne faut donc pas s'attendre à des progrès rapides…

Lorsque les scientifiques se sont penchés sur le glyphosate, herbicide de Monsanto, intrigués qu'il soit à la fois reconnu cancérogène par l'OMS et inoffensif par l'EFSA (Autorité européenne de sécurité des aliments), la commission européenne a refusé de communiquer les recherches scientifiques qui avaient motivé son feu vert au nom... du secret des affaires. Selon l'ONG Corporate, près de 60% des experts de l'EFSA sont en situation de conflits d'intérêts. D'ailleurs, dans son fonctionnement, elle ne mène aucune étude elle-même, mais s'appuie sur les dossiers transmis par les industriels à qui il appartient de démontrer l'innocuité de leurs produits. Autre lacune de taille : aucune évaluation des risques à long terme n'est exigée. Cela explique mieux les décisions aberrantes prises en faveur des OGM ou des pesticides. D'ailleurs, son ancienne présidente, Diana Banati, avait quitté l'ILSI (le lobby des fabricants de pesticides, qui regroupe entre autres Monsanto, Syngenta, Dow...) juste avant de rejoindre EFSA, et y est retournée... juste après ! L'ancienne directrice du département OGM de l'EFSA, Suzy Renckens, a été pour sa part embauchée par l'agrochimiste Syngenta, un fabricant de pesticides.

Dans un autre registre, Monsanto a créé en Europe, via l'agence de consulting Red Flag, de fausses associations d'agriculteurs (comme *Free to farm* en Angleterre, *Libertà di coltivare* en Italie, *Agriculture et Liberté* en France...) chargées de défendre le glyphosate auprès des instances publiques et durant les salons professionnels. Red Flag s'est d'ailleurs vanté d'avoir « remporté la plus grande campagne de réglementation et d'affaires publiques de l'Union européenne ».[57]

Et que dire du monde pharmaceutique ? Pourquoi les génériques que nous payons en France sont en moyenne 30% plus chers qu'en Italie[58] alors qu'il s'agit des mêmes médicaments ? Qu'est-ce qui explique cette différence ? Qu'est-ce qui explique que nous avons de loin les génériques les plus chers de l'Union européenne ? Comme le souligne la députée Michèle Rivasi, il existe en France de nombreux ponts

---

[57] *Monsanto aurait créé des groupes de "faux agriculteurs" pour défendre le glyphosate*, Le Nouvel Obs, 17 octobre 2018.
[58] Michèle Rivasi, Serge Rader et Marie-Odile Bertella-Geffroy, *Le racket des laboratoires pharmaceutiques*, Les Petits Matins, 2015, page 88

entre les politiciens, l'autorité administrative et les laboratoires pharmaceutiques. Le médicament étant remboursé à 100% par la Sécurité sociale, ces derniers augmentent artificiellement les prix de leurs médicaments afin de gonfler confortablement leurs marges. Résultat : en 2009, au moment de la crise, alors que tous les secteurs s'effondraient, les profits des principaux groupes pharmaceutiques mondiaux dépassaient fréquemment 30% : 35% pour AstraZeneca, 38% pour Bayer, 36% pour Roche et 41% pour Sanofi. Ce transfert d'argent de fonds publics vers les actionnaires n'est pas sans conséquence : le déficit de la branche maladie de la Sécurité sociale s'élevait en 2015 à 5,8 milliards d'euros, alors que si nos prix étaient identiques à ceux pratiqués en Italie ce seraient 10 milliards d'euros économisés. Ce pillage ne peut se faire sans la complicité de nos institutions, et la longue liste de noms, avec le détail de chaque affaire, évoquée dans *Le racket des laboratoires pharmaceutiques*, est emblématique. Tous les cas sont aussi intéressants que révoltants, mais on peut citer celui de Jérome Cahuzac. Il était conseiller technique de 1988 à 1991 auprès du ministre de la Santé Claude Evin, en charge des relations avec la Direction de la pharmacie et du médicament. En 1989, il octroie au Maxepa un taux de remboursement de 65% et 100% pour les affections de longue durée cardiologiques, alors qu'il ne s'agit ni plus ni moins que d'huile de foie de morue et que le médicament coûtait trois fois plus cher que ses concurrents. En 1993, il se recycle en lobbyiste pour les laboratoires pharmaceutiques, avec la fortune que l'on connaît.

Cependant, le lobbying pharmaceutique ne se résume pas qu'à une histoire de manque à gagner pour la Sécurité sociale... il y va également de la santé publique. L'affaire du Mediator en est emblématique. Ce dérivé amphétaminique aurait dû être retiré du marché en 1997, comme toutes les amphétamines, mais il a bénéficié de protections politiques jusqu'en 2009, date à laquelle il sera retiré du marché grâce à la lanceuse d'alerte Irène Frachon. Et que dire des anxiolytiques, dont certains sont accusés d'entraîner des comportements agressifs, voire suicidaires ? Selon la revue Prescrire, dans sa publication mensuelle de février 2017, il serait commercialisé en France 82 médicaments plus dangereux qu'utiles.

Même au niveau local on retrouve cette connivence funeste. Entre mars 1995 et février 2001, dans une école maternelle de Vincennes, six enfants de moins de cinq ans sont atteints d'un cancer. Il s'avère que ces six enfants ont été conçus, sont nés ou ont passé les premières années de leur vie dans le périmètre d'un ancien site Kodak, non dépollué après fermeture, sur lequel ont été construits des immeubles résidentiels et l'école maternelle Franklin. A qui le préfet va-t-il confier l'étude des risques du site ? A Kodak. Sans surprise, Kodak communique qu'il ne présente aucun risque et ce nombre anormalement élevé de cancers se voit attribué... au hasard ! Alors que d'autres cas de cancer continueront à être déclarés.[59]

Ce sont quelques exemples flagrants de l'influence des entreprises sur les décisions politiques, mais on aurait pu en rajouter bien d'autres (secteur nucléaire, secteur pétrolier, secteur agroalimentaire, etc.). Loin d'être des cas isolés, toutes nos institutions, locales, nationales et européennes, sont gangrénées par ce phénomène. Les décisions concernant l'avenir d'une nation, et de l'humanité tout entière si l'on considère l'ensemble des nations, sont des décisions qui relèvent d'une vision à long terme des problématiques en jeu, et qui ne devraient pas dépendre des intérêts à court terme d'actionnaires privés. L'ensemble de ces décisions « falsifiées » conduit non seulement à assassiner la planète sur laquelle nous vivons, mais aussi à détruire notre santé, le second effet étant bien souvent la résultante du premier. Nous devons admettre que le mariage consommé entre les industries chimiques et nos gouvernements a donné naissance à une horreur encore sous-estimée : le cancer.

---

[59] Affaire détaillée dans l'ouvrage Annie Thébaud-Mony, *La Science asservie*, La Découverte, 2014, p. 253.

## 1.3.  Le cancer

*Everyone should know that most cancer research is largely a fraud and that the major cancer research organisations are derelict in their duties to the people who support them.*[60]

Linus Pauling,
Prix Nobel de Chimie et Prix Nobel de la Paix

*De plus en plus s'étend sur les territoires du monde le cancer industriel qui empoisonne l'air, l'eau et les organismes et dévaste les centres habités, de même qu'il dénature et détruit les hommes condamnés à la chaîne à l'intérieur des usines.*

Elsa Morante

Pour rappel, en 2018, on a dénombré en France 382 000 *nouveaux* cas de cancer (contre 278 000 en 2000 et 170 000 en 1980), ce qui porte à 2,637 millions le nombre de personnes traitées pour un cancer, soit 1 personne sur 25. Au passage, le cancer du poumon actif – lié principalement au tabac – ne représente que 77 000 cas sur ces 2,637 millions.[61] Par ailleurs, le cancer est devenu depuis quelques années la première cause de mortalité en France avec 157 400 décès en 2018[62], soit environ un tiers des causes (à titre comparatif, les accidents de la route représentent moins de 1%). On serait tenté d'expliquer ce phénomène par le vieillissement de la population, les personnes âgées étant davantage touchées, mais c'est chez les jeunes que le taux de cancer augmente le plus rapidement, sans que ce soit pourtant dû à un

---

[60] Tout le monde devrait savoir que la plupart des recherches sur le cancer sont en grande partie frauduleuses et que les principales organisations de recherche sur le cancer manquent à leurs devoirs envers les personnes qui les soutiennent. *Traduction de l'auteur.*
[61] Etudes détaillées disponibles sur ameli.fr, rubrique cartographie.
[62] Chiffres de l'Institut Nationale du Cancer disponible sur http://www.e-cancer.fr.

surcroît d'attention médicale puisque le dépistage organisé n'existe pas dans cette tranche d'âge.[63] Par ailleurs, le nombre de fumeurs réguliers en France a chuté de 72% en 1953 à 32% en 2001, ce qui exclut une influence accrue du tabagisme alors même que les cancers du poumon continuent d'augmenter.[64]

Au niveau mondial, la préoccupation est la même ; selon la dernière étude de l'OMS, il y a eu en 2012 dans le monde 14,1 millions de nouveaux cas de cancer contre 12,7 millions en 2008. A l'heure actuelle, ce sont les pays « occidentaux » (Europe, Amérique du Nord, Australie et Nouvelle-Zélande) qui sont les plus touchés, et on s'attend à un doublement global des chiffres d'ici 2035.[65]

Contrairement aux idées reçues, le cancer n'est pas une maladie découverte récemment. Elle est connue depuis l'Antiquité, et c'est Hippocrate (460-370 av. J.-C.) qui lui a donné ce nom, à cause de la ressemblance des ramifications des tumeurs avec la forme des crabes. Cependant, le cancer est indiscutablement une maladie moderne dans le sens où il s'est développé avec les « progrès » de la civilisation. Les sociétés restées à l'écart du développement industriel en sont par exemple généralement exemptes.[66] Le docteur John Lyman Bulkley rapporta dans son journal *Cancer* en 1927 : « *Pendant mon séjour d'une douzaine d'années chez les différentes tribus natives d'Alaska, je n'ai pas rencontré un seul cas de tumeur cancéreuse.* » Même son de cloche chez Joseph Harman Roming, médecin en Alaska, qui déclara en 1939 « *qu'en trente-six ans de contact avec les Eskimos et Indiens vraiment primitifs* » il n'avait « *jamais rencontré un cas de maladie maligne, alors que cela arrive fréquemment dès qu'ils commencent à se moderniser* ». Le docteur Eugène Payne « *examina*

[63] Lire *Hausse des cancers du sein chez les jeunes : un mystère épidémiologique*, Sciences et Avenir, 28 octobre 2016, ou encore l'étude de Dominique Belpomme publiée en 2007 dans *The International Journal of Oncology*.
[64] Catherine Hill et Agnès Laplanche, *Tabagisme et mortalité : aspects épidémiologiques*, Bulletin épidémiologique hebdomadaire, n°22-23, 27 mai 2003.
[65] Voir le communiqué de presse n°223 du Centre International de Recherche sur le Cancer ( https://www.iarc.fr) et l'outil statistique en ligne Globocan 2012 (http://globocan.iarc.fr)
[66] Toutes les citations qui suivent dans ce paragraphe sont extraites du livre de Marie-Monique Robin intitulé *Notre poison quotidien* (Editions la Découverte, 2011), chapitre 7

*quelque 60 000 patients dans certaines parties du Brésil et de l'Equateur pendant un quart de siècle et ne trouva pas un seul exemple de cancer ».* Albert Schweitzer raconte à propos de son expérience en Afrique équatoriale en 1914 : *« Au cours des neuf mois de mon activité, j'ai traité près de 2 000 malades et j'ai pu constater que la plupart des maladies européennes se rencontrent dans ce pays. Cependant, je n'ai encore trouvé ni de cancer ni d'appendicite. »* Le professeur de Bovis, *« un des premiers médecins à s'intéresser à la généralisation des tumeurs malignes »,* écrit tout au début du XX$^e$ siècle : *« Les races primitives étaient autrefois indemnes ou presque de cancer. Depuis que notre civilisation a pénétré chez elles, elles se sont mises à faire du cancer. On a également prononcé à ce sujet le mot de "cancérisation" des races primitives. »* Certains médecins voyageurs ont malgré tout décelé des cas précis de cancers chez certains peuples comme le cancer du « kangri », qui affecte l'« épithélioma de la paroi abdominale antérieure ». Il est *« très courant au Cachemire, où les habitants se protègent du froid en glissant sous leur tunique un kangri, sorte de vase en terre cuite contenant un brasier de charbon de bois qui provoque brûlure et irritations chroniques ».* De même, *« les cancers des lèvres, de la langue et de la bouche sont relativement fréquents en Inde où femmes et hommes mastiquent du bétel, espèce de mixture composée de feuilles de bétel, de tabac et de chaux ».* C'est surtout à partir de la Renaissance que le cancer a commencé à se répandre en Europe, parmi les corporations exposées à des matériaux *« comme le charbon, le plomb, l'arsenic ou les métaux, comme les verriers, peintres, doreurs, miroitiers, potiers, charpentiers, tanneurs, tisserands, forgerons, etc. »,* et c'est le médecin italien Bernardino Ramazzini (1633-1714) qui va mettre en évidence ce lien entre cancer et exposition à des polluants ou toxiques. A partir du XIX$^e$ siècle, le phénomène s'intensifie avec l'industrialisation de la société, et des médecins rapportent un tas de maladies nouvelles parmi la classe ouvrière, liées à l'industrie du phosphore, du caoutchouc, du sulfure de carbone, etc. Dans son ouvrage *Le mythe de la civilisation cancérogène*[67], Pierre Darmon rappelle qu'en *« 1840, 2 786 décès étaient en Angleterre attribués au cancer, soit 177 décès par million d'habitants. En 1884, il a tué 21 422*

---

[67] Pierre Darmon, *Le mythe de la civilisation cancérogène (1890-1970)*, Communications n°57, 1993, p. 72.

*personnes, ce qui représente une mortalité de 713 décès par million d'habitants.* » Il souligne que l'on s'inquiétait également de l'explosion de la mortalité cancéreuse survenue entre 1880 et 1900 dans les pays occidentaux, mortalité qui a doublé en seulement vingt ans. Il précise enfin que dès la fin du XIX^e siècle, certains minimisaient déjà cette forte croissance en incriminant « *l'allongement de l'espérance de vie, l'imperfection des anciennes statistiques et les progrès de la clinique qui permettent de mettre en évidence un nombre croissant de cancers* » (ces arguments, qui pourtant étaient déjà irrecevables à l'époque, sont hélas ! toujours repris en boucle aujourd'hui par certaines sommités pour expliquer l'augmentation des cancers survenus durant ces trente dernières années).

Dans la même veine que Bernadino Ramazzini, qui dès la Renaissance a pu établir les liens qu'il existait entre certains cancer et la profession du patient, Annie Thébaud-Mony et Henri Pézerat, en France au XX^e siècle, ont contribué à la prise de conscience (et à un début de reconnaissance) des cancers professionnels, en constatant à la base que leur nombre et leur nature étaient différents selon le travail et le lieu de la victime. Exposition au charbon, à l'amiante, à la radioactivité, aux pesticides, au formaldéhyde, aux solvants, au plomb, aux poussières de bois ou de fer, etc. : chacune d'entre elles débouchera sur un type de cancer différent, sachant à l'inverse que la cause exacte d'un cancer sera difficile à définir lorsqu'un individu a été exposé durant sa vie (et c'est souvent le cas) à différents produits cancérogènes.

Par ailleurs, en 1991, des chercheurs ont comparé les taux de cancer du site de Miyagi au Japon avec ceux de la population blanche de San Francisco. C'est dans cette ville de la côte ouest des Etats-Unis qu'ils étaient les plus élevés : quatre fois plus pour le cancer du sein chez la femme, et huit fois plus pour le cancer de la prostate chez l'homme. On a tout d'abord pensé à des facteurs génétiques, mais quand ils ont ensuite comparé les taux de Miyagi avec ceux des émigrés japonais vivant à San Francisco, ils ont pu constater que les taux s'étaient rapprochés de ceux des habitants d'origine de San Francisco (deux fois plus élevés pour le cancer du sein et trois fois plus élevés pour le cancer de la prostate).[68]

En bref, toutes ces études ont mis en évidence le caractère non exclusivement génétique du cancer, et on sait désormais, avec certitude, que les facteurs environnementaux ont un rôle majeur à jouer, avec en premier plan ce qu'on respire (chez soi, à l'extérieur ou au travail) et ce qu'on mange. Puisqu'il y a une hausse alarmante des taux de cancer, est-ce donc que la qualité de notre environnement et de notre nourriture s'est dégradée ?

Au sortir de la Seconde Guerre mondiale, il y a eu dans le monde une volonté de passer de l'agriculture de subsistance à une agriculture intensive. Les champs de taille modeste, souvent séparés par des arbres ou des talus, et comportant plusieurs types de cultures et de semences, ont laissé place à de vastes hectares de monoculture où aucun arbre ne doit faire obstacle aux machines agricoles. Le Brésil, par exemple, est devenu l'un des premiers exportateurs de soja dans les années 1970 alors qu'ils n'en produisaient pas en 1945. Le problème dans la monoculture intensive, c'est que ce sont toujours les mêmes nutriments qui sont sollicités, et que, comme on duplique un seul type de semence sur des dizaines d'hectares, si un des plants s'enrhume, c'est tout le champ qui est malade. Pour éviter cela, on a eu recours à des intrants : les engrais chimiques pour fertiliser le sol, et les pesticides, insecticides, fongicides, etc. pour protéger la plante. Ces produits chimiques ont l'inconvénient de détruire la vie qu'il y a dans le sol ; cela fragilise encore plus la plante, et crée un cercle vicieux où l'on est obligé d'augmenter les doses à chaque fois pour ne pas voir les rendements baisser. Au bout du compte, on se retrouve avec d'un côté des fruits et légumes gorgés de produits toxiques, et de l'autre des agriculteurs fortement endettés pour payer leurs intrants et leurs semences. Car il faut savoir que, contrairement à nos aïeux, les agriculteurs d'aujourd'hui ne peuvent plus replanter une partie de leur récolte pour assurer celle de l'année suivante. Ils sont bien souvent obligés de

---

[68] *Cancer Registration : Principles and Methods*, International Agency for Research and Cancer, publication n°95, 1991, Table 4, page 13, disponible sur https://www.iarc.fr.

racheter des semences à celui qui leur a fourni les pesticides qui vont avec. Comment ça fonctionne ?

En France, comme en Europe, ne sont commercialisables que les variétés de semences inscrites au catalogue officielle. En 2014, 60% d'entre elles étaient des variétés hybrides F1. Une variété hybride F1 est le produit du croisement de deux lignées parentales très pures, obtenues par consanguinité sur 6 à 8 générations. Cette méthode est censée améliorer les performances quantitatives de la première génération de semence (d'où le terme F1), mais induit une dégénérescence très forte à partir de la deuxième génération, si bien qu'il n'est pas rentable pour l'agriculteur de ressemer une partie de sa récolte. Il est donc obligé de racheter ses semences chaque année. Mais qui sont les gagnants de ce système ?

### Les gains pour l'agriculteur

C'est un peu comme de la drogue : il a l'impression d'être gagnant au début mais peu à peu le rêve se transforme en cauchemar. En effet, si les rendements augmentent bel et bien les premières années avec ces semences hybrides, elles offrent aussi des inconvénients qui pèsent de plus en plus lourd avec le temps. Le premier d'entre eux est évidemment que l'agriculteur doit racheter chaque année ses semences, et ce à un prix loin d'être anecdotique (par exemple, 1 kilo de semences de tomates hybrides coûte autour de 30 000 euros). Le deuxième inconvénient est que ces semences, renouvelées chaque année, n'ont pas le temps de s'adapter au terroir sur lequel elles poussent. Elles nécessitent donc un apport permanent de pesticides et autres agents chimiques. Troisièmement, cet apport à tendance à croître avec le temps au fur et à mesure que la terre meure, ce qui pousse l'agriculteur à s'endetter de plus en plus. Enfin, l'emploi de ces semences hybrides conditionnées à l'agriculture chimique l'expose à davantage de risques d'empoisonnement et pathologies professionnelles. Au final, les agriculteurs se retrouvent avec le taux de suicide le plus élevé de France (20 à 30% supérieur à la moyenne de la population, et il touche les plus endettés), qui est devenu la deuxième cause de mortalité, juste derrière le cancer qui est devenu la première cause de mortalité en l'espace de quelques décennies alors que les paysans étaient autrefois la catégorie la plus épargnée.

*Les gains pour le consommateur*

Le consommateur subit déjà un moindre choix dans les fruits et légumes qu'il peut consommer car ceux qui ornent les étals de nos supermarchés sont uniformes et standardisés. Au niveau de la qualité, un collectif d'agriculteur (*Les croqueurs de carottes*) a fait analyser une variété de tomates hybrides F1 (elles représentent 98% des tomates du catalogue) et une variété de tomates issues de semences paysannes, toutes deux ayant poussées dans leur ferme. Les hybrides contiennent 5 à 12 fois moins de nutriments que les semences paysannes, et ont des teneurs en lycopène (un antioxydant), vitamine C et polyphénols 4 fois moindre. Au niveau du goût, une étude allemande a montré que, chez les humains comme chez les animaux, les variétés paysannes étaient systématiquement préférées. A ce sujet, il est précisé que *le manque d'arômes ou au contraire les arômes trop forts/présents des variétés hybrides conduisent à une évaluation sensorielle négative [et] en même temps un écœurement croissant chez le dégustateur lors des expériences sensorielles sur les carottes hybrides*.[69]

*Les gains pour notre écosystème*

Il est inutile de revenir sur les ravages de l'agriculture chimique intensive sur notre faune, notre flore, notre air, nos cours d'eau et nos nappes phréatiques. Mais le catalogue officiel, en plus de privatiser le vivant, a causé, selon l'ONU, une perte de 75% de l'agrobiodiversité due à la domination de ces variétés uniformes.

Au final dans ce système, il n'y a gain ni pour l'agriculteur, ni pour le consommateur, ni pour l'écosystème. Les seuls qui en tirent profit sont les semenciers (Bayer-Monsanto, DowDuPont, Syngenta…) qui réalisent un chiffre d'affaires total annuel de 26 milliards de dollars,

---

[69] *Variétés hybrides F1 et qualité*, Uwe Geier, Institut de recherche biodynamique au Forschungsring. Etude parue dans Lebendige Erde 5/2008, traduction : François Germani et Aurélie Truffat, relecture François Delmond.

auquel il faut ajouter celui des intrants chimiques, puisqu'ils n'oublient jamais d'associer à chaque variété hybride les pesticides à laquelle elle est le mieux adaptée.

Au niveau de l'élevage, le constat est malheureusement similaire. Autrefois, la France comptait des dizaines de races porcines (basque, celtique, bourguignonne, bressane, cul noir du Limousin, blanc de l'Ouest, etc.), et chaque région possédait une race propre adaptée à son terroir. Aujourd'hui, la plupart de ces races ont disparu pour laisser place à une uniformisation issue des porcs chinois, qui ont la particularité d'avoir un squelette fin (donc ayant plus de viande que d'os) et d'engraisser à peu près 15% plus rapidement avec 25% d'aliments en moins. Les noms de ces nouvelles variétés créées artificiellement sont Maxter, Galaxy, Musclor, etc.

Le *Larousse agricole* de 1952 préconisait comme première condition à la réussite de l'élevage le fait que « les animaux vivent le plus possible à la lumière dans des enclos bien ensoleillés ». Aujourd'hui, les porcs passent leur vie entière enfermés dans un hangar sans aucune lumière, au milieu de vapeurs d'urine et d'excréments, et confinés dans des enclos trop petits pour qu'ils puissent faire de l'exercice (ça les ferait maigrir). Le stress, l'ennui et la promiscuité extrême les poussent au cannibalisme, c'est pourquoi on leur meule les dents, coupe la queue, et on les met sous calmants et antidépresseurs. Comme ces conditions de « détention » fragilisent leur santé, ils sont constamment sous antibiotiques. Pour la femelle, elle est prisonnière à vie d'une cage où elle ne peut pas bouger, avec juste ses mamelles qui dépassent. Elle est fécondée artificiellement, et condamnée à enfanter de manière continue jusqu'à sa mort, afin de la rentabiliser au maximum. Ce traitement épouvantable a divisé par deux son espérance de vie, et elle doit suivre en plus un traitement contre les mammites (inflammation des mamelles) à cause du rythme infernal où elle allaite.[70]

---

[70] Toutes ces informations sont tirée de la minutieuse enquête d'Isabelle Saporta, intitulée *Le livre noir de l'agriculture (comment on assassine nos paysans, notre santé et l'environnement)*, publiée chez Fayard en 2011, dont je recommande vivement la lecture à tous ceux désireux de savoir comment est produite notre nourriture aujourd'hui.

Côté alimentation, avant on nourrissait les porcs de manière plus riche et plus équilibrée, avec de la luzerne, du lin, de l'avoine, du triticale, de la vesce... Aujourd'hui, ils sont nourris quasi-exclusivement de soja et de maïs bourrés de pesticides, moins riche en oméga-3 et plus riche en oméga-6, ce qui déséquilibre le ratio oméga-6 / oméga-3 dans notre alimentation, favorisant – selon de récentes études - l'obésité de génération en génération, l'apparition de maladies cardio-vasculaires, et des capacités psychomotrices moindres chez l'enfant quand ce déséquilibre a eu lieu pendant la grossesse.

Dans ce système, les éleveurs ne s'en sortent pas mieux non plus. En quinze ans, le prix du porc payé aux éleveurs par la grande distribution a baissé de 30% tandis que le prix vendu en grande surface a augmenté de 20%. La plupart des éleveurs ont l'impression de s'en sortir moins bien que leur père avec pourtant plus de bêtes à leur cheptel. « Au final, les éleveurs de porcs sont endettés à plus de 70% de leur bilan. [...] on bosse uniquement pour rembourser les emprunts ! » déplore Patrice Drillet, vice-président de la Cooperl Arc Atlantique.[71]

Pour revenir aux agriculteurs, en France, ils ne représentent plus que 3% de la population active (contre un tiers environ en 1945), et environ 90% de notre agriculture est dite « conventionnelle », c'est-à-dire utilisatrice d'agrotoxiques. Ces fruits et légumes, issus d'un sol stérile gorgé d'intrants chimiques, qui se retrouvent sur nos étals, dans quelle mesure sont-ils bons pour notre santé ?

Des études menées aux Etats-Unis et au Canada ont montré qu'en 50 ans l'apport nutritionnel de nos fruits et légumes avait été divisé par 5 en moyenne. Si l'on compare les résultats des analyses faites sur les fruits et légumes en 1950 avec ceux d'aujourd'hui, on obtient les résultats suivants :
- Nos oranges contiennent 5 fois moins de fer et 10 fois moins de vitamines A,
- Nos bananes contiennent 5 fois moins de vitamine A,
- Nos pêches contiennent 26 fois moins de vitamine A,
- Nos pommes de terre contiennent 2 fois moins de fer et de vitamine C, 4 fois moins de calcium et plus du tout de vitamine A.

---

[71] *Ibid.* p.222

Quelles sont les causes de ce phénomène ? Les méthodes agricoles d'abord : l'utilisation intensive de pesticides et d'herbicides, les excès d'engrais qui augmentent la vitesse de croissance des plantes et diminuent proportionnellement le temps de fixation des micronutriments. Les techniques intensives épuisent aussi les sols, dont la teneur globale en nutriments diminue dans certaines zones. En cause également, selon Brian Halweil, les traitements de conservation et les rallongements du temps de transport. Un aliment parcourt, selon cette étude, en moyenne 2 500 kilomètres avant d'être consommé ! Certains fruits, cueillis trop tôt, n'ont pas le temps de développer les nutriments liés à l'ensoleillement, comme les anthocyanines ou polyphénols, ces composants qui nous protègent contre le cancer ou la détérioration des cellules du cerveau. Quant au taux de vitamine C dans les pommes et abricots cueillis verts : il est proche de zéro ![72]

De nombreuses études ont montré que la consommation de fruits et légumes pouvait protéger du cancer et des maladies cardio-vasculaires, qui sont aujourd'hui les deux premières causes de mortalité en France avec plus d'un décès sur deux. Mais que faire si ces fruits et légumes sont privés des nutriments censés apporter cette protection ? Ou pire, s'ils sont eux-mêmes devenus nocifs de par leur saturation en produits chimiques ?

Il faut savoir qu'en France, lorsqu'une nouvelle substance est introduite sur le marché, on demande à l'industriel qui la produit de démontrer lui-même son innocuité. Pour cela – et quand il est de bonne foi –, il va en général injecter divers degrés de doses à des souris, et fixer une limite au-delà de laquelle la dose est mortelle. Or, dans le cas des cancers, ce n'est pas forcément la dose, mais la durée d'exposition qui va avoir un impact. En effet, les cellules humaines obéissent à un cycle d'oxydation, producteur d'énergie vitale (la respiration cellulaire), et des produits toxiques, même à faible dose, peuvent perturber ce cycle et priver les cellules de l'oxygène utilisable. Les cellules ne

---

[72] Extrait de l'article d'Agnès Rousseau *Faudra-t-il bientôt manger cinquante fruits et légumes par jour ?* du 16/09/2010 sur bastamag.net, qui s'appuie sur l'étude de Brian Halweil *Still No Free Lunch: Nutrient levels in U.S. food supply eroded by pursuit of high yields*, The Organic Center, septembre 2007.

vont pas mourir, comme dans le cas d'un empoisonnement violent, mais s'altérer et muter en cellules cancéreuses. Il faut également ajouter à cela qu'un produit chimique est rarement subi seul, ce qui rajoute un « effet cocktail ».

Si cette méthode est efficace pour détecter les poisons violents, elle l'est nettement moins en ce qui concerne la détection de produits cancérigène comme le souligne Annie Thébaud-Mony dans l'exemple qui suit.

> Prenons un exemple. Depuis le début du XXe siècle et surtout depuis la Seconde Guerre mondiale, les ouvriers du bâtiment subissent en France des expositions permanentes ou intermittentes à l'amiante, à la silice, aux solvants contenant du benzène ou des dérivés du chlore, au plomb, aux pigments de peinture (chrome), aux poussières de bois, aux poussières de fer, au formaldéhyde, et sans doute encore à bien d'autres substances cancérogènes avérées, sans parler de celles dont la toxicité n'a pas été explorée. Lorsqu'un maçon – appelons-le Pierre – se retrouve, à cinquante-cinq ans, atteint d'un cancer du poumon, il ne sait pas que ce cancer résulte de la double histoire évoquée plus haut, longue de plusieurs décennies. Au moment où le cancer se déclare chez Pierre, il est tout à fait possible qu'il ne reste aucune « trace » visible d'amiante, de silice, de plomb et autres contaminants dans ses poumons ou d'autres parties de son corps. Cela ne signifie pas pour autant qu'il n'a pas subi d'atteinte cellulaire irréversible due à l'action de ces contaminants dans son organisme. […] Quant aux processus induits par les différentes substances toxiques dans l'ADN des cellules de Pierre, au cours des trente ans ou plus séparant le moment d'une première atteinte par un cancérogène et celui de l'identification clinique du cancer, ni les médecins ni les généticiens ne sont en mesure d'en faire une reconstitution permettant de « choisir » le ou les toxiques responsables de ce cancer. […] S'il a fumé, les médecins – qui ignorent tout, malheureusement, de la contamination professionnelle par de multiples agents cancérogènes – ont beau jeu de culpabiliser l'ouvrier malade en lui faisant porter le poids de sa propre autocontamination par le tabac.[73]

Quoi qu'il en soit, la caisse nationale de retraite des ouvriers du bâtiment est l'une des rares à être bénéficiaire ; il y a donc des activités plus à risque que d'autre, mais à l'heure actuelle, il est souvent impos-

---

[73] Annie Thébaud-Mony, La Science asservie, La Découverte, 2014, p. 130.

sible prouver de manière sûre à 100% la corrélation entre une substance chimique et un cancer, pour les raisons précédemment invoquées. De plus, l'industrie fait généralement deux poids deux mesures dans ses jugements et adopte volontiers un double langage. En effet, lorsqu'elle teste un produit chimique « avec succès » sur des rats, elle n'oublie pas de rappeler que nous partageons avec ces rongeurs 99% de gènes homologues (c'est-à-dire identiques ou proches). Par contre, dès qu'un laboratoire indépendant révèle la toxicité dudit produit, elle rétorque que les études expérimentales ne prouvent rien car « ce qui s'applique chez le rat ne s'applique pas forcément chez l'homme ». Et quand on lui oppose alors une étude épidémiologique – le seul et dernier moyen de prouver la toxicité d'un produit – démontrant l'incidence du cancer sur une population donnée (avec les *clusters*, comme par exemple lorsqu'un village présente un taux anormalement élevé de cancer ou d'enfants nés avec des malformations), elle argue que l'exposition parallèle à de multiples substances (différents pesticides, mais aussi shampoings, déodorants, produits ménagers, etc.) rend impossible l'identification d'un lien exclusif avec le produit incriminé, ou encore que les clusters observés ne sont pas assez significatifs. [74] Et le pire bien évidemment, c'est que les autorités réagissent à l'identique des industriels, comme on a pu le voir avec l'affaire des « bébés nés sans bras ».

Dans ces conditions, démontrer la toxicité d'un produit devient extrêmement difficile, malgré la causalité directe et quasi-exclusive entre la substance et la pathologie, comme le mésothéliome pour l'amiante et le cancer du poumon pour le tabac, où cela a pris des décennies (au lieu de tout au plus deux ou trois ans) en raison des campagnes de désinformation menées par les lobbies concernés.

Cela est beaucoup est bien plus long encore quand le lien est plus ténu. Prenons l'exemple du nucléaire : toutes celles qui ont eu un jour à passer une radiographie ont entendu cette fameuse question : « êtes-

---

[74] Propos d'autant plus choquants que cela induit au passage que l'on considère comme acceptable un taux de cancer moyen parmi la population, en ne se concentrant que sur les taux « exceptionnels », alors que le cancer reste une maladie qui devrait être complètement bannie de la société. Il ne viendrait jamais à l'idée, par exemple, de considérer un taux de SIDA « acceptable » parmi la population pour se concentrer uniquement sur les clusters.

vous enceinte ?», mais peu de femmes savent l'histoire qui est derrière cette précaution. Quand les rayons X ont été découverts en 1895 par Wilhelm Roentgen, les travailleurs manipulant les équipements radiologiques souffraient déjà d'atteintes cutanées et oculaires, de spasmes musculaires, de pertes de cheveux, suivis peu après par des anémies, tumeurs et décès.[75] Alors que la relation est flagrante, il faudra tout de même attendre cinquante ans pour qu'en déduise qu'il est préférable de limiter le plus possible la durée de l'exposition aux rayons. Mais ça ne s'arrête pas là. En 1955, Alice Stewart, directrice de l'Institut de médecine sociale de l'université d'Oxford, va constater (au bout d'une étude de deux ans menée auprès de deux mille mères) qu'il suffit en réalité *d'un seul cliché radio, soit une fraction infinitésimale* de la dose considérée alors comme sans danger, sur la femme enceinte pour que son enfant in utéro développe *des années plus tard* un cancer.[76] Elle va avoir affaire à de nombreux détracteurs (dont Richard Doll) et il faudra attendre les années 1980 pour que l'on évite enfin les radiographies aux femmes enceintes.

Dans le cas du distilbène, un médicament prescrit contre les fausses couches à partir de 1938, il s'est avéré qu'*une seule dose*, prise pendant la grossesse, pouvait provoquer *quinze ans plus tard* un cancer du vagin, de l'utérus ou des anomalies congénitales graves, chez les filles nées de cette grossesse. Au final, le distilbène n'a été interdit qu'en 1971 aux Etats-Unis et 1977 en France,

Je laisse le soin aux lecteurs d'imaginer la difficulté pour ces mères de faire le lien entre la maladie de leur enfant et un évènement extrêmement succinct survenu des années plus tôt, et le parcours du combattant qu'il faut traverser pour parvenir à prouver aux juges que c'est la radio que vous avez faite il y a cinq ans, ou le médicament que vous avez pris il y a quinze ans, qui a engendré le cancer de votre fille. Entre l'exposition (très brève) et les premiers symptômes, il s'est passé une longue période au cours de laquelle votre enfant a pu être exposé à toutes sortes d'autres substances nocives (dans l'air, dans l'alimentation, mais aussi pendant le reste de la grossesse) qui entretiendront un flou favorable aux industriels.

---

[75] Kaustubh Sandare et al., *Early victims of X-rays : a tribute and current perception*, Dentomaxillofacial Radiology, n°40, 2011, p. 123-125.
[76] Annie Thébaud-Mony, *La Science asservie*, La Découverte, 2014, p. 94.

Plus généralement, c'est le problème de tous les perturbateurs en-docriniens (comme le BPA) que l'on retrouve partout aujourd'hui (eau, air, jardins, domiciles, vêtements, meubles, crèmes, récipients, ali-mentation...) où une dose infime[77] reçut in utéro, durant la petite en-fance ou à l'adolescence peut avoir un impact considérable dix ou vingt ans plus tard, et parfois même sur la descendance.

Le lobby de l'industrie « phytosanitaire » se plait à rappeler cette absence de certitude absolue, et met souvent en avant, pour sa défense, l'amélioration générale de notre santé. Paul Portney, vice-président du centre Ressources pour le futur[78], déclarait : « Si notre cadre de vie était aussi dangereux qu'on le prétend, comment expliquer que nous vivons plus longtemps que nos aînés ? [79]». *Un argumentaire qui donne malheureusement une image inexacte de la réalité. Les recherches me-nées par Samuel Epstein à l'Ecole de santé publique de l'université d'Illinois démontrent que l'incidence de tous les types de cancer, sans compter le cancer du poumon, a augmenté de 29,1% entre 1950 et 1988. Et la revue médicale britannique* The Lancet *rapporte que le taux de mortalité des cancers du cerveau et autres tumeurs du système nerveux central, du cancer du sein, du cancer des reins, du myélome multiple, des lymphomes et des mélanomes n'a cessé d'augmenter au cours des vingt dernières années chez les personnes de 55 et plus, aux Etats-Unis et dans cinq autres pays industrialisés. C'est l'améliora-tion des soins médicaux, et non la diminution des cancers, qui em-pêche le taux de mortalité des cancéreux d'atteindre des sommets.[80]*

---

[77] Et d'ailleurs, dans le cas des perturbateurs endocriniens le problème est d'autant plus com-plexe qu'une faible quantité peut avoir plus d'effet qu'une forte dose.

[78] *Resources for the future* est un *Think tank* qui se définit comme une organisation indépen-dante, non-partisane, qui conduit des analyses et des recherches rigoureuses pour aider les dirigeants à prendre de meilleures décisions et élaborer des politiques plus avisées au sujet des ressources naturelles et de l'environnement, et qui est d'ailleurs régulièrement cité par la presse. Pourtant, ses recommandations sont pro-industrielles et ses revenus proviennent d'in-dustriels tels que BP, Schlumberger, Shell, etc. et CropLife (principal lobby des fabricants de pesticides, qui regroupe BASF, Bayer, Dow, DuPont, Monsanto, Syngenta...)

[79] John Stauber & Sheldon Rampton, *L'industrie du mensonge*, éditions Agone, 2004, p.296

[80] Ibid.

D'ailleurs, d'après l'indice Eurostat sur le nombre d'années d'espérance de vie en bonne santé[81], on s'aperçoit qu'en France elle n'augmente plus vraiment puisque pour les femmes elle passe de 64,4 années en 2007 à 64,1 années en 2016, et pour les hommes respectivement de 62,8 à 62,6 années. Il est aussi intéressant de noter, comme vu plus haut, que la plupart des expérimentations réalisées en laboratoire s'arrêtent de facto au bout de deux ans alors que l'Institut Ramazzini a mis en évidence le fait que la plupart des cancers observés surviennent justement après deux ans, soit un âge de 60/65 ans chez l'être humain.

En France, Claude Bourguignon, ingénieur agronome et directeur fondateur du Laboratoire d'Analyses Microbiologiques des Sols, constate également les dégâts de l'agriculture intensive chimique : *Il ne peut y avoir d'agriculture pérenne que si on est sur des sols vivants. Le sol abrite 80% de la biomasse vivante... On en a tué 90%, c'est qu'on a tué tout ce qui est à la source de la vie. C'est quand même les microbes qui nourrissent nos plantes, qui font que nos plantes sont saines, sont nutritives pour nous... Nous sommes quand même dans la société la plus confortable de l'histoire de l'humanité et nos dépenses de sécurité sociale augmentent de 6% par an ; il y a quand même des questions à se poser : est-ce que les gens sont si bien nourris que ça pour être aussi malades ?* [82]

Un cas typique est celui du blé : le monde entier en a consommé pendant des millénaires sans que cela pose problème mais, depuis quelques décennies, on assiste à un accroissement des personnes qui deviennent intolérantes au gluten. Certes, il existe depuis la nuit des temps des personnes naturellement allergiques au gluten, mais cette brusque accélération n'a rien de naturel. En 2014, deux chercheurs américains, Anthony Samsel, consultant scientifique, et Stephanie Seneff, chercheuse au Massachusetts Institute of Technology (MIT), ont mis en évidence le lien possible entre le glyphosate (l'agent actif du

---

[81] Disponible en ligne sur le site Eurostat, code [hlth_hlye]
[82] Extrait de *Solutions locales pour un désordre global*, un excellent film de Coline Serreau que je recommande fortement. Cet extrait est également disponible sur YouTube sous le titre *Claude Bourguignon (Ingénieur agronome)*. Voir aussi *Claude Bourguignon - La Microbiologie des sols*.

Roundup, produit phare de Monsanto) utilisé comme herbicide et l'intolérance au gluten.

En effet, juste avant la récolte, les producteurs de blé ont pour habitude d'asperger leurs cultures de Roundup afin de tuer la plante et de la dessécher. Cette pratique a deux avantages pour les agriculteurs :

- elle permet d'homogénéiser le champ à cultiver et donc de le préparer pour le jour de la récolte (en effet, les blés mûrissent souvent de façon inégale et on ne peut pas récolter du blé encore vert ; le glyphosate, en tuant toutes les pousses, assure l'homogénéité de la récolte) ;

- en mourant, le blé libère davantage de grains, ce qui donne un rendement légèrement supérieur.

Le problème, c'est que les blés morts qui sont récoltés sont donc imbibés de glyphosate. Or, une fois ingéré par un individu, le glyphosate inhibe les enzymes produites par le microbiome intestinal, ce qui peut conduire à une intolérance au gluten puisque le corps n'a plus les enzymes pour le digérer. L'intolérance ne se déclare évidemment pas à la première bouchée, mais au fil des années, par la lente dégradation de notre système intestinal.

Mais ce n'est pas le seul inconvénient du glyphosate, qui est aussi accusé de provoquer le cancer, l'autisme et une multitude d'autres problèmes, et c'est la raison pour laquelle en France il est désormais interdit à la vente… pour les particuliers seulement. Les agriculteurs eux, qui en sont pourtant les premiers utilisateurs, peuvent continuer à en asperger les fruits, légumes et céréales qu'ils nous vendent.

Le glyphosate n'est pas seul en cause, et de toute manière sitôt qu'un biocide est interdit un autre prend sa place, peut-être plus toxique encore. Les fongicides SDHI, qui pour agir bloquent la chaîne respiratoire des cellules, commencent à être décriés pour les anomalies épigénétiques qu'ils engendrent.[83] De manière globale, des centaines voire des milliers d'études scientifiques dans le monde ont mis en évidence l'influence de l'agriculture chimique dans l'apparition :

- de cas d'autismes,
- de malformations à la naissance,

---

[83] Un collectif de 8 scientifiques a signé une tribune en avril 2018 dans *Libération* pour signaler la possible toxicité des SDHI et faire le lien avec des formes d'encéphalopathies sévères constatées par le passé.

- de troubles cérébraux et hormonaux
- des allergies et de l'asthme,
- de fausses couches plus fréquentes,
- des cancers (type leucémie).

A Kauai, une île de l'archipel d'Hawaï qui sert de terrain d'expérimentation pour les grands producteurs de biocides, les médecins ont tiré le signal d'alarme sur le nombre anormalement élevé de nouveaunés souffrant de malformations. *« Il y a quelques années, j'ai commencé à remarquer un nombre élevé de malformations cardiaques chez les nouveau-nés, notamment des transpositions des gros vaisseaux, une malformation qui provoque une inversion de l'aorte et de l'artère pulmonaire», dit cet homme à la barbe blanche fournie. «En tant que pédiatre dans une zone rurale avec environ 250 naissances par an, je n'aurais pas dû voir plus d'un cas en dix ans, poursuit-il. Mais j'en ai eu trois, puis quatre.» Alarmé, il décide de répertorier tous les cas enregistrés par l'hôpital de Waimea pour quatre malformations cardiaques graves. Leur taux est dix fois plus élevé que la moyenne nationale.*[84] La plus courante d'entre elles est la gastroschisis, malformation où les intestins du fœtus se développent hors de son ventre ; rarissime à l'échelle mondiale, elle est fréquente à Hawaï. La population locale a protesté contre les pratiques de ces entreprises phytosanitaires et demandé une loi exigeant notamment plus de transparence de leur part et l'instauration de zones tampons. Les géants des pesticides ont dépensé près de 8 millions de dollars pour influencer le résultat du vote en leur faveur (contre 82 807 dollars pour les citoyens). Finalement, la loi est adoptée en faveur de la population. Une victoire de courte durée, puisque quelques semaines après les géants Syngenta, BASF, DuPont, Dow et Monsanto portent plainte et remettent en cause la légalité juridique du processus de décision (les citoyens n'ont pas le droit de voter les lois). Résultat : les juges donnent raison aux multinationales et invalident la loi. [85]

---

[84] *Syngenta : révolte au paradis* par Julie Zaugg et Michaël Jarjour, 13 janvier 2016 sur http://www.sept.info

[85] Revoir à ce sujet le reportage d'Elise Lucet sur France2 : Cash investigation - Produits chimiques : nos enfants en danger

Ce constat affligeant n'est pas isolé, mais au contraire omniprésent et routinier, quel que soit le pays. Dès qu'un mouvement citoyen essaie de faire changer des choses, les lobbies dépensent des millions en communication, frais d'avocat et corruption pour y mettre un terme. Il serait trop long de faire ici la liste de chaque cas, mais on peut citer un autre exemple, cette fois français : la Gironde est l'un des départements les plus touchés par les pesticides, notamment à cause de la viticulture qui est très présente. Les épandages se font à proximité des écoles et des habitations qui subissent en permanence cet air chargé de produits neurotoxiques. Un prélèvement capillaire a été fait sur les enfants de ces écoles, puis envoyé à un laboratoire d'analyse au Luxembourg : en moyenne, 44 pesticides ont été détectés dans leur organisme. En France, depuis 1980, les cancers infantiles (2500 cas par an en moyenne) augmentent de 1% par an, et les agriculteurs et leurs familles ont 3 à 4 fois plus de risque de développer une leucémie.[86] En mai 2014, à Villeneuve-de-Blaye en Gironde, l'institutrice et les élèves d'une école située à proximité de vignes sont pris de malaises, de nausées, de douleurs aux yeux et de difficultés respiratoires peu après des épandages de pesticides. Selon une note de synthèse établie par l'Agence régionale de santé d'Aquitaine, « des tracteurs ont répandu le jour même (de l'intoxication) des produits fongicides secondairement identifiés (par le centre antipoison du CHU de Bordeaux) contenant les substances actives suivantes : le mancozèbe, le mefenoxam, la spiroxamine (...). Les effets aigus connus des fongicides identifiés sont concordants avec les symptômes décrits par les enfants et personnels de cette école ». Des associations portent plainte, mais le 4 septembre 2017, le juge prononce un non-lieu à l'égard des exploitations viticoles et affirme qu'aucun élément objectif ne permet d'assurer que les pesticides sont à l'origine de l'intoxication des enfants.[87]

---

[86] Il s'agit d'une estimation moyenne ; voir les études comme celles de Lee WJ et al. ou encore Bertrand Nadel. Par ailleurs, le décret du 9 juin 2015 reconnaît le caractère professionnel de la maladie du lymphome malin non hodgkinien chez les agriculteurs.

[87] *Épandage de pesticides près d'une école : le juge prononce un non-lieu*, Bastamag.net, 13 septembre 2017

En août 2015, l'ARS et l'INVS[88] publient un rapport mettant en évidence le lien entre les pesticides et le nombre anormalement élevé de cancers (cinq fois plus) sur la commune viticole de Preignac et de ses voisines. Face à l'absence de réaction des pouvoirs politiques, Marie-Lys Bibeyran, salariée de la vigne dont le frère agriculteur est décédé d'un cancer à 47 ans, a lancé une pétition pour traiter en bio et hors présence enfants les zones agricoles situées le long des écoles. Le 1ᵉʳ mars 2016, forte de ses 84 600 signatures, elle est allée voir Pierre Dartout, préfet de la Gironde, pour lui demander de prendre des mesures concrètes pour protéger les enfants des biocides. Celui-ci, à l'instar des firmes phytosanitaires, a balayé d'un revers de main toutes les revendications et estimé que le lien entre les biocides et l'augmentation des taux de cancers n'était pas scientifiquement avéré. Même son de cloche au village de Langouët en Bretagne, où le maire a mis en place un arrêté interdisant l'usage de pesticides « *à une distance inférieure à 150 m de toute parcelle cadastrale comprenant un bâtiment à usage d'habitation ou professionnel* » afin de répondre « *aux inquiétudes de la population qui revendique légitimement d'être protégée* ». La préfète d'Ille-et-Vilaine, Michèle Kirry, a aussitôt réagit, non pour saluer l'initiative, mais pour exiger le retrait immédiat de cet arrêté, et le tribunal administratif de Rennes a ensuite annulé l'arrêté anti-pesticides.

Un tel déni n'est pas surprenant quand on sait que la France est le premier utilisateur européen de biocides, et la situation reste très inquiétante, même si l'on s'en tient aux discours officiels. En effet, la France et l'Union européenne reconnaissent tout de même la toxicité et les risques cancérogènes de certains biocides, et c'est pourquoi certains d'entre eux ont été interdits à la vente.[89] Or dans une note de

---

[88] Respectivement Agence régionale de santé Aquitaine et Institut de veille sanitaire.

[89] A la vente en Europe, mais pas en dehors. Par exemple, l'entreprise Syngenta fabrique en Europe des pesticides interdits (tels que l'atrazine et le paraquat) qu'elle exporte – avec l'autorisation de nos gouvernements – vers des pays comme le Cameroun, l'Argentine, le Brésil, la Chine, l'Inde, le Pakistan, le Perou, la Thaïlande, etc. Si ces produits sont dangereux pour les agriculteurs, ils ne le sont pourtant pas moins pour ceux des pays en développement qui sont moins bien formés et disposent de protections moindres.

service[90] de la Direction générale de l'alimentation (DGAL), on découvre que sur un échantillons de 546 fruits et légumes testés, 55 présentent un taux de résidus supérieur à la limite maximale de résidus (LMR) ou des substances actives sans autorisation de mise sur le marché (AMM), parmi lesquelles[91] :

| Culture analysée | Analyte détecté |
| --- | --- |
| abricot | dimethoate, pyrimethanil |
| ananas | pyrimicarbe |
| brèdes | azoxystrobine, chlorothalonil |
| carottes | cyazofamid, fluopicolide, chlorprophame, dimethomorphe |
| céleri rave | époxyconazole |
| céleri | branche propyzamid, iprodione, pyrimicarbe, DDT |
| cerise | fenhexamid |
| concombre | thiophanate méthyl, metalaxyl |
| courgette | endosulfan, procymidone, thiophanate methyle |
| fraises | imidaclopride, pymétrozine, dicofol, acetamipride, endosulfan |
| laitue | difenoconazole, clomazone, métholachlore, cyromazine |
| lentille | metalaxyl |
| mâche | métobromuron |
| pommes | imazalil |
| radis | carbofuran, endosulfan |
| raisin | lufenuron |
| tomates | lufenuron, prosulfocarbe |

A titre d'exemple, l'endosulfan et le carburofan sont interdits en France depuis respectivement 2007 et 2008, le dicofol depuis 2010.

Même constat du côté du Collectif Info Médoc Pesticides, qui a prélevé des échantillons de terre au niveau de 3 écoles du Médoc. Sur

---

90 Note de service DGAL/SDPRAT/N2013-8184 du 19 novembre 2013
91 Ibid., tableau page 75.

14 pesticides relevés, 7 sont interdits, dont le lindane (insecticide interdit depuis 1998), le diuron (herbicide interdit depuis 2008), et le procymidone (fongicide interdit depuis 2008).[92]

Comment expliquer la présence de ces pesticides normalement interdits (parfois depuis longtemps) sur le sol français ? Un article du 18 mars 2014 d'Olivier Mary, publié sur reporterre.net, apporte des éléments de réponse :

> « Il est certain que certains agriculteurs se fournissent en produits phytosanitaires interdits à l'étranger, et notamment en Espagne, où, pendant des années, on a beaucoup utilisé l'Endosulfan dans des plantations de poivrons », dénonce François Veillerette, porte-parole de Générations Futures.
>
> Un constat partagé par l'industrie des pesticides : « En Languedoc-Roussillon, ces importations pourraient représenter 70% du marché total, évalué à trente millions d'euros. Il s'agit principalement de produits génériques achetés sous le couvert d'une AMM espagnole, qui n'ont pas fait l'objet d'une demande d'homologation en France ou, plus grave, de produits interdits en France mais vendus en Espagne par dérogation obtenue au motif de nécessité locale absolue. Tel a été, pendant des années, le cas de l'arsenic de sodium interdit en France depuis 2002 », a reconnu lors d'une audition au Sénat Daniel Roques, président de l'Association des Utilisateurs et Distributeurs de l'Agro-Chimie Européenne (AUDACE).
>
> Mais il y a plus grave. L'achat de produits contrefaits bon marché, dont les contenus ne sont pas toujours fidèles à l'étiquette, se développerait… et les trafics aussi. Toujours devant le Sénat, Frédéric Vey, chef du bureau des biotechnologies, de la biovigilance et de la qualité des végétaux à la DGAL, a déclaré que des « des opérateurs effectuent des commandes groupées depuis la France et distribuent ensuite les produits chez les agriculteurs. »
>
> Les agents de l'Office national de la chasse et les gendarmes ont d'ailleurs démantelé en 2013 un trafic de pesticides à Albi. Le Carbofuran était illégalement importé d'Espagne et revendu dans la région.
>
> [...] Quant aux malchanceux pris dans les mailles extralarges du filet, ils bénéficient souvent de la clémence de la justice. Fin 2013, un viticulteur audois a été condamné par le tribunal de Béziers, à deux

---

[92] *Les enfants scolarisés dans des écoles situées à proximité de vignobles ne sont pas protégés des pesticides*, article du 20 juin 2016 sur http://infomedocpesticides.fr

mois de prison avec sursis et 1 000 € d'amende pour avoir transporté et utilisé des produits interdits.

Une indulgence qui est bien plus inquiétante quand elle concerne des trafiquants. Dans une décision du 10 octobre 2013, le tribunal correctionnel d'Albi condamnait un agriculteur reconnu coupable de trafic à une amende de 2100 euros, plus 500 euros de dommages et intérêts à France Nature environnement, qui s'était portée partie civile.

Les agents chargés de l'enquête ont calculé que le prévenu avait fait un bénéfice de plus de 16 000 euros et agi en toute connaissance de cause. Le code rural prévoit pourtant jusqu'à six mois d'emprisonnement et 75 000 euros d'amende.

Il n'y a pas de réelle volonté politique de faire changer les choses. Les contrôles sont peu nombreux : en 2012, la DGAL a effectué 5 972 inspections d'exploitations pour contrôler l'usage de pesticides, un taux de contrôle de 0,2%. Le nombre d'échantillons analysés à la récolte a même décru de 23% en deux ans.

Une situation dénoncée dans le dernier rapport de la cour des comptes. En cause, des contraintes budgétaires : au niveau départemental, le personnel chargé des inspections a baissé de 6,8% entre 2009 et 2012. La faute au précédent gouvernement, selon le Ministère de l'agriculture.

A cette utilisation frauduleuse de pesticides interdits s'ajoute également celle obtenue par voie légale, c'est-à-dire par l'obtention d'une dérogation spéciale. En effet, selon la réglementation européenne l'État peut autoriser, pour une période n'excédant pas cent vingt jours, la mise sur le marché de produits phytosanitaires interdits « lorsqu'une telle mesure apparaît nécessaire à cause d'un danger [insectes, parasites…] qui ne peut être contenu par aucun moyen raisonnable ».

Or, ces dernières années, le nombre de dérogations a explosé en Europe : d'une cinquantaine en 2007, il est passé à 261 en 2012, après un pic à 320 en 2010. La France a été championne en 2010 et 2011, et en 2012 elle a accordé par trois fois une dérogation pour la mise sur le marché du 1,3-dichloropropène, un fumigène interdit car hautement toxique et classé comme cancérogène possible (groupe 2B) par le Centre International de la Recherche sur le Cancer.

Sans compter que la plupart de nos fruits et légumes importés proviennent d'Espagne, qui est devenue depuis quelques années le premier fournisseur de la France en la matière, avec 6,57 milliards d'euros en 2015, soit 13% de nos importations agricoles et agroalimentaires[93], alors qu'elle est aussi la nouvelle championne d'Europe en matière de dérogations avec 27 dérogations obtenues en 2016 (la France la suit derrière avec 19 dérogations).[94]

J'aimerais citer ici le témoignage d'un ancien salarié du secteur agricole, qui souhaite conserver l'anonymat par peur des représailles, habitant encore dans la région de son ancien lieu de travail.

*Je travaillais chez un négociant de fruits et légumes, à Saint-Charles International[95], pour le compte de la marque Lidl. Lorsque le scandale de Greenpeace[96] a éclaté, Lidl a imposé aux négociants de réaliser des tests en laboratoire pour mesurer la teneur en pesticides[97] sur les fruits et légumes que nous importions, principalement d'Espagne et du Maroc. Les résultats de ces tests étaient renvoyés par fax au négociant, qui les retransmettait ensuite à Lidl Allemagne. Seulement, si les résultats étaient mauvais, mes collègues mettaient du Tipp-Ex sur les documents qu'ils renvoyaient en Allemagne, afin d'effacer les résultats incriminants. J'ai dénoncé cette pratique à Lidl, et ils ont alors décidé que le laboratoire enverrait également une copie des résultats à Lidl. Dans ce nouveau cas de figure, si le résultat des tests était mauvais, nous étions censés détruire les lots concernés. Ce n'était, hélas ! pas le cas. Ces lots étaient écoulés en France ou renvoyés dans d'autres pays comme l'Irlande ou la République tchèque. C'est arrivé durant des saisons entières – car souvent c'est toute la production qui était touchée – pour des raisins d'Italie, des fraises*

---

[93] Note sur les échanges commerciaux agricoles et agroalimentaires entre la France et l'Espagne en 2015, Service Economique Régional de l'Ambassade de France en Espagne, 27 juillet 2016.

[94] *Le palmarès des pesticides interdits… les plus vendus en France,* article du 2 mai 2016 par Antoine Dreyfus sur http://www.lelanceur.fr

[95] La plus grande plateforme de commercialisation, de transport et logistique de fruits et légumes en Europe, *NdA.*

[96] Fin 2005, Lidl a été classée par Greenpeace Allemagne comme la plus mauvaise chaine de supermarché en regard de la présence de résidus de pesticides dans les fruits et les légumes vendus dans les rayons de ses magasins allemands (tests effectués par Greenpeace Allemagne), *NdA.*

[97] Afin de détecter les taux de résidus supérieurs à la LMR ou des substances actives sans AMM, *NdA.*

*d'hiver du Maroc, des poivrons d'Espagne, etc. La plupart des agriculteurs français sont au courant, mais ils ne disent rien car ils font pareil. L'un deux m'a même montré l'endroit où il cachait ses pesticides interdits, sous une planche en bois au milieu de ses champs, tandis qu'il stocke ceux autorisés dans son hangar, seul endroit à être inspecté en cas de contrôle. Les résultats des analyses devraient en fait être envoyés directement à la DGCCRF[98] qui pourra alors se rendre sur place pour voir si les stocks contaminés sont bel et bien détruits. Je suis allé les voir mais personne ne m'a écouté. Ils me disent qu'ils sont au courant, mais qu'ils manquent de moyens. En attendant, ce sont des milliers de fruits et légumes imbibés de pesticides reconnus cancérogènes qui inondent nos marchés quotidiennement.*

On trouve donc dans nos sols, nos fruits et nos légumes un nombre non négligeable de pesticides interdits, soit parce qu'ils ont été importés frauduleusement, soit parce qu'ils ont fait l'objet d'une dérogation. Mais qu'en est-il des autres, ceux autorisés, qui sont censés être inoffensifs pour l'homme ? Je laisse la parole à Marie-Monique Robin, dans son entretien réalisé le 10 février 2010 avec Vincent Cogliano, alors chef de la section des monographies au Centre international de recherche sur le cancer (CIRC), qui classe les pesticides en fonction de leur potentiel cancérogène :

> – Combien de pesticides ont été évalués par le CIRC ?
> – Je ne les ai pas vraiment comptés, mais je pense que nous avons dû évaluer une vingtaine ou une trentaine de pesticides dans toute l'histoire de notre programme, a admis Vincent Cogliano avec un sourire gêné.
> – Mais ce n'est rien !
> – C'est vrai que ce n'est pas beaucoup, si on compare avec le nombre de pesticides qui sont utilisés…[99] En fait, c'est très difficile pour nous de faire une évaluation sérieuse des pesticides, parce que la majorité des études expérimentales qui les concernent ne sont pas publiques. Certes, les firmes qui produisent des pesticides sont censées fournir des données toxicologiques aux agences sanitaires nationales

---

[98] Direction générale de la concurrence, de la consommation et de la répression des fraudes.
[99] En effet, il en existe plusieurs milliers, et chaque année plus d'une dizaine de nouveaux sont mis en circulation, *NdA*.

et elles font des tests. Les études sont transmises aux agences gouvernementales, mais elles ne sont jamais publiées. C'est très difficile pour nous d'y avoir accès, car elles sont protégées par le secret commercial... Les seuls pesticides que nous avons pu évaluer sont des substances très anciennes et si controversées qu'elles ont fait l'objet de nombreuses études indépendantes. Comme par exemple le DDT ou le lindane, aujourd'hui interdits en agriculture.

– Comment expliquez-vous que les études conduites par l'industrie des pesticides ne soient pas publiées dans des revues scientifiques à comité de lecture ?

– Euh... Il n'est peut-être pas dans l'intérêt des firmes de publier des résultats qui suggèrent que leurs produits peuvent être nocifs. De toute façon, elles ne sont pas obligées de rendre publiques leurs études...

Non seulement ce sont les fabricants qui conduisent eux-mêmes les études censées prouver l'innocuité de leur produits[100], mais en plus ces études sont confidentielles[101]. Dans ces conditions, il est impossible d'anticiper l'impact cancérogène d'une nouvelle substance, et on en est vraiment réduit à « compter les morts » comme le déplorent de nombreux épidémiologistes. Jusqu'à quand ? Jusqu'à ce que vingt ou trente ans plus tard la substance soit tellement décriée qu'elle en devienne interdite, laissant la place à une nouvelle, tout aussi toxique mais encore inconnue. Et ainsi de suite, jusqu'au dernier mort...

L'espoir aurait pu venir du plan national pour réduire l'usage des pesticides en France. Il s'agit du plan Ecophyto[102], lancé en 2008, qui visait à réduire de 50% leur usage en 2018. Malheureusement, il n'a pas eu l'effet escompté et c'est même le contraire qui s'est produit. Le ministère de l'Agriculture a annoncé en mars 2016 que les agriculteurs avaient acheté 16% de produits phytosanitaires en plus entre 2013 et 2014. *Parmi ces derniers, ceux qui utilisent des molécules suspectées*

---

[100] Et un dicton plein de sagesse nous rappelle que l'on ne peut pas être à la fois juge et partie. Jamais on ne verra un fabricant avouer dans son étude : « mon produit va empoisonner des milliers de gens mais homologuez-le quand même ! ». Cela relève d'un bon sens qui échappe étrangement aux autorités.
[101] Et cela va plus loin : souvent même la composition exacte du produit est confidentielle, quand elle n'est pas incomplète ou erronée.
[102] Dont le nom, très feutré, suggérait déjà une accointance avec le lobby des pesticides.

*d'être cancérigènes, mutagènes ou toxiques pour la reproduction humaine, accusent une hausse de 13% à 22% selon l'indicateur retenu.*[103]

En 2015, Stéphane Le Foll, alors ministre de l'Agriculture, repousse cet objectif à 2025, mais nul doute qu'il sera encore repoussé puisque les volontés politiques ne sont pas derrière. D'ailleurs, entre 2014 et 2016, l'usage des pesticides a continué d'augmenter de 12% selon un dernier communiqué du ministère de l'Agriculture. En septembre 2017, l'Etat supprime les aides au maintien de l'agriculture bio. En août 2018, les agriculteurs bio dénoncent un retard de paiement des aides de la Politique agricole commune (PAC) pour les années 2015 et 2016 en partie et 2017 en intégralité, alors que les agriculteurs conventionnels ont touché l'intégralité de leurs aides, les mettant dans une situation précaire.[104] Le 25 octobre 2018, le Conseil Constitutionnel annule l'autorisation de semences paysannes sans justification ni motivation réelle, alors que, comme le souligne le photographe et cinéaste Yann Arthus-Bertrand, *les variétés traditionnelles sont une des clés de l'agriculture du futur. Elles sont adaptées localement. Utiliser des semences traditionnelles permet aussi de s'affranchir de la dépendance aux pesticides et aux engrais.*[105] Sans compter que la commercialisation des pesticides naturels utilisés en agriculture bio, si elle n'est plus interdite depuis 2016, est encore loin d'être autorisée pour autant et beaucoup d'associations dénoncent le manque de cohérence du gouvernement sur ce point. Par exemple, certains produits peuvent être autorisés, mais il est en revanche interdit de mentionner leurs vertus phytosanitaires.[106]

C'est affligeant de voir la France s'enfoncer dans cette voie du « tout chimique », avec toutes les conséquences sanitaires citées plus haut, alors que l'agriculture biologique est non seulement plus saine mais aussi plus rentable sur le long terme.

---

[103] *Des pesticides en doses toujours plus massives dans les campagnes,* Martine Valo, Le Monde, 9 mars 2016.

[104] *Les agriculteurs bio, ces oubliés de la Pac,* Mathilde Golla, Le Figaro, 23 août 2018.

[105] *Yann Arthus-Bertrand : Le Conseil constitutionnel n'a pas choisi la biodiversité en refusant de libérer les semences,* Goodplanet Info, 23 novembre 2018.

106 *Huiles essentielles : comment la réglementation freine les alternatives aux pesticides de synthèse,* Sophie Chapelle, Bastamag, 28 septembre 2018.

En effet, l'agriculture intensive est une fuite en avant : plus vous mettez de produits chimiques dans le sol, plus il s'appauvrit ; plus il s'appauvrit, plus la plante se fragilise. Vous êtes donc obligés d'augmenter les doses chaque année pour maintenir le même rendement, avec comme résultat, 20 ans plus tard, une terre exsangue de nutriments mais saturée de produits toxiques, engendreuse de fruits et légumes cancérogènes.

L'agriculture biologique, l'agro-écologie ou encore la permaculture, où les produits chimiques sont remplacés par des connaissances poussées en agronomie, permet au contraire un cercle vertueux où les rendements augmentent avec le temps. Elle est également particulièrement rentable car elle ne nécessite pas l'achat d'intrants (engrais chimiques, biocides, etc.). De nombreuses études montrent que les rendements oscillent globalement entre 80% et 120% par rapport à l'agriculture conventionnelle, ce qui est plus que prometteur sachant, d'une part, que ce taux augmente avec le temps et, d'autre part, que nous n'en sommes qu'au début de la redécouverte de l'agroécologie.[107]

D'ailleurs, une étude de l'Institut Rodale[108], réalisée sur 30 ans, obtient les conclusions suivantes :

-les rendements de maïs biologique ont été de 31% supérieurs aux cultures conventionnelles dans les années de sécheresse ;

-le rendement net moyen pour les systèmes biologiques a été de 558 dollars/acre/an contre seulement 190 dollars/acre/an pour les systèmes conventionnels.

-les systèmes biologiques utilisent 45% moins d'énergie que les systèmes conventionnels;

-la santé des sols dans les systèmes biologiques s'est améliorée au fil du temps tandis qu'elle est restée inchangée dans les systèmes conventionnels ;

-les champs biologiques ont augmenté la recharge des eaux souterraines et réduit le ruissellement. Les volumes d'eau infiltrés dans le sol ont été de 15 à 20% plus élevés dans les systèmes biologiques.

---

[107] Pour plus de détails, lire l'article *Les rendements de l'agriculture biologique, un quiproquo tenace* de Jacques Caplat, agronome et ethnologue, publié le 3 mai 2015 sur http://www.changeonsdagriculture.fr

[108] *The farming system trial celebrating 30 years*, disponible sur http://rodaleinstitute.org

Un autre rapport, publié en 2006 par l'Université d'Essex et basé sur l'étude de 286 projets d'agriculture durable dans 57 pays en développement, fait même état d'une hausse moyenne des rendements de 79% par rapport à l'agriculture chimique, avec une meilleure gestion de l'eau et une plus forte séquestration du carbone.[109] Ce même constat se retrouve dans le film de Coline Serreau cité précédemment[110], qui présente des témoignages d'agriculteurs ayant vu leurs rendements et leurs bénéfices augmenter après être passés à l'agriculture biologique.

Les détracteurs de la culture biologique, qui soutiennent qu'elle ne suffira pas à nourrir la planète, commettent un double mensonge étant donné, d'une part, que les rendements sont à terme supérieurs à ceux de l'agriculture chimique, et d'autre part qu'il ne s'agit en réalité pas d'un problème de quantité mais de partage. Alors que les grandes surfaces jettent les invendus par milliers de tonnes chaque année, alors que l'Europe impose des quotas aux agriculteurs, alors que ces mêmes agriculteurs n'hésitent pas à sacrifier une partie de leur production pour faire remonter les cours, l'Afrique, par exemple, n'a jamais mangé à sa faim, et ce n'est pas la course au rendement qui y changera quelque chose. La faim dans le monde ne se résoudra pas en augmentant les rendements mais en partageant tout ce surplus que nous gaspillons.

Les lobbies des agrotoxiques accusent également l'agriculture biologique d'être destructrice d'emplois. Là encore, l'argument est faux puisque si elle est moins gourmande en intrants, elle réclame plus de main-d'œuvre locale, de l'ordre 20 à 30% selon une étude des Nations-Unies[111]. Sans compter que les emplois sont de bien meilleure qualité, dans le sens où les travailleurs de ces champs ne sont plus exposés à des quantités de produits nocifs. En effet, on a parlé de la conséquence des biocides sur les consommateurs, mais celle sur les agriculteurs et salariés agricoles est autrement plus nocive. Si l'on prend le cas des

---

[109] *Resource-Conserving Agriculture Increases Yields in Developing Countries*, J. N. Pretty, A. D. Noble, D. Bossio, J. Dixon, R. E. Hine, F. W. T. Penning de Vries and J. I. L. Morison, University of Essex, 2006.
[110] *Solutions locales pour un désordre global.*
[111] *Green Jobs for a Revitalized Food and Agriculture Sector*, Hans R. Herren et al., janvier 2012.

fruits exotiques, la culture est souvent réalisée dans des pays qui autorisent nombre de produits interdits en Europe, et où l'épandage (généralement par avion) est souvent effectué alors que les salariés (parmi lesquels des enfants et des femmes enceintes) sont en train de travailler au milieu des plantations, sans aucune protection, avec au final des taux record de mortalité et de malformations fœtales, que ce soit dans les bananeraies d'Amérique latine, les orangeraies du Brésil, les plantations de canne à sucre du Nicaragua, celles d'huile de palme d'Indonésie, etc.

En France, il y a également des progrès à faire, et de plus en plus nombreux sont ces professionnels agricoles à dénoncer eux-mêmes l'emploi des biocides, comme en témoignent le Collectif Info Médoc Pesticides, l'association Phyto-Victimes, ou encore le drame des salariés de Triskalia[112].

Quant au prix des produits bios, il n'est actuellement élevé que parce que ce secteur est encore marginalisé, que les producteurs paient le coût des contrôles et qu'ils ne bénéficient pas des subventions de l'agriculture de masse. L'agriculture conventionnelle, avec ses milliards d'euros dépensés par année en produits chimiques, coûte bien plus cher que ce que l'on croit. En outre, même avec un budget modeste, voire très modeste, il est préférable de payer deux fois plus cher un fruit qui sera en revanche dix fois plus nourrissant et cent fois plus sain. C'est d'ailleurs le choix de plusieurs pays d'Afrique qui ont décidé de ne plus importer de blé français car trop pauvre en protéines (la plupart des blés français sont dopés à l'azote, ce qui augmente leur poids mais pas leur taux de protéine qui reste en dessous de la norme de 11,5%) et lui préfèrent les blés russes ou ukrainiens.

Mais notre alimentation ou notre santé n'est pas l'unique enjeu de l'emploi (ou non) des agrotoxiques. Dans une étude parue en octobre

---

[112] En 2008, la direction avait décidé de réduire la ventilation des silos pour faire des économies d'électricité. Face à la prolifération des insectes, elle avait compensé en augmentant les insecticides jusqu'à trente fois la dose prescrite. Cette surdose avait entraîné la mort de toute vie animale aux alentours et la contamination de tous ceux qui avaient manipulé les céréales incriminées (manutentionnaires, clients, etc.). Quatre d'entre eux développeront une maladie invalidante et rare, l'hypersensibilité aux produits chimiques, propre aux vétérans du Vietnam et de la guerre du Golfe.

2017 dans la revue scientifique PLOS One, des scientifiques allemands révèlent que la population d'insectes volants a chuté de 80% en Europe en l'espace de trente ans. Ils mettent directement en cause l'agriculture intensive et les biocides qui sont utilisés (en particulier les néonicotinoïdes responsables de la mort des abeilles). Pour rappel, les insectes volants sont les acteurs majeurs de la pollinisation et leur disparition peut avoir des conséquences dramatiques pour toute la planète. Dans la même lignée, à travers une étude publiée en mars 2018, le CNRS et le Museum d'histoire naturelle s'inquiètent du fait qu'un tiers des oiseaux de campagne ont disparu en 15 ans, et dénoncent « un niveau proche de la catastrophe écologique ». Ils mettent également en cause l'agriculture intensive et ses dérives.[113] Enfin, nous avons vu en début de partie l'alarmant phénomène de l'épuisement et de la contamination des nappes phréatiques, en France et ailleurs. Ce double problème ne pourra être résolu qu'en passant en agriculture biologique, puisqu'elle permet une meilleure absorption des eaux de pluies (car les sols sont plus aérés), une meilleure résistance des plantes à la sécheresse (car elles peuvent s'acclimater avec le temps) et évidemment l'arrêt du déversement de produits chimiques dans le sol.

Au-delà de ces considérations écologiques (pourtant vitales), la question que tout le monde devrait se poser au moins une fois dans sa vie est : que préférons-nous manger ? Des fruits et légumes appauvris par une terre stérile gorgée de polluants chimiques, ou bien nourris par une terre saine et riche en nutriments ? Il est malheureux de constater que nos politiciens ont fait le premier choix, à l'encontre de nos attentes, alors que le deuxième choix reste au fond si évident et si facile à mettre en œuvre. Ce manque de respect envers notre planète, notre environnement et notre alimentation, est déjà un drame insupportable en soi, mais il le serait peut-être un peu moins s'il ne s'appliquait pas aussi envers tout un pan de l'humanité.

---

[113] Ce constat est valable pour quasiment toutes les espèces sauvages, telles que le hérisson dont la population a été divisée par trois en 20 ans. A l'échelle de la planète, selon le WWF le nombre d'animaux sauvages sur Terre a chuté de 60% entre 1970 et 2014.

## 2.    Le pillage de l'Afrique

*D'abord, ils nieront la chose; ensuite, ils la minimiseront; enfin, ils diront que cela se savait depuis longtemps.*

Alexander von Humbolt

Un des premiers déplacements officiels à l'étranger – et le premier hors Europe – du Président Emmanuel Macron a été le Mali. Le premier déplacement officiel à l'étranger du Président Donald Trump a été l'Arabie Saoudite. Il ne s'agit pas d'un hasard : on commence toujours par ses alliés les plus stratégiques. Le Mali, pour la France, c'est l'assurance d'un approvisionnement en uranium et une base militaire centrale couvrant toute l'Afrique de l'Ouest. L'Arabie Saoudite, pour les Etats-Unis, c'est l'assurance d'un approvisionnement en pétrole et une base militaire centrale couvrant tout le Moyen-Orient. Mais ce n'est que la partie émergée de l'iceberg ; il est temps de plonger en eaux (plus) troubles et de s'intéresser aux imbrications entre l'Occident et ses « pays satellites ».

## 2.1. Brève rétrospective de l'esclavage à la colonisation

*J'arrivais dans le monde, soucieux de faire lever un sens aux choses, mon âme pleine du désir d'être à l'origine du monde, et voici que je me découvrais objet au milieu d'autres objets.*

Franz Fanon

Il est nécessaire, pour bien comprendre le long cheminement qui s'est opéré, de remonter jusqu'à l'Antiquité. A cette époque, l'économie en Europe, comme plus ou moins d'ailleurs dans le reste du monde, repose sur les bases traditionnelles que sont l'art, l'artisanat, les mines, la culture agricole, l'élevage et bien sûr le commerce. La force de travail est déjà en grande partie obtenue par l'esclavage, les esclaves étant acquis soit par l'achat, soit durant les prises de guerre. Présents dans pratiquement tous les secteurs économiques, les esclaves représentaient à peu près un habitant sur deux à Athènes en 317 avant J.-C.[114]. Un des exemples les plus documentés sur l'esclavage antique reste l'exploitation des mines d'argent du Laurion (près du cap Sounion, en Grèce), qui sont célèbres pour avoir employé des dizaines de milliers d'esclaves à travers les siècles, dans des conditions particulièrement pénibles vu les rythmes imposés, l'étroitesse des boyaux, les vapeurs de plomb, la chaleur suffocante et les accidents. Oliver Picard y estime d'ailleurs la durée de vie d'un esclave de 4 à 5 ans[115]. L'Empire romain poursuivra l'utilisation de cette main-d'œuvre servile et ira également puiser ses réserves d'esclaves sur la côte nord de l'Afrique.

Au Moyen-Âge, l'Europe poursuit cette exploitation et se tourne cette fois vers les non-chrétiens, qui sont principalement les Grecs, les

---

[114] André Salifou, *L'esclavage et les traites négrières*, Editions Nathan, 2007.
[115] Dans son article intitulé *La découverte des gisements du Laurion et les débuts de la chouette*, Revue belge de numismatique et de sigillographie, 2001.

Slaves et les Bulgares[116]. Mais la prise de Constantinople par les Turcs ottomans, en 1453, va mettre fin au trafic des Slaves. Face à la pénurie, le 8 janvier 1454, le Pape Nicolas V émet une bulle papale spéciale autorisant à soumettre en esclave les sarrasins et les païens, et l'Europe va alors se tourner vers l'Afrique de l'Ouest pour son approvisionnement. Avec la découverte de l'Amérique en 1492, les Européens s'approprient un immense territoire, riche en ressources et en terres fertiles à exploiter. Face au manque de main-d'œuvre volontaire issue de l'Europe, va se mettre en place le tristement célèbre Commerce triangulaire ou Traite des Noirs. Grâce à ce nouveau trafic, les nations européennes vont pouvoir bénéficier d'importations de matières premières (venues des Amériques) bon marché (puisqu'issues de l'esclavage des Africains) telles que le coton, le sucre, le café, l'or, etc. Cet afflux de matières premières en Europe va progressivement donner naissance à une industrie de transformation qui fera entrer par la suite le continent dans l'ère de la Révolution Industrielle[117] et lui donnera une avance économique sur le reste du monde.

Mais les conditions de ces esclaves Noirs sont, encore une fois, particulièrement difficiles. Tout d'abord, il y a la capture, au cours de razzias, où les couples sont séparés, les enfants arrachés à leur mère et les nourrissons tués dans la plupart des cas. Ensuite, il y a la fixation du prix de vente, où un médecin est chargé d'évaluer la valeur des captifs, et ce prix, comme n'importe quelle marchandise, pouvait varier en fonction des endroits et des époques. Après la vente, le marquage au fer chaud, qui permettait de distinguer les différents propriétaires des captifs. Venait ensuite la traversée de l'Atlantique, qui durait de deux à trois mois. Afin d'optimiser au maximum la place (et donc de rentabiliser le plus possible le voyage), les esclaves étaient entassés

---

[116] Jacques Heers, *Esclave et domestique au Moyen Âge dans le monde méditerranéen*, Hachette, 1981.

[117] Contrairement à ce qu'on pourrait supposer, ce ne sont pas les progrès techniques qui ont déclenché La Révolution Industrielle, mais les besoins économiques qui ont accéléré et démocratisé les progrès techniques. Le principe de la machine à vapeur a été découvert dès le XVIIe siècle (voire bien avant) sans qu'il soit exploité, et ce sont les énormes besoins manufacturiers du XIXe siècle qui lui ont offert des débouchés.

et couchés dans des cales d'une cinquantaine de centimètres de hauteur, afin d'empiler plusieurs niveaux de manière à ce que chaque centimètre cube d'espace soit occupé. Ils étaient enchaînés, pouvaient à peine bouger, souffraient du manque d'aération (respiration pénible, transpiration…), de l'insalubrité et de la malnutrition qui apportaient des maladies (diarrhée, dysenterie, variole, fièvre jaune, scorbut, etc.), sans compter les mauvais traitements et les punitions en cas de révolte. En général, 10% à 15% d'entre eux mouraient pendant la traversée. Peu avant l'arrivée à destination, les plus affaiblis étaient jetés à la mer (afin de ne pas acquitter au débarquement la taxe due aux autorités locales sur chacun des esclaves importés) et les autres bénéficiaient d'un peu de repos destiné à leur redonner bonne mine. Une fois arrivé, le médecin du gouvernement montait à bord faire son inspection (comme au départ), avec examen des yeux, des dents, du sexe, des mains et des pieds, et bourrages pour juger de la résistance réelle du sujet. Puis les esclaves étaient envoyés « au vert » pour reconstituer leur force avant la vente. A l'approche de la vente, on les « maquillait » : onction d'huile de palme pour rendre la peau brillante, frottage des dents et des gencives avec des plantes astringentes, exercices d'assouplissement, etc. Les acquéreurs potentiels arrivaient ensuite et, à leur tour, les palpaient, les examinaient, et les frappaient pour tester leur résistance. Quant au prix, au XVIIIe siècle, un esclave acheté entre 100 et 200 livres au Sénégal se revendait entre 500 et 2000 livres en Amérique : l'opération pour le négrier Blanc était donc assez rentable. Les esclaves partaient ensuite travailler dans les mines, et après épuisement de celles-ci, rejoignaient les plantations ou servaient comme domestiques. De cette vie d'esclave jusqu'à la mort, les Noirs n'ont aucun droit envers leur maître (ni aucun droit tout court d'ailleurs). Pour remédier à ce vide juridique, Jean-Baptiste Colbert, ministre de Louis XIV, promulguera en 1685 le fameux Code Noir qui définira un peu les devoirs des maîtres envers leur « cheptel humain », et surtout l'inverse. A l'article 38, on y trouve « qu'un fuyard aura l'oreille tranchée, un récidiviste le jarret coupé et à la troisième fois il sera puni de mort ».

Par la suite, les courants philosophiques (tels que celui des Lumières) développés au XVIIIe siècle sur l'indépendance des peuples, ainsi que les insurrections dans les colonies (comme celle de Toussaint Louverture à Haïti), conduisent la Convention à abolir l'esclavage en métropole en 1792, puis à certaines colonies en 1794. Cependant, par les clauses du Traité d'Amiens du 25 mars 1802, le gouvernement britannique restitue les îles de la Martinique, de Tobago et de Sainte-Lucie à la France, et les 16 et 18 mai suivants Bonaparte en profite alors pour faire voter le maintien de l'esclavage dans ces colonies restituées[118].

C'est un énorme pas en arrière, alors que l'Angleterre abolit la traite négrière en 1807, les Etats-Unis en 1808, le Danemark, le Portugal et le Chili en 1811, la Suède en 1813 et la Hollande en 1814. En France, en 1824-1825, un port comme celui de Nantes expédiera autant de navires négriers qu'au cours de ses meilleures années du XVIIIe siècle (soit 305 navires). Il faudra les pressions de l'Angleterre, qui abolit tout à fait l'esclavage en 1833 et inspectait les navires en mer en vue de libérer les esclaves, pour que la France le fasse à son tour, sous l'impulsion de Victor Schœlcher, par le décret du 27 avril 1848. Si ce décret fut une réelle avancée, il n'en demeurait pas moins que les anciens propriétaires ont été indemnisés, tandis que les esclaves affranchis n'ont reçu aucune indemnisation ni terre. Pour le petit aparté, cette injustice flagrante, où l'on a indemnisé l'opprimant et abandonné l'opprimé, commune à l'ensemble des nations européennes, reste toujours d'actualité, comme en a témoigné la Conférence de Durban du 2 au 9 septembre 2001, où un certain nombre d'Etats africains ont exigé des excuses et réparations de la part des anciennes nations négrières, en faisant un parallèle avec les indemnités reçues par les

---

[118] "*Art. 1er. Dans les colonies restituées à la France, en exécution du traité d'Amiens, l'esclavage sera maintenu, conformément aux lois et règlements antérieurs à 1789. Art. 3. La traite des noirs et leur importation dans lesdites colonies auront lieu conformément aux lois et règlements antérieurs à 1789.*" Archives Parlementaires, 2e série, t. 3, 16 mai 1802, p. 692.

juifs à cause des préjudices subis durant la Seconde Guerre mondiale.[119]

Mais revenons à l'abolition de l'esclavage du 27 avril 1848. Pour pallier ce nouveau manque à gagner, de toute manière de plus en plus compromis par l'indépendance des Etats d'Amérique latine, la France va se tourner vers la colonisation de l'Afrique, et commence à peine plus d'un mois après par le décret du 2 juin 1848 créant les premières colonies d'Afrique (les départements français d'Algérie), avant de s'étendre ensuite plus au sud en Afrique noire (comptoir des Rivières du Sud en 1859, côte du Gabon en 1862, etc.). Elle va tout d'abord contourner le problème juridique de l'abolition de l'esclavage en inventant le concept de « prestations de travail », rebaptisées « travaux forcés » par les indigènes. Les indigènes masculins, valides et adultes à l'exception des vieillards, sont en effet redevables de jours de corvée envers l'Administration coloniale, et peuvent être punis en cas de refus. L'administration fera du zèle puisqu'en pratique, non seulement elle imposera des corvées également aux femmes et aux enfants, mais elle tiendra cette main-d'œuvre à la disposition des Sociétés privées installées dans les colonies.[120] Le scénario de la traite négrière se poursuivra donc sous l'ère coloniale, sauf que cette fois-ci les Noirs exploiteront les matières premières de leur propre continent.

Contrairement à ce qu'on pourrait penser, les conditions des peuples d'Afrique ne vont pas s'améliorer. En effet, l'industrialisation achevée de l'Europe qui impose des cadences et des rendements plus

---

[119] L'Allemagne a en effet été condamnée à verser en 1952 la somme de 822 millions de dollars aux 500 000 juifs réinstallés à Israël, auxquels on peut aujourd'hui ajouter les 60 millions de dollars versés par la France en 2015 et les 200 millions d'euros à verser par l'Allemagne suite au nouvel accord de novembre 2012. En gros, on a accordé d'importantes indemnités pour les 6 millions de juifs déportés pendant six ans, mais pas un centime pour les 50 à 200 millions d'Africains déportés pendant quatre siècles. Sans remettre en cause les justes réparations versées aux juifs, il est légitime de s'interroger sur le fondement d'un tel déséquilibre. Dans le même ordre d'idée, Jean-Marie Le Pen a été condamné le 6 avril 2016 à 30 000 euros d'amende pour avoir qualifié de « détail » de l'histoire les chambres à gaz. Quid de François Fillon qui, dans son discours du 28 août 2016 à Sablé-sur-Sarthe, comparait le colonialisme à un échange culturel et rajoutait « Non, la France n'a pas inventé l'esclavage », n'est-ce pas également une forme de négationnisme ?

[120] L'esclavage et les traites négrières, André Salifou, Nathan, 2006.

importants, et la semi-clandestinité des exploitations (parallèlement aux « prestations de travail », l'esclavage pur et simple restait encore pratiqué par de nombreux propriétaires) qui les rend moins visibles par le public, vont empirer les choses, comme l'attestent les témoignages rapportés par Daniel Vangroenweghe – dans son ouvrage *Du sang sur les lianes* (Aden Belgique, 2010) – sur les conditions des Noirs africains au début du XXe siècle :

Les sanctions prises par l'ABIR[121] prennent fréquemment le caractère d'un autre âge et nous donnent le niveau de civilisation des Blancs qui les imposaient ou les permettaient. Les bastonnades et flagellations au moyen de nerfs d'hippopotame, la fameuse chicotte de triste mémoire, sont monnaie courante, lorsque les livraisons de caoutchouc ont été insuffisantes. Le « tarif » est habituellement de 50 coups mais peut monter à 200 coups en une séance ! Georges Dineur, agent à Baringa, était tellement amateur de ces punitions corporelles que les indigènes le surnommèrent « Chicotte ». Par ailleurs, voici ce que virent les missionnaires Whiteside et Stannard le 1er mars 1906, dans un village près de la Lokongo : devant la maison du chef influent Lofanzafanza, sur une plate-forme haute de 3 mètres, chaque contrevenant est flagellé puis exposé au soleil jusqu'à ce que sa famille ait payé la rançon exigée par le surveillant. Beaucoup de villageois sont tués, pendus, torturés à mort au moyen de copal[122] brûlant ou flagellés. L'assistant du bourreau trouve un horrible plaisir à verser le copal sur la tête d'un prisonnier ligoté, puis à y mettre le feu. Le copal dégouline tout brûlant sur le visage et les épaules de la victime, qui succombe lentement dans d'affreuses souffrances. [...] Jespersen apprend en 1899, d'un agent d'origine anglo-belge, qu'il ne tire jamais sur les Noirs mais qu'il les emploie comme

---

[121] Anglo-Belgian India Rubber Company, *NdA*.
122 Résine extraite de divers arbres des régions tropicales, utilisée pour la fabrication des vernis, *NdA*.

punching-ball. C'est aux visages défigurés, aux oreilles meurtries, aux nez aplatis, aux yeux exorbités, qu'on reconnaît la population de son district. [...] Les indigènes sont parfois obligés de grimper dans de hauts vieux palmiers tout branlants et d'en redescendre la tête en bas ; exercice au cours duquel nombreux sont ceux qui se brisent le cou ; ou bien ils sont ligotés l'un à l'autre et jetés ainsi dans la rivière ; ils servent alors de cible pendant qu'ils flottent. Certains Blancs affectionnaient aussi d'humilier les chefs indigènes en leur rasant le crâne...

En 1930, le Bureau International du Travail adopte une convention sur le travail forcé visant à le supprimer « sous toutes ses formes dans le plus bref délai possible ». L'administration coloniale française va alors inventer un nouveau concept : l'indigène peut racheter les journées de prestation qu'il doit à l'administration. Tel un impôt, le taux de conversion est alors fixé tous les ans par arrêté, d'après le salaire moyen d'un manœuvre. Plus clairement : avant, un indigène était obligé d'effectuer des corvées sous peine de sanctions ; après, un indigène est obligé d'effectuer des corvées pour rembourser son impôt sous peine de sanctions. Ce nouveau système sera un franc succès pour l'administration coloniale puisqu'il lui permettra d'accroître encore davantage ses bénéfices. C'est ce qu'on retrouve dans le témoignage de René Vautier à travers son film intitulé *Afrique 50*.

En effet, en 1949, l'administration française commande à René Vautier, un résistant français de la Seconde Guerre mondiale décoré à de multiples reprises, un reportage sur la mission éducative de la France dans les colonies d'Afrique noire. Ce qu'il voit sur place va tellement l'indigner qu'au lieu de réaliser le film de propagande prévu, il décide de filmer la réalité. Cela lui vaudra l'arrestation, la destruction de la plupart de ses bobines et un an de prison. De ce qu'il aura sauvé, il en sortira en 1952 ce film appelé *Afrique 50*, qui recevra la médaille d'or au Festival mondial de la jeunesse de Varsovie en 1955, mais qui sera interdit de diffusion par le gouvernement français jusqu'en 1990. Ce film méconnu dure 17 minutes, et j'invite fortement le lecteur curieux à le voir jusqu'au bout sur YouTube (mots-clés : *Afrique 50 René Vautier*). En voici quelques extraits :

> *Tu t'étonnes de voir un village sans école, sans médecin ? En Afrique, on ouvre une école quand les grosses compagnies coloniales ont besoin de comptables. On envoie un médecin quand les grosses compagnies coloniales ont besoin de main-d'œuvre. Et ce village a encore de la chance dans sa misère, il est en paix. Regarde ce qu'il reste des villages africains [on voit des ruines à l'écran]. Ici se trouvait le village de Palaka dans le nord de la Côte-d'Ivoire ; le chef du village n'a pu payer un reliquat d'impôts : 3700 francs[123]. Le 27 février 1949 à cinq heures du matin, les troupes sont venues ; elles ont cerné le village ; elles ont tiré ; elles ont brûlé ; elles ont tué. Ici, le chef de village a été enfumé et abattu d'une balle dans la nuque, d'une balle française. Ici, une enfant de 7 mois a été tuée, une balle française lui a fait sauter le crâne. Ici, du sang sur le mur, une femme enceinte est venue mourir, deux balles françaises dans le ventre. Sous cette terre d'Afrique, quatre cadavres – 3 hommes, une femme – assassinés en notre nom à nous, gens de France. Tu t'étonnes ? Les cases brûlées, les gens massacrés, le bétail abattu pourrissant au soleil, ce n'est pas l'image officielle de la colonisation. Ami, la colonisation, ici comme partout, c'est le règne des vautours, et les vautours qui se partagent l'Afrique ont des noms. Société Commerciale de l'Ouest Africain : 650 millions de bénéfices en 1949 ; Compagnie française de l'Afrique occidentale : 365 millions de bénéfice en 1949 ; Davum : 180 millions de bénéfice ; L'Africaine française, Le Niger français, La Compagnie française de la Côte-d'Ivoire et le prince anglo-saxon Unilever : 11,5 milliards de bénéfice en une année, 40 millions par jour volés aux Africains. [...] Dans les champs de mil, dans les champs de coton, dans les champs d'arachide, des femmes noires, des enfants noirs travaillent... les revenus de Lesieur et d'Unilever montent en flèche. Perfectionner l'équipement ? A quoi bon ! Une machine ferait le travail*

---

[123] Soit 103 euros en parité de pouvoir d'achat, selon le convertisseur de l'INSEE qui prend également en compte l'inflation, *NdA*.

*de 20 Noirs, bien sûr, mais 20 Noirs à 50 francs[124] par jour reviennent moins chers qu'une machine, alors usons le Noir. [...] Quand les Noirs peinent sous le soleil d'Afrique, c'est toujours pour garnir le coffre-fort des grosses compagnies coloniales. [...] Depuis 1946, le travail forcé est aboli en Afrique noire, mais il faut payer l'impôt en argent liquide, et tu as vu comment on traite les villages qui ne peuvent payer intégralement l'impôt. Pour avoir l'argent, un seul moyen : travailler pour la compagnie coloniale à 50 francs par jour. Et les Noirs poussent sur les perches, font glisser sur le fleuve les chargements de coton sans espoir de vêtement, les chargements de cacao sans espoir de goûter au chocolat, les chargements d'arachide sans espoir d'huile et de savon, les chargements d'okoumé et d'acajou sans espoir de meubles dans leurs cases.*

Le recouvrement de l'impôt est en effet particulièrement barbare : les villages incapables de payer sont brûlés et leurs habitants massacrés afin de servir d'exemple aux autres et de maintenir la pression sur leur travail. Comme anticipé dans le film de Vautier, les peuples d'Afrique s'indignent et se révoltent de plus en plus face à cette violence, à cette exploitation et au pillage de leurs ressources. La vague de décolonisation aura bien lieu, une dizaine d'années après, mais elle ne se passera pas comme les livres d'histoire nous l'ont enseigné.

---

[124] soit 1,39 euro en parité de pouvoir d'achat, *idem.*

## 2.2.    La période postcoloniale

*Notre système de colonisation consistant à ruiner l'Arabe, à le dépouiller sans repos, à le poursuivre sans merci et à le faire crever de misère, nous verrons encore d'autres insurrections.*

Guy de Maupassant - 1884

Si ce n'était déjà le cas avant, à la libération en 1945, la situation dans les colonies est plus tendue que jamais. Les salaires des fonctionnaires de nationalité française ont été doublés, mais ceux des autochtones sont restés inchangés. A Dakar, les tirailleurs sénégalais qui sont revenus ne reçoivent pas le reste de leur solde promis. Ils n'ont plus d'armes, ils protestent, l'armée française intervient et ouvre le feu, faisant des dizaines de mort[125]. A Douala, en septembre, une grève éclate, portée par les cheminots ; cette fois-ci, ce sont les colons eux-mêmes, fâchés de voir leur main-d'œuvre docile se rebeller, qui interviennent et ouvrent le feu, faisant à nouveau des dizaines de morts. A Conakry, en octobre, des manifestants dénoncent des pratiques frauduleuses dans la préparation des votes à venir ; la répression va faire cinq morts.[126] A Madagascar, en 1947, l'insurrection fera entre 30 000 et 40 000 morts dans le camp malgache, et 550 du côté colonial.[127]

---

[125] Evénement connu sous le nom de « massacre de Thiaroye ».
[126] Pour cette période de répression sanglante de 1946 à 1950, lire *Massacres coloniaux* d'Yves Benot aux éditions La Découverte.
[127] *La vérité sur la grande révolte de Madagascar*, Jean Fremigacci, L'Histoire, N°318, mars 2007.

Pour lutter contre les insurrections qui naissent un peu partout dans les colonies, le gouvernement va mettre en place deux solutions systématiques : la répression et la torture. *La torture[128] est donc installée partout dans l'Union française telle qu'elle existe réellement. Elle est en quelque sorte consacrée, car si tous ses crimes ont été révélés, si des tortionnaires ont été identifiés, aucune sanction n'a jamais été prise sérieusement. Aucun de ces fonctionnaires n'est en justice, pas même devant une commission paritaire habilitée à juger de leur comportement professionnel.[129]*

Ces deux moyens seront impuissants à contenir le souffle de révolte qui secoue l'Afrique. Les insurrections se multiplient et sont de plus en plus difficiles à contenir. Celle qui débute le premier novembre 1954 en Algérie va dévoiler l'échec du gouvernement en place, empêtré dans une crise qu'il n'arrive pas à gérer. Cela va contribuer à ramener au pouvoir le général de Gaulle, en 1958, qui ne pourra alors que constater l'ampleur des volontés indépendantistes de l'Afrique.

Cela va poser un gros problème, car qui dit « indépendance », dit « fin du travail forcé et de l'exploitation abusive des ressources », c'est-à-dire fin des énormes bénéfices que les multinationales et l'Etat se faisaient sur le pillage du continent africain. De Gaulle est alors pris dans un étau, entre d'un côté les peuples africains qui réclament l'indépendance, et de l'autre les dirigeants de ces multinationales qui, avec l'appui des institutions coloniales, veulent maintenir leurs bénéfices. Un troisième élément, celui de l'indépendance énergétique de la France[130], va alors faire peser dans la balance pour le maintien de la colonisation.

---

[128] Avec l'introduction de nouvelles méthodes laissant moins de traces, comme la « baignoire » (simulation de noyade), les courants électriques (aisselles, parties intimes...) et l'introduction d'objets dans l'anus ; par pudeur, nous nous épargnerons une liste exhaustive.

[129] Extrait de *Massacres coloniaux, op. cit.*

[130] Pour le rappel historique, en automne 1917, c'est-à-dire au plus fort de la Première Guerre mondiale, les Etats-Unis – pour satisfaire une consommation intérieure qui explose – ont brutalement réduit leurs provisions de pétrole à la France. Voyant la pénurie arriver, Clémenceau envoie le 15 décembre 1917 une lettre au Président Wilson lui signifiant que, sans pétrole, la France sera forcée de capituler face aux Allemands. Wilson débloquera les livraisons, mais cet

## 2.2.1.    La mise en place de dictateurs complices

Suivant la logique qu'il a toujours appliquée depuis le début de l'esclavage, le gouvernement français va encore une fois contourner le problème, et mettre en place un système qui perdure encore de nos jours.

En effet, le général de Gaulle va proclamer officiellement l'indépendance des colonies françaises, tout en s'assurant par derrière que rien ne change dans les faits. Comment va-t-il s'y prendre ?

Le gouvernement français va proclamer l'indépendance des nations, puis mettre en place des élections dans chaque pays nouvellement créé. Assisté par Jacques Foccard, l'homme de main de De Gaulle en Afrique, le gouvernement va faire entrer en lice des candidats de son réseau, peu importe qu'ils soient originaires du pays en question pourvu qu'ils aient la peau noire. Ensuite, il va intimider ou assassiner tous les éventuels opposants qui prônent une réelle indépendance. Ce sera le cas par exemple de Ruben Um Nyobe (1958) puis Félix-Roland Moumié (1960) pour le Cameroun, Germain Mba (1971) pour le Gabon, Outel Bono (1973) pour le Tchad, etc. Enfin, si cela ne suffit pas, le gouvernement français – qui offre toujours gracieusement de superviser les élections pour éviter toute fraude – truque les élections à son avantage (pour des dates plus récentes : Comores en 1990, Côte d'Ivoire en 2010…)

Ensuite, le contrat pour le président Noir installé au pouvoir est clair : soit il continue à soumettre le pays au pillage de la France et il deviendra riche, soit il refuse et il sera au mieux délogé, au pire assassiné. Dans de telles conditions, avec une main pleine de billet d'un côté, et un pistolet sur la tempe de l'autre, il est difficile de ne pas céder à la corruption, quelle que soit la couleur de sa peau. Mais certains présidents, courageux, refuseront de maintenir ce colonialisme et le paieront de leur vie : Sylvanus Olympio, Président du Togo, en 1963 ; Richard Ratsimandrava, Président de Madagascar, en 1975 ;

---

épisode soulignera l'importance stratégique de contrôler les approvisionnements en énergie, chose à laquelle De Gaulle ne sera pas insensible.

Marien Ngouabi, Président du Congo-Brazzaville, en 1977 ; Thomas Sankara, Président du Burkina-Faso, en 1987, Ibrahim Barré Maïnassara, Président du Niger, 1999 ; et la liste est encore longue…

A l'inverse, ceux qui ont choisi la « coopération » sont devenus au fil de leurs décennies de dictature de « grands amis de la France », pour reprendre les termes de nos politiciens. En premier plan, on trouve bien sûr Omar Bongo :

> Et si je m'arrête un instant au Gabon, qu'est-ce que j'y vois ? Un pays riche qui exporte plus de treize milliards de dollars de pétrole brut par an et affiche un Pib par habitant largement au-dessus de la moyenne africaine (6 397 $) ? Ou un pays pauvre où l'espérance de vie est estimée à 55 ans pour les femmes et 53 pour les hommes, ce qui leur laisse un an de moins que les Malgaches nés sur un sol sans pétrole ? Le taux de mortalité infantile est au Gabon particulièrement élevé, le taux de vaccination contre la rougeole est de 40% contre une moyenne de 79% dans les pays en développement. Voilà où en est le Gabon, chasse gardée de la France, fournisseur des trésors du pétrole et de l'uranium, fief de Total-Elf la première capitalisation boursière française.
>
> Si les habitants de Libreville n'ont pas bénéficié de la richesse de leur pays, c'est parce que la France s'est accaparé ses ressources minières, avec la complicité d'un président, enrôlé dès son service militaire par l'armée française et ses services secrets, placé à la tête du pays à 32 ans par Paris. Il était alors le plus jeune chef d'Etat du monde. La France contrôle son armée, ses élections et protège sa fortune. En retour, Omar Bongo fait table ouverte plusieurs fois par an, avenue Foch ou à l'hôtel Crillon, où il reçoit les hommes politiques, les publicitaires et les journalistes français qui comptent.[131]

On peut également citer Denis Sassou-Nguesso, dictateur sanguinaire du Congo-Brazzaville, 4e plus grand producteur de pétrole d'Afrique subsaharienne exploité à 60% par Total, poursuivi à de multiples reprises pour crimes contre l'humanité, chassé du pouvoir en 1992 mais remis en place par la France en 1997, soupçonné d'avoir détourné plus de 700 milliards d'euros en 17 ans de règne, à la tête

---

131 Eva Joly, *La force qui nous manque*, Les Arènes, 2007, p114.

d'un pays de 4,7 millions d'habitants dont la moitié vit avec moins de 1 dollar par jour, et reçu chaleureusement le 15 avril 2013 par François Hollande, Vincent Bolloré et bien sûr (feu) Christophe de Margerie (ex-patron de Total). En 2016, Denis Sassou-Nguesso a fait arrêter nombre de ses opposants après sa réélection. Puis en juillet 2017, aux élections législatives, la plupart des membres de son parti ont été élus avec 100% des voix. La France n'a fait aucun commentaire.

Mais revenons à De Gaulle et à l'époque de la soi-disant décolonisation. A la mise en place de complices colonialistes à la tête des Etats nouvellement créés, va s'ajouter la mise en place d'un « racket » systématique de ces pays à travers l'instauration d'une pure monnaie de papier : le Franc CFA.

## 2.2.2.     Le racket des Etats par le Franc CFA

Elément « invisible » de la domination coloniale, le franc CFA[132], monnaie inspirée de celle que les nazis avaient mise en place en France sous l'occupation, a été créé dans l'unique but d'asservir l'Afrique. Il est en place à la fois dans les pays de l'UEMOA[133] et dans les pays de la CEMAC[134]. Ses caractéristiques sont les suivantes :

-Le franc CFA n'est convertible en aucune devise à part le franc français (et aujourd'hui l'euro).

-Chaque fois qu'un pays a une entrée en devise étrangère (par exemple des dollars), il est obligé de la remettre à la Banque de France.

---

[132] Franc des Colonies Françaises d'Afrique, rebaptisé par la suite franc de la Communauté française d'Afrique, puis franc de la Communauté financière africaine au sein de l'UEMOA et franc de la Coopération financière en Afrique centrale au sein de la CEMAC.
[133] Union économique et monétaire ouest-africaine, créée en 1994, qui comprend les pays suivants : Bénin, Burkina Faso, Côte d'Ivoire, Guinée-Bissau, Mali, Niger, Sénégal et Togo.
[134] Communauté économique et monétaire de l'Afrique centrale, créée en 1994, qui comprend les pays suivants : Cameroun, Gabon, Guinée équatoriale, République centrafricaine, République du Congo et Tchad.

-Le gouvernement français en prend d'office 50%, comme remboursement de la dette de la décolonisation (une inversion des rôles et une aberration plus que honteuse qui existe toujours de nos jours).

-Il garde les autres 50% en contrepartie de francs CFA ; c'est-à-dire qu'il demande à l'imprimerie de Chamalières en Auvergne d'imprimer quelques billets de plus. A part cela, ce n'est qu'un jeu d'écritures comptables car les devises correspondantes restent bien dans les caisses de l'Etat français.

-Enfin, le franc CFA a un taux de change fixe, ce qui est très avantageux pour la France mais une catastrophe pour l'économie africaine, car les pays africains ne peuvent pas dévaluer leur monnaie en cas de déséquilibre de leur balance commerciale. Leurs produits restent donc moins compétitifs à l'exportation et plus chers que les produits importés, ce qui empêche l'industrie et l'agriculture de se développer.

Ces francs CFA reçus par l'administration du pays africain vont lui servir ensuite à payer les fonctionnaires, les militaires, etc. Si, pour une raison quelconque, l'administration du pays est en froid avec la France, la France peut refuser de lui verser ces francs CFA, les employés ne seront pas payés et ce sera la révolte de tout un pays. On en revient à la citation attribuée à Rothschild Mayer : *donnez-moi le contrôle de la monnaie d'une nation et je me moque de qui fait ses lois.*

Il est intéressant de noter que parmi les dizaines de chefs d'Etat ou d'opposants africains assassinés, la plupart ont comme point commun d'avoir justement critiqué ce système de racket et envisagé une sortie de la zone du franc CFA. Car il faut bien comprendre une chose : il est impossible pour un Etat africain de se développer avec le franc CFA comme monnaie, et l'histoire l'a prouvé.

En décembre 2019, Emmanuel Macron et Alassane Ouattara ont annoncé conjointement que le franc CFA serait remplacé par une nouvelle monnaie en 2020 (l'ECO) au sein des pays de l'UEMOA. A l'heure où ces lignes sont écrites, il est encore trop tôt pour mesurer l'impact de cette décision. En apparence, la France y aura un poids moins important car l'UEMOA ne sera plus obligée de détenir la moitié de ses réserves de change sur un compte à la Banque de France et il n'y aura plus d'administrateurs français aux commandes de la banque centrale de l'Union. Mais les économistes africains restent assez sceptiques, car la France, en tant que garant financier, restera liée à cette nouvelle monnaie (à priori toujours imprimée à Chamalières d'ailleurs) et l'ECO souffrira de la même rigidité que le franc CFA puisqu'il aura une parité fixe avec l'Euro. En outre, l'ECO est à la base une proposition de la CEDEAO[135] dont fait partie le Nigeria (pays anglophone qui ne fait pas partie de l'UEMOA et qui représente à lui seul les deux-tiers du PIB ouest-africain), et ce dernier voit d'un œil méfiant cette reprise de l'ECO par la France. Enfin, pour être pleinement pertinente, cette annonce aurait dû être faite par l'ensemble des dirigeants de l'UEMOA (voire de la CEDEAO) et non par Emmanuel Macron et Alassane Ouattara, qui semblent avoir agi unilatéralement (ce qui sonne, pour certains, comme un coup de pouce de Macron à Ouattara pour les prochaines élections présidentielles qui auront lieu en 2020).

### 2.2.3.     Le financement des guerres civiles

Crimes, racket, pillage… malheureusement, l'horreur de la « Françafrique » comme on appelle désormais cette politique, va encore plus loin. En effet, il est parfois difficile de faire assassiner un chef d'Etat récalcitrant quand celui-ci est bien protégé, et l'envoi d'un commando d'élite ne suffit alors pas. Le gouvernement français n'a plus comme solution que de mettre en place une rébellion, en la finançant et en lui fournissant des armes, des moyens logistiques et le soutien des autres pays de la Françafrique en échange d'un droit sur l'exploitation future des matières premières (armes contre pétrole). Le bilan humain est plus lourd que l'ingérence classique : génocide, torture, exodes, famine… En général, le gouvernement français laisse un peu pourrir la

---

[135] Communauté économique des États de l'Afrique de l'Ouest, créée en 1975, qui comprend les Etats de l'UEMOA plus le Cap-Vert, la Gambie, le Ghana, la Guinée, le Liberia, le Nigeria et la Sierra Leone.

situation puis, après une habile campagne de communication et un simulacre de bons sentiments à l'ONU[136], envoie l'armée française « rétablir la paix » et mettre à la tête du pays sa marionnette.

Depuis la décolonisation, il y a eu plus d'une quarantaine d'interventions militaires françaises en Afrique, toutes officiellement à but humanitaire, mais en réalité toutes à but lucratif, au mépris de la vie humaine. Je laisse la parole à François Xavier Verschave, spécialiste de la Françafrique, à travers un extrait de l'exposé-débat du 3 décembre 2003 à l'Espace Renaudie d'Aubervilliers, publié dans le mince ouvrage *De la Françafrique à la mafiafrique* que je recommande vivement pour qui veut avoir un bref aperçu du véritable rôle de la France en Afrique :

> *Je passe maintenant à l'Angola, et là on va commencer à entrer dans la « mafiafrique », on va aller encore un peu plus loin dans le sordide. [...] L'Angola, c'est l'Irak ou le Koweït de l'Afrique : un pays qui a des gisements pétroliers gigantesques au large de ses côtes. Ce pays était en guerre civile depuis son indépendance en 1975. Lors du procès Elf, on a eu confirmation de ce que j'avais déjà écrit il y a plusieurs années : la France et Elf armaient les deux côtés de la guerre civile. Vous savez, tout ça, on a mis des années à le comprendre ; je vous accable aujourd'hui de dix ans de travaux mais moi-même quand j'ai commencé à découvrir que la France finançait d'un côté une guerre civile, j'ai été scandalisé ; quand j'ai vu qu'elle en finançait deux, j'ai été encore plus étonné ; et quand j'ai vu que c'était systématique, je me suis dit : « Bon, c'est quelque chose qui effectivement défie l'entendement ». Mais c'est comme ça qu'on traite les pays d'Afrique. C'est comme ça qu'on traite les pays du tiers-monde, et il faut oser regarder en face. Donc, en ce qui concerne l'Angola, la France finançait les deux côtés de la guerre civile, Monsieur Tarallo finançant le gouvernement tandis que Monsieur Sirven finançait la rébellion Unita. Alors,*

---

136 Où la France dispose d'ailleurs du soutien de ses « pions » africains.

*évidemment, cette guerre civile pouvait durer longtemps. Et c'est toujours le même principe : on affaiblit un pays, ce qui réduit sa capacité de négocier la vente de son pétrole, etc.*

*Dans ce pays, il y a d'énormes gisements pétroliers, et là il faut se partager le gâteau. On fait ce qu'on appelle des consortiums, c'est-à-dire des camemberts. Dans un gisement classique, vous avez 42,5% pour TotalElf, et 42,5% pour une firme américaine ou britannique. Là, vous vous apercevez que le discours antiaméricain de la Françafrique, c'est vraiment du pipeau, parce que dès qu'il s'agit de choses sérieuses on se réconcilie. Mais le plus intéressant, ce sont les 15% restants. Dans ces 15%, vous avez par exemple 10% pour une firme qui s'appelle Falcon Oil. Falcon Oil, c'est Monsieur Falcone. Ce vendeur d'armes, qui n'est pas plus pétrolier que vous et moi, a fondé une firme pétrolière. Où ça ? Aux Etats-Unis. Et ce proche de Pasqua, le pourfendeur des Américains, a aussi été le premier contributeur de la campagne de Bush, à égalité avec le PDG d'Enron. Donc, 10% du gisement pour un vendeur d'armes. Et 5% pour une firme de mercenaires... Vous voyez ainsi que dans l'exploitation des plus grands gisements de la planète sont inscrits, quasi génétiquement, la fourniture de 15% de biens et services de guerre : des armes et des mercenaires. Et vous vous étonnez après ça que la totalité des pays pétroliers africains soient plus ou moins constamment en guerre civile ? Il n'y a pourtant pas de quoi s'étonner, les armes et le pétrole, ça va en permanence ensemble.*

Le pire exemple d'ingérence française pour le pillage des ressources s'est fait au Rwanda, avec des millions de morts pour résultat. Au final, le but est toujours le même : s'accaparer les ressources en toute impunité.

L'étude détaillée de toutes les opérations françaises serait trop longue à exposer ici, mais contrairement à ce que l'on pourrait croire, cette période d'ingérence n'est pas révolue, bien au contraire. Si l'on examine les dernières interventions militaires françaises en Afrique, il y a eu :

- l'intervention en Côte-d'Ivoire en 2011, sous le nom d'Opération Licorne ;
- l'intervention en Libye en 2011, sous l'égide de l'ONU ;
- l'intervention en Centrafrique en 2013, sous le nom d'Opération Sangaris ;
- l'intervention au Mali en 2013, sous le nom d'Opération Serval.

Toutes ces opérations ont été soigneusement maquillées en croisade pour la démocratie afin de toucher la sympathie des électeurs. Essayons d'en examiner deux à la loupe.

*L'intervention en Côte d'Ivoire en 2011*

Quels sont les faits présentés officiellement par le gouvernement et les médias français ?

Deux hommes se sont porté candidats à l'élection présidentielle de 2010, Laurent Gbagbo, le président sortant, et Alassane (Dramane) Ouattara. Le vainqueur est Ouattara, mais Gbagbo, mauvais perdant, ne reconnait pas sa défaite et continue d'occuper illégalement le fauteuil présidentiel. La France va alors intervenir militairement pour déloger Gbagbo, le traduire en justice, et permettre à Ouattara de prendre ses fonctions. Pour les Français, il s'agit d'une affaire claire et propre, qui illustre l'engagement extérieur de la France pour la démocratie.

Que s'est-il vraiment passé ?

Depuis 2000, la Côte d'Ivoire avait à sa tête Laurent Gbagbo, un président plus ou moins mis en place par la France mais globalement

93

apprécié de ses citoyens. Durant son mandat, il va lutter contre la privatisation à tous crins de l'économie[137] (par exemple, par la mise en place de l'école primaire et secondaire gratuite), mais surtout il va envisager d'abandonner le système du franc CFA et de dénoncer l'accord de défense avec la France. En effet, il est bon de rappeler qu'après sa soi-disant indépendance en 1960, la Côte d'Ivoire – comme les autres colonies d'ailleurs – s'est vu imposer deux accords un peu spéciaux :

- d'abord, l'adoption du franc CFA comme monnaie, telle qu'on l'a vu plus haut ;

- ensuite, la mise en place d'un accord de défense avec la France, qui implique une présence militaire française permanente sur son territoire (entre autres).

Lorsqu'un pays ne contrôle ni sa monnaie ni son armée, dans quelle mesure peut-il se proclamer indépendant ?

Cette question, Laurent Gbagbo l'a sans doute posée un jour ; ce n'est pourtant pas à lui que le gouvernement français va répondre, mais à son opposant Alassane Ouattara. Ce dernier, qui est en réalité originaire du Burkina Faso, avait été premier ministre de 1990 à 1993 sous Félix Houphouët-Boigny (ce dernier, un des piliers de la Françafrique, l'avait nommé à ce poste justement en raison de ses origines étrangères qui le rendaient inéligible en cas d'opposition) afin de mettre en place un plan d'austérité particulièrement impopulaire destiné soi-disant à redresser l'économie ivoirienne, mais qui n'a fait que remplir davantage le portefeuille de Felix par la création d'impôts absurdes. Avec la complicité du Burkina Faso[138] dont la Côte d'Ivoire partage sa frontière nord, le gouvernement français va aider Ouattara à se constituer une milice et un camp de base dans le nord de la Côte-d'Ivoire (milice qui sera plus tard dénoncée par Amnesty International pour ses violences à Duékoué en avril 2011).

---

[137] Il faut savoir que dans les ex-colonies françaises, la majeure partie du service public est aux mains de multinationales françaises.
[138] Dont le président de 1987 à 2014, Blaise Compaoré, arrivé au pouvoir suite à l'assassinat de son prédécesseur Thomas Sankara, est un pur produit de la Françafrique lui aussi.

En 2010, sont organisées les élections présidentielles en Côte d'Ivoire. Au premier tour, Gbagbo l'emporte avec 38% des voix contre 32% pour Ouattara. Au second tour, du 28 novembre 2010, le Conseil Constitutionnel annonce la réélection de Laurent Gbagbo avec 51,45% des voix (il invalide en effet les résultats des régions du nord qui ont fait l'objet d'une fraude massive constatée par les observateurs indépendants, comme le vol ou le bourrage d'urnes, l'intimidation et les agressions envers les pro-Gbagbo, etc. [139]). Mais la CEI[140] (qui prend en compte tous les votes) proclame la victoire d'Alassane Ouattara avec 54,1% des voix. L'annonce est faite à l'Hôtel du golf, le QG d'Alassane Ouattara, la mission de l'ONU en Côte d'Ivoire (Onuci) ayant refusé que cela se déroule chez elle.

Laurent Gbagbo va demander un recomptage des voix, mais la France s'y oppose fermement (de quel droit ?) et lui demande de laisser la présidence à Ouattara[141]. Mais Gbagbo, qui a le peuple avec lui, refuse et s'en suit l'escalade vers le conflit armé. Malgré les manifestations de soutien à Gbagbo, et malgré les multiples dénonciations des tricheries électorales de Ouattara, la France va alors intervenir militairement (la Force Licorne), en avril 2011, pour chasser Gbagbo et mettre Ouattara en place. Dans les semaines qui suivent, une pétition internationale d'une ampleur inédite, lancée par une trentaine d'intellectuels africains, parmi lesquels l'écrivaine franco-camerounaise Calixthe Beyala (grand prix du roman de l'Académie française en 1996, grand prix de l'Unicef en 1998), l'écrivain béninois Olympe Bhêly-Quenum (grand prix littéraire d'Afrique noire en 1966), ou le réalisateur camerounais Jean-Marie Teno (Grand prix au Festival Vues d'Afrique de Montréal en 1996, Prix du documentaire au Festival de Troia en 1992), va demander la libération immédiate de Laurent Gbagbo. En voici les premières lignes :

---

[139] Pour plus de détails sur toutes les irrégularités du vote, lire l'article du 30 janvier 2011 d'Emmanuel Nkunzumwami publié par Nouvelle Dynamique, intitulé *Analyse de l'élection présidentielle en Côte d'Ivoire pour comprendre la crise politique actuelle.*

[140] Commission Electorale Indépendante, composée à majorité par les membres de l'opposition.

[141] Lire l'article de Laurent Bigot du 21 mai 2016 dans Le Monde Afrique, intitulé *Côte d'Ivoire : mais qui a gagné la présidentielle de 2010 ?.*

*Laurent Gbagbo, Président constitutionnellement élu en Côte d'Ivoire, investi le 4 décembre 2010, a été livré, le 11 avril 2011, par l'armée française, avec la complicité de l'ONU, à Alassane Ouattara, imposé à la Côte d'Ivoire sur la base de résultats frauduleux illégalement proclamés, mais reconnus par le représentant du secrétaire général de l'ONU, le Coréen Young-jin Choi. A l'écrasement militaire, rappelant les pires heures de sa politique coloniale en Afrique, la France a ajouté l'humiliation dont avait été victime le Congolais Patrice Lumumba avant d'être assassiné il y a un demi-siècle avec la complicité de l'ONU.*

*Laurent Gbagbo, opposant historique depuis la fin des années 1960 qui a incarné la lutte pour le multipartisme et la démocratie en Côte d'Ivoire, n'a jamais pris les armes et a été élu en 2000. Il a été remis par les éléments de la Force française Licorne à ceux-là mêmes qui ont voulu le renverser par un coup d'Etat militaire en septembre 2002 précipitant la partition du pays et plongeant celui-ci dans une crise meurtrière pour le peuple ivoirien.*

Laurent Gbagbo est remis à la cour pénale internationale (CPI). Après cinq années de pseudo-investigations, la procureure à la tête du procès, Fatou Bensouda, devient rapidement la risée de la presse africaine pour sa servilité envers la France et le manque de preuves. Le 15 février 2016, elle craque et avoue le complot contre Laurent Gbagbo à la presse sud-africaine : « Il n'y a rien de sérieux contre Gbagbo. Je subis les pressions de la France. Je ne peux rien y faire ». Sur la déclaration reprise par le site « ivoirebusiness.net » le même jour, il est également précisé : *La raison de la nécessité pour la France de neutraliser la force politique qu'est Gbagbo est qu'il était déterminé à défaire l'emprise de la France sur la banque, l'assurance, le transport, le commerce de cacao et sur la politique de l'énergie en Côte-d'Ivoire. Durant le court laps de temps de son régime, il avait invité des entreprises d'autres pays à participer aux appels d'offres pour les projets du gouvernement. Gbagbo était dépassé par les coûts très élevés des projets exécutés par les entreprises françaises. Par exemple, pour la construction d'un pont, les Français demandaient 200 milliards de francs*

*CFA. Gbagbo s'est donc détourné des Français au profit des Chinois qui ne demandaient que 60 milliards de francs CFA et ceci en 2002.*

Plus tard, Nicolas Sarkozy, responsable de l'intervention militaire, dira ceci : « Il y a eu une improvisation sur le Mali et la Centrafrique. Je ne dis pas qu'il ne fallait pas intervenir, mais je n'ai toujours pas compris ce qu'on allait y faire. Le Mali, c'est du désert, des montagnes et des grottes. Quand je vois le soin que j'ai mis à intervenir en Côte d'Ivoire ; on a sorti Laurent Gbagbo, on a installé Alassane Ouattara, sans aucune polémique [en France, note de l'auteur], sans rien !!».[142]

En octobre 2017, Mediapart publie un article sur les collusions supposées entre le procureur de la CPI, la diplomatie française et le pouvoir d'Alassane Ouattara au lendemain de la crise postélectorale en Côte d'Ivoire, dénonçant le montage politico-judiciaire orchestré par la France.

Alassane Ouattara est au pouvoir uniquement grâce à l'ingérence de la France et au détriment des Ivoiriens. Que personne ne s'illusionne sur son bilan, il sera semblable à celui de tous les autres que la France a mis en place auparavant, voire pire. Mireille Kouamé, dans un article publié le 21 juillet 2015 sur Cameroonvoice.com, dénonce la fortune du Président ivoirien, estimée déjà à 27 milliards de dollars, et ajoute : « [si elle] était confirmée, il s'agirait du plus grand pillage des ressources d'un Etat par un chef d'Etat en juste quatre ans de pouvoir. »

Les prochaines élections présidentielles en Côte d'Ivoire auront lieu en octobre 2020, mais il y a de quoi être pessimiste quand on sait que Nathalie Yamb, conseillère exécutive de Mamadou Koulibaly qui est un des principaux opposants à Ouattara, a d'ores et déjà été interdite de séjour en France et expulsée de Côte d'ivoire, suite à ces propos tenus lors d'une conférence de presse à Sotchi : « La France considère toujours le continent africain comme sa propriété. [...] Nous voulons sortir du franc CFA, nous voulons le démantèlement des bases militaires françaises qui, sous le couvert d'accords de défense bidons, ne

---

[142] Extrait de *Ça reste entre nous, hein ? Deux ans de confidences de Nicolas Sarkozy*, Nathalie Schuck & Frédéric Gerschel, Flammarion, 2014.

servent qu'à permettre le pillage de nos ressources, l'entretien de re-bellions, l'entraînement de terroristes et le maintien de dictateurs à la tête de nos Etats. »

*L'intervention française en Libye en 2011*

Nous sommes le 13 février 2011, des mouvements de protestation éclatent dans le nord-est de la Libye, à Benghazi, vite réprimés par le régime de Kadhafi. Le 10 mars – soit moins d'un mois après, un temps record pour ce type d'affaires – la France est le premier pays à prendre parti pour le gouvernement formé par les rebelles (le Conseil National de Transition, dit CNT) et envisage déjà une intervention aérienne. Pourquoi une si grande hâte ?

Revenons quelques années en arrière. Octobre 2005, Sarkozy se rend en Libye pour demander à Kadhafi de financer sa campagne élec-torale de 2007 (ce qu'il obtient à hauteur de 50 millions d'euros, comme l'attesteront les révélations de Mediapart) ; en échange, il pro-met à Kadhafi d'aider la Libye à retrouver sa légitimité sur la scène internationale. C'est ce qu'il fait le 7 décembre 2007, où il invite Kad-hafi en France. Sarkozy tente alors de négocier une partie des réserves de gaz et de pétrole de la Libye, ce que Kadhafi refusera. En effet, le projet de Kadhafi n'est pas de devenir une énième dépendance de la France ; au contraire, il veut devenir un moteur de l'indépendance afri-caine.

Cela commence le 27 décembre 2007 : Kadhafi vient de doter l'Afrique de son premier satellite de télécommunications, permettant aux Africains de téléphoner quasi gratuitement et mettant fin au mo-nopole européen qui coûtait jusqu'alors 500 millions de dollars par an à l'Afrique. En 2009, il est élu à la tête de l'Union africaine. Son projet était de créer une nouvelle monnaie unique pour l'Afrique basée sur le dinar libyen et capable de constituer une alternative au franc CFA ou au dollar. A cet effet, il avait rassemblé 143 tonnes d'or et 143 tonnes d'argent. Nicolas Sarkozy craint alors que cette nouvelle monnaie ne mette fin au racket de la France par le franc CFA et ne permette aux (ex)-colonies d'acquérir une indépendance économique.[143]

C'est à ce moment qu'une intervention militaire est envisagée, d'autant qu'elle permettrait à la France d'assurer son approvisionnement futur en pétrole, tout comme l'a fait George W. Bush avec l'Irak. Il faut savoir que le champ des possibilités est restreint : si l'on tient compte des réserves de pétrole, le classement mondial est le suivant :

| Rang mondial | Pays | Réserves de pétrole conventionnel en barils (source OPEP) |
|---|---|---|
| 1 | Venezuela | 299 953 000 000 |
| 2 | Arabie saoudite | 266 578 000 000 |
| 3 | Iran | 157 530 000 000 |
| 4 | Irak | 143 059 000 000 |
| 5 | Koweït | 101 500 000 000 |
| 6 | Émirats arabes unis | 97 800 000 000 |
| 7 | Russie | 80 000 000 000 |
| 8 | Libye | 48 363 000 000 |

A cette époque, le Venezuela et l'Iran sont protégés par la Russie, et donc inattaquables. L'Arabie Saoudite et les Etats-Unis sont liés par un accord de défense, le pétrole koweïtien est déjà exploité par les Etats-Unis via la société Chevron qui a un quasi-monopole, ainsi que le pétrole émirati qui est exploité principalement par la société Exxon Mobil. L'Irak ayant déjà été pris, il ne reste plus que la Libye, qui constitue une cible d'autant plus idéale qu'elle est très proche de la France, relativement isolée politiquement et dotée d'une armée faible. Cette fois, Sarkozy va habilement négocier et obtenir du CNT, en condition de son soutien militaire, 35% du total du pétrole brut libyen[144] (ce qui est énorme, sachant que les Etats-Unis, le Royaume-Uni, le Qatar et l'Italie sont aussi sur le coup). L'intervention de la France

---

[143] Ces craintes ont été rendues publiques lors de la déclassification des lettres de Hillary Clinton le 31 décembre 2015, disponible sur https://www.reddit.com/r/politics/comments/45muz5/declassified_now_deleted_clinton_emails_show/.

[144] Libération, *Pétrole : l'accord secret entre le CNT et la France*, 1er septembre 2011.

n'est donc pas si dénuée d'intérêts que ça, et on peut même s'interroger sur les liens originels entre le CNT et le gouvernement français, certaines notes adressées à Hilary Clinton accusant la France d'avoir créé le CNT de toutes pièces dès le mois de février : *Les officiers de la DGSE ont fourni de l'argent et des conseils pour appuyer la formation du CNT. Ces officiers ont expliqué à Jalil et à Younès qu'ils parlaient sous les ordres du président français Nicolas Sarkozy, et ils ont promis que dès que le CNT serait organisé, la France reconnaîtrait le Conseil comme le nouveau gouvernement de la Libye. [...] En retour pour cet appui, les officiers de la DGSE ont indiqué qu'ils attendaient du nouveau gouvernement libyen de favoriser les entreprises françaises et les intérêts nationaux, en particulier dans le domaine pétrolier. Jalil et Younès ont approuvé.*[145]

Dès les premiers signes de rébellion, Sarkozy va monter une campagne de communication axée sur trois points : les rebelles se font massacrer ; Kadhafi est un dictateur et donc un obstacle à la liberté ; Kadhafi est un pervers sexuel. Comme Bush avec l'Irak, nous avons eu le droit à un matraquage médiatique nous imposant cette guerre comme à la fois noble (pour sauver un peuple opprimé) et inévitable (c'est la seule issue). Et cela a marché ! Il y a eu tout un tas de manifestations en France quand Bush a décidé d'envahir l'Irak, mais pas une seule quand Sarkozy a décidé d'envahir la Libye. Ayons la modestie de reconnaître que nos confrères situés outre-Atlantique n'étaient pas plus stupides que nous, et que c'est juste que nous avions été autant manipulés pour la Libye qu'eux l'ont été pour l'Irak.

Car dans la longue liste des dictateurs à éliminer, on doit tout de même admettre qu'il y avait bien plus urgent, à commencer par Kim Jung-un en Corée du Nord, dont la population vit coupée du monde, ou encore une myriade de dictateurs africains « amis » de la France (on se rappelle les Gnassingbé Eyadéma, Idriss Déby, Sassou N'Guesso, Omar Bongo, Paul Biya...) dont les peuples vivent dans une misère totale. Les médias ne nous ont pas non plus rabâché les chiffres sur le développement économique de la Libye. Alors qu'en

---

[145] Extraits des lettres déclassifiées d'Hilary Clinton, *op. cit.*

1951, le PIB par habitant était le plus faible du monde arabe avec 35 dollars, il est devenu par la suite le plus élevé d'Afrique avec 14 232 dollars en 2008, et de 2004 à 2010, la Libye était le deuxième pays le plus riche d'Afrique, derrière la Guinée équatoriale (grand producteur de pétrole off-shore). Mais ça va plus loin : à titre de comparaison, en 2007, la Libye avait l'IDH[146] le plus élevé d'Afrique, à la 56e place (IDH élevé) avec 0,847 point, alors que la Guinée équatoriale se trouvait à la 118e place avec 0,719 point, ce qui signifie que les ressources étaient également mieux partagées et le bien-être des habitants bien plus élevé. En outre, il faut noter aussi une alphabétisation proche de 100% parmi la jeunesse (et globalement la Libye avait le taux d'alphabétisation le plus élevé d'Afrique du Nord), une éducation et un accès aux soins gratuits (il y avait aussi des bourses pour étudier à l'étranger), et la mise en place d'une série de projets agricoles et industriels visant à garantir « l'après-pétrole ».

Concernant les allégations sexuelles sur Kadhafi, même si elles sont vraies, Berlusconi aussi est connu pour ses frasques d'ordre sexuel, et pourtant personne n'a jamais eu l'idée d'envahir l'Italie ? D'ailleurs, si Dominique Strauss-Kahn avait été élu en 2012, aurait-on accepté que les Etats-Unis nous envahissent pour ce motif ?

Concernant le massacre des rebelles, on en a beaucoup parlé à l'époque mais il faut savoir, d'une part, que le CNT que la France s'est empressée de reconnaître et qu'elle a mis au pouvoir n'était pas représentatif des rebelles en question, et d'autre part, qu'aujourd'hui il y a toujours des morts mais que plus aucun média ne nous les compte. En effet, comme en Irak, l'Etat Islamique s'est précipité dans le pays dès le départ des Occidentaux, et il fait face actuellement à deux gouvernements qui revendiquent chacun le pouvoir. De l'aveu des Libyens eux-mêmes comme des observateurs étrangers : la Libye d'aujourd'hui est devenue un chaos en rien préférable à la situation sous Kadhafi. Outre l'insécurité et l'instabilité administrative et monétaire,

---

[146] L'Indice de Développement Humain (IDH) est un indice statistique de 0 à 1 qui prend en compte la qualité de vie des habitants via des critères tels que la santé, la longévité, le niveau d'éducation et le niveau de vie.

c'est également un fiasco économique puisque la production de pétrole, principale ressource, est passée de 53,3 milliards de dollars en 2012 à 4,8 en 2016, soit une chute de 90%[147], et l'IDH est descendu à 0,72 en 2014, soit presque au même niveau que celui de la Guinée-Equatoriale.

Il faut garder en tête que, quand un pays intervient militairement dans un autre, c'est *toujours* pour une question d'argent. Quand la France intervient militairement à l'étranger, elle ne le fait jamais pour les beaux yeux d'un peuple opprimé, mais seulement parce que cette guerre est *rentable*.

Faisons une courte pause pour un petit jeu que je pratique auprès des collégiens et lycéens lors de mes interventions en milieu scolaire. Durant ces interventions, j'invite les élèves à « renverser leur point de vue », c'est-à-dire à voir les choses non pas uniquement par le prisme de leur milieu social et culturel, mais aussi par celui qu'aurait un observateur extérieur et éloigné… bref, à voir les choses avec du recul ! Pour commencer le jeu et les aider un peu, je leur cite en exemple la traite négrière qui, socialement acceptée chez les Blancs européens du XVIIe siècle, est aujourd'hui reconnue comme un des travers abominables de cette époque. Je débute alors avec l'image d'un fringant businessman usant ostensiblement de son smartphone. Les premiers mots qui leur viennent à l'esprit sont « cool », « classe », etc. Je les invite à prendre du recul, en imaginant ce qu'y verraient nos descendants des siècles futurs. On retrouve dans la liste :
- le gaspillage des terres rares qui entrent dans la composition du gadget alors qu'elles auraient pu être économisées pour assurer une meilleure transition énergétique,
- la pollution engendrée par la construction de ces produits électroniques (notamment via l'extraction des terres rares qui nécessite beaucoup de produits chimiques) ou celle de leur fin de vie (ils sont nombreux à finir dans des décharges à ciel ouvert en Afrique),

---

[147] http://www.econostrum.info.

- les énormes usines en Chine où le travail à la chaîne est tellement abrutissant et mal payé que l'usine Foxconn, qui fournit les grandes marques, a dû installer des filets sous ses fenêtres pour limiter les suicides.[148]

Et on pourrait en citer d'autres, bien sûr... Les élèves ont en général un petit coup de déprime à la fin du jeu, surtout après avoir passé en revue la face sombre du shopping, de l'agriculture intensive, etc. mais ce jeu, même s'il fait un peu mal sur le coup, leur dévoile le vrai coût des choses en leur apprenant à les considérer sous différents angles.

La plupart des adultes sont davantage « amusés », car ils devinent plus facilement les réponses ; nous avons en effet accepté, plus ou moins implicitement, que derrière notre dernière paire d'escarpins se cache peut-être un enfant pakistanais. Essayons alors d'élever le niveau de ce jeu pour le transposer à celui d'un adulte, même si cela doit nous faire un peu mal à nous aussi.

Comme nous l'avons vu, lorsque la France a décidé d'une intervention militaire en Libye, elle avait clairement en tête l'appropriation d'une partie de son pétrole, aussi clairement que George W. Bush lorsqu'il avait décidé d'intervenir en Irak. Le gouvernement français a demandé le feu vert de l'ONU : ses alliés (Etats-Unis et Royaume-Uni, qui auront aussi leur part de pétrole) ont voté pour. La Russie, en revanche, s'est abstenue (mais n'a pas utilisé son droit de véto). Toutefois, en réponse à cette intervention occidentale, elle a annoncé qu'elle allait renforcer ses capacités de protection militaire. Je me souviens des JT de l'époque qui nous présentaient la position russe comme une arrogance anti-occidentale, du genre : « Les dictatures se soutiennent entre elles », « Poutine relance la guerre froide », etc. en faisant passer Poutine pour le grand méchant qui soutient Kadhafi et nous, les Occidentaux, pour les gentils défenseurs des droits de l'homme.

---

[148] *En Chine, les suicides chez Foxconn révèlent la dureté des conditions de travail*, Le Monde, 27 mai 2010.

Même si ça ne fait pas plaisir de se mettre à la place d'un être misogyne, homophobe et xénophobe, essayons de nous mettre dans la peau de Vladimir Poutine à cette époque. Les USA s'emparent de la quatrième réserve mondiale de pétrole en envahissant l'Irak ; la France suit quelques années après avec la huitième réserve… Poutine n'était évidemment pas dupe du double jeu des Occidentaux, qui se retrouvent comme par hasard contraints d'envahir les territoires les plus riches en ressources. Qu'auriez-vous fait à sa place, en tant que deuxième puissance militaire mondiale, en voyant vos rivaux s'emparer des dernières sources de pétrole par la force ? Qui est le vrai méchant dans l'histoire ? Voilà ce qu'a dit officiellement Poutine pour justifier son refus de soutenir l'intervention occidentale en Libye : *Ce qui m'inquiète, c'est la légèreté avec laquelle sont prises aujourd'hui les décisions concernant l'utilisation de la force dans les affaires internationales. Cela devient une tendance forte et une constante dans la (politique) des Etats-Unis. Le régime libyen ne correspond pas aux critères d'un pays démocratique. C'est une évidence, mais cela ne signifie pas que nous avons le droit de nous ingérer dans un conflit politique intérieur, même s'il s'agit d'un conflit armé, en défendant l'une des parties impliquées. A l'époque de Bill Clinton, on a bombardé la Yougoslavie et Belgrade, (George) Bush a envoyé des troupes en Afghanistan, ensuite, sous de faux prétextes, on a envoyé des troupes en Irak. (...) Aujourd'hui c'est au tour de la Libye. Tout cela se fait sous prétexte de défendre la population civile. Où est la logique? Où est la conscience? Il n'y a là ni l'un ni l'autre".*[149]

La situation s'est répétée quelques années après avec le conflit syrien, pays également stratégique et isolé, où se soulève une rébellion étrangement bien armée. Poutine a compris depuis longtemps que les Occidentaux se servent comme des maîtres quand ils ont besoin de ressources, et il ne peut face à cela que durcir le ton et ses défenses militaires, au grand bonheur de nos médias pour qui il représente le

---

[149] *Poutine critique l'ONU sur la Libye*, Le Figaro, 21 mars 2011.

nouvel axe du mal. Ce n'est pourtant pas la Russie qui s'est emparée du pétrole irakien ou du pétrole libyen…

Le jeu est terminé. L'idée n'était pas de chercher à démontrer que Poutine n'est pas un méchant, mais que peut-être nos gouvernements, derrière leurs beaux discours, s'avèrent parfois bien plus dangereux que lui.

## 2.3.    Aujourd'hui : l'Afrique, l'Occident et la relève du FMI

Etats-Unis, Angleterre, Belgique… L'interventionnisme en Afrique n'est pas réservé à la France : une bonne partie de l'Occident s'y est mis. Cependant, à tous ceux qui pensent encore de nos jours que l'Afrique s'est enrichie avec l'arrivée des Blancs (et ils sont nombreux, hélas !), qu'ils sachent que c'est exactement l'inverse qui s'est produit et perdure encore de nos jours.

Nos gouvernements, actuels et précédents, ne sont jamais venus pour aider l'Afrique à se développer (au bout de 200 ans, cela aurait forcément dû commencer à porter ses fruits !) mais pour la piller.

Prenons comme exemple le Katanga, province de la République démocratique du Congo (RDC): c'est l'une des régions les plus riches en ressources naturelles de la planète : cuivre, cobalt, or, diamant, étain, fer, charbon, uranium, coltan, manganèse, radium, zinc… quasiment rien n'y manque. Autrefois, cette région était recouverte de vastes forêts accueillant des milliers d'espèces animales et végétales, au cœur d'un écosystème unique (forêt de Miombo) ; les peuples étaient organisés en tribus, vivaient de la chasse, de la culture, de l'exploitation artisanale des ressources (cuivre, cobalt, malachite) et du commerce avec les autres tribus.

A partir de 1884, la Belgique plaça cette province sous son contrôle et s'intéressa à ses importantes ressources minières, qui furent dès lors massivement exploitées. Aux périodes les plus fastes, ce sont plusieurs millions de dollars qui ont été produits *chaque jour*. Si l'on fait le calcul et qu'on le rapporte à sa population, le Katanga devrait figurer aujourd'hui parmi les régions les plus riches de la planète, avec un niveau de vie comparable à l'Occident. Or du temps de la colonisation, les recettes sont allées directement renflouer l'Etat belge ; ensuite, elles ont essentiellement enrichi les présidents successifs et leurs élites corrompues. Résultat, si vous vous rendez au Katanga aujourd'hui, vous ne verrez aucune trace de l'argent qui a pourtant coulé à flot dans cette région : ni beaux quartiers, ni écoles, ni infrastructures économiques et culturelles… Voici le témoignage de Lisa Tassi, directrice des campagnes chez Amnesty International, qui s'y est rendue en 2013 pour dénoncer les violations des droits humains liées aux activités minières :

*Pourquoi les villageois sont-ils forcés de déménager ?*
Le mécanisme est simple : le gouvernement octroie des concessions minières. Ensuite, l'entreprise concessionnaire se retourne vers l'État congolais en lui disant : « *Dégagez-moi ces gens qui m'empêchent de démarrer l'exploitation dans de bonnes conditions* ». Et l'entreprise minière a le droit pour elle !

*Dans quelles conditions vivent aujourd'hui les populations expulsées des sites miniers ?*
Épouvantables. Suite aux expulsions forcées, souvent organisées dans la précipitation avec le concours de policiers armés, les communautés que nous avons rencontrées sont privées de tout. Pas de maison : la plupart des familles vivent sous des bâches ; pas ou peu d'eau : les distributions sont rationnées dès que les villageois protestent ; pas d'accès aux soins. Bref, l'insalubrité est générale. Ces conditions de vie abjectes sont d'autant plus choquantes que le Katanga est la province la plus riche du pays. Tout se passe comme si la population katangaise ne retirait aucun bénéfice des fabuleuses ressources minières régionales.

*Comment cette exploitation minière intensive affecte-t-elle l'environnement ?*
La pollution est visible partout. Les berges des rivières sont brûlées par les produits chimiques toxiques utilisés par l'industrie, par l'exploitation artisanale et déversés en catimini dans les cours d'eau. La faune et la flore sont réduites à néant. L'agriculture de subsistance vivote, mais les marchés sont mal achalandés.

Il faut ajouter que l'on estime à 40 000 le nombre d'enfants travaillant dans ces mines, exposés aux produits toxiques, aux inhalations de poussières et aux effondrements de galerie. Aujourd'hui, la RDC est d'ailleurs classée au 186ᵉ et dernier rang concernant l'indice de développement humain (IDH).

Nous pouvons prendre également l'exemple de la Zambie, et l'exemple d'Eva Joly : « *Devant les députés de Zambie, j'ai donné lecture des détails de l'un des contrats de privatisation des mines de cuivre, conclu sous Chiluba et avec la bénédiction du FMI. Ce contrat offre aux entreprises concessionnaires vingt-cinq ans d'exonération fiscale. Résultat, alors que la valeur du cuivre exporté en 2006 atteint trois milliards de dollars (soit 12% du budget, 40% du PNB et 90% des exportations), le pays ne reçoit que 60 millions de recettes soit 2%. A titre de comparaison, la Norvège perçoit 70% de la valeur d'exportation de son pétrole et gaz [...]. Il ne reste rien à la Zambie, une poignée de dollars, un sol pollué, et une main-d'œuvre d'esclaves ; 68% de sa population vit avec moins d'un dollar par jour.* »[150]

Alors, êtes-vous toujours convaincus que les Africains se sont enrichis grâce aux Français et autres Occidentaux ? C'est l'inverse qui se produit. Vous allez peut-être mentionner l'aide au développement de la France à l'Afrique ? Elle a été de 3,1 milliards d'euros en 2015[151] ! A ce stade, cette aide ce n'est plus une blague, c'est une insulte. C'est comme si votre voisin venait vous voler tous les biens de votre maison, et vous offrait ensuite *gracieusement* un billet de vingt euros pour vous aider à tout remeubler. En effet, dans une publication du 15 mars de la même année, le journal économique allemand Deutsche Wirtschafts Nachrichten estime que le franc CFA rapporte à lui seul à la France 440 milliards d'euros de pillage sur l'Afrique. Si l'on rajoute l'évasion fiscale et les conditions commerciales défavorables qui ont été imposées, on atteint au niveau de l'Occident un pillage annuel supérieur à 2 000 milliards d'euros.[152] Comme le reconnaît Jacques Chirac dans une interview vidéo : « Une grande partie de l'argent qui est dans notre porte-monnaie vient précisément de l'exploitation, depuis des siècles, de l'Afrique [...]. Il faut avoir un peu de bon sens, de justice, pour rendre aux Africains ce qu'on leur a pris, d'autant que c'est nécessaire

---

[150] Extrait de *La Force qui nous manque*, Editions Les Arènes, 2007.
[151] Résultats 2015 de l'Agence Française de Développement (AFD) disponibles sur www.afd.fr
[152] Therules.org, *Global Wealth Inequality*, la liste des sources nécessaires à l'évaluation est citée à https://therules.org/inequality-video-fact-sheet/.

si l'on veut éviter les pires convulsions ou difficultés avec les conséquences politiques que cela comporte dans le proche avenir. »[153]

En clair, si l'on inversait ce rapport, il ne faudrait même pas cinq
ans à l'Afrique pour devenir aussi riche que l'Europe. Comme le dit
l'écrivaine et ancienne ministre Aminata Traoré : *l'Afrique n'est pas
pauvre, on l'appauvrit !*

Selon les règles économiques libérales, pour se développer, un Etat
doit d'abord passer par une première étape qui consiste à « fermer »
ses frontières afin de permettre à son industrie locale de se développer.
Une fois mûre, l'Etat va pouvoir passer à l'étape suivante, celle du
libre-échange, en abolissant peu à peu ses frontières douanières.

Le problème pour les pays en développement, c'est que ni le Fonds
Monétaire International (FMI) ni la Banque Mondiale ne prennent en
compte cette première étape dans l'octroi des prêts. En effet, ceux-ci
sont souvent conditionnés à une ouverture dans les échanges et une
privatisation des secteurs clés.

Les firmes occidentales, qui ont souvent plusieurs longueurs
d'avance, peuvent ainsi vendre sans entrave leurs biens sur un marché
vierge de toute concurrence. Les petites entreprises locales se retrouvent incapables de rivaliser avec l'avancée technologique et les économies d'échelles de ces entreprises, et mettent rapidement la clé sous
la porte. Au niveau des ressources, l'exploitation n'est plus la propriété de l'Etat : elle est confiée à des entreprises étrangères, avec souvent des « exonérations fiscales incitatives » qui privent cet Etat même

---

[153] Il s'agit d'une interview malheureusement non datée (probablement 2009) et non signée,
mais largement disponible sur YouTube (avec les mots-clés #chirac #pillage #afrique) et re-
layée par d'autres sites d'information. Dans son édition du 16 mai 2001, Le Monde reprenait
déjà une intervention informelle de Jacques Chirac lors du sommet France-Afrique de janvier
2001 : *"Nous avons saigné l'Afrique pendant quatre siècles et demi*, commença-t-il. *Ensuite,
nous avons pillé ses matières premières ; après, on a dit : ils (les Africains) ne sont bons à rien.
Au nom de la religion, on a détruit leur culture et maintenant, comme il faut faire les choses
avec plus d'élégance, on leur pique leurs cerveaux grâce aux bourses. Puis, on constate que
la malheureuse Afrique n'est pas dans un état brillant, qu'elle ne génère pas d'élites. Après
s'être enrichi à ses dépens, on lui donne des leçons."*

de prendre une part sur les ressources exploitées.[154] Les cadres sont des expatriés grassement payés du pays d'origine, qui vivent quasiment en autarcie dans l'entreprise, et la rare main-d'œuvre locale à profiter de la présence de ces entreprises étrangères se compose des ouvriers, des mineurs et des prostituées. Au final, l'Etat visé par « l'aide » du FMI ou de la Banque Mondiale profitera à peine du fruit de ses efforts d'ouverture, et se retrouvera en plus avec une dette supplémentaire. Dette qu'il sera bien incapable de rembourser puisque l'argent en question a été utilisé pour acheter des produits occidentaux et n'a jamais été utilisé dans un investissement productif. Le bilan est simple : le FMI et la Banque Mondiale existent depuis 1944, et depuis cette date la situation en Afrique ne s'est pas améliorée. Au contraire, les pays africains ont beaucoup moins de ressources qu'avant et bien plus de pollution ; quant au niveau de vie, il s'est complètement dégradé. *Ces politiques [du FMI et de la Banque Mondiale] comportent des mesures conjoncturelles d'austérité (baisse des dépenses publiques, augmentation des impôts…) et des mesures dites structurelles d'ouverture des frontières, de libéralisation et de privatisation. Pour obtenir l'équilibre à court terme de leur budget, ces pays sont conduits à sacrifier leurs investissements à rendement de long terme (infrastructures, santé, éducation…), qui conditionnent leur seule chance de démarrage, cependant que leurs économies, peu compétitives, doivent s'exposer à la concurrence des pays les plus développés.[155]*

Le FMI et la Banque Mondiale interviennent soi-disant dans un pays pour l'aider à se développer. En réalité, ils s'attachent juste la complicité du gouvernement en place pour mieux aider les Occidentaux à piller son pays. A contrario, quand Joseph Kabila, président de

---

[154] Thomas Piketty souligne d'ailleurs à ce sujet qu'en Afrique subsaharienne le taux d'imposition moyen est passé de 15% dans les années 1970 à 10% dans les années 2000 (il est de 45%-50% en Europe), alors que les expériences historiques suggèrent qu'il est impossible pour une économie de se développer avec des taux aussi bas (il n'y a pas l'argent nécessaire pour investir dans l'éducation, la santé, les infrastructures, etc.).
[155] Aminata Traoré, *Le Viol de l'Imaginaire*, Fayard/Pluriel, 2012.

la République démocratique du Congo, a signé avec la Chine le *package deal*, un contrat d'environ 9 milliards d'euros qui prévoyait la construction d'infrastructures de transports, d'hôpitaux et de logement sociaux[156], le FMI a menacé de suspendre l'allègement de sa dette, à la stupéfaction des Congolais.

> Le front des Congolais est resté longtemps courbé sous le joug des gouvernements occidentaux et des multinationales. Aujourd'hui l'heure est venue de bousculer les traditions et de tenir bon devant le FMI et la Banque Mondiale. Ces institutions sont avec nous depuis des générations, mais notre pays n'a pas vu le bout du tunnel. Au contraire, le Congo n'a fait que creuser le fossé des inégalités sociales. La très forte pression que les Occidentaux mettent aujourd'hui sur les dirigeants de la RDC, n'est « justifiée » que par l'égoïsme et la mauvaise foi. [...] Après avoir suivi aveuglement le schéma des ajustements structurels imposés par le FMI et la Banque Mondiale, le Congo vient de comprendre que la base de son vrai développement réside dans la diversification de sa coopération avec d'autres nations et continents dans un partenariat gagnant–gagnant. On ne peut pas rester « potentiellement » riche pendant que la population continue de croupir dans la misère quarante-sept ans après l'indépendance. La RDC a-t-elle été vendue à la communauté internationale pour que son peuple ne puisse jamais jouir de ses richesses ?[157]

Au niveau du pillage, nous pouvons également prendre l'exemple du Ghana (il en existe malheureusement des centaines d'autres et tous les citer reviendrait à écrire un second livre) : autrefois ce pays était composé essentiellement de fermiers, qui cultivaient le sol pour leur propre compte et revendaient les éventuels surplus sur les marchés. Ce système ne générait pas beaucoup de richesse, mais il assurait au moins la survie de tous et le maintien d'un tissu social. De son côté, l'Etat prenait en charge la santé, l'éducation, l'accès à l'eau, etc.

---

[156] Anna Bednik, *Extractivisme*, Le Passager Clandestin, 2019, p. 102.
[157] *La Chine investit au Congo, le FMI menace*, Editorial de L'Avenir, 22 septembre 2007.

Quand le FMI est arrivé, il a posé, pour les prêts, les conditions suivantes:

-coupes dans les dépenses publiques (comprenez : *fermez les écoles*, ce n'est pas une blague),

-ouvertures des marchés (pas de taxe aux importations de produits occidentaux plus compétitifs),

-suppressions des subventions (mais bien sûr cela ne s'applique qu'au Ghana, l'Union européenne et les Etats-Unis peuvent, eux, continuer à subventionner leurs agriculteurs),

- rendre les services publics payants (désormais le peuple paiera pour la santé ou pour l'eau potable, sachant qu'il n'en a pas les moyens),

-le pays doit abandonner ce système des fermes pour se consacrer principalement à l'extraction d'or, à condition que ce secteur soit privatisé, et que les entreprises étrangères n'aient ni à payer d'impôts ni de contrainte environnementale.

Une fois le prêt accepté, le gouvernement du Ghana, avec l'aide de l'armée et de la police, a expulsé les familles de ces terres et les a vendues aux entreprises occidentales. Ces dernières ont transformé ces terres fertiles en chantiers toxiques (l'extraction de l'or nécessite l'emploi de nombreux produits chimiques dangereux). Quant aux familles, elles se sont retrouvées sans moyen de revenu ni de subsistance. Poussées par la faim, elles sont contraintes de travailler dans ces mines dangereuses et insalubres pour un salaire de misère de deux à trois euros par jour qui leur permet à peine d'acheter de quoi manger pour survivre, ce qui signifie que ces familles où hommes, femmes et enfants travaillent tous à la mine, ne peuvent se payer ni éducation, ni soins, ni eau potable, ces secteurs ayant été privatisés. Le maigre salaire qu'elles gagnent leur permet juste d'acheter le riz importé des Etats-Unis, qui est plus compétitif que le riz ghanéen puisqu'il est subventionné alors que le Ghana n'a plus le droit, lui, de subventionner ses agriculteurs.

Quel est le bilan de l'intervention du FMI ?

Alors que le Ghana était autrefois un grand producteur de riz, il dépense aujourd'hui 100 millions de dollars par an pour importer du riz états-unien. Quant à l'or, il est exporté en masse par des entreprises occidentales vers les pays occidentaux sans que l'Etat ghanéen en touche un centime. Quant à l'écosystème, il est complètement détruit et pollué par les mines à ciel ouvert. Quant aux dépenses publiques, elles ont été consacrées essentiellement au remboursement des intérêts de la dette contractée auprès du FMI. Quant au tissu social et culturel, il s'est complètement désagrégé dans ce modèle économique inhumain. Et enfin, quant à l'avenir, les enfants africains n'en ont plus aucun, car au lieu d'aller à l'école ils vont se briser dans les mines ou dans la prostitution (plus de 100 000 jeunes filles entre 9 et 15 ans se prostituent au Ghana[158]). Un rapport de l'ONU publié en avril 2018 fait d'ailleurs le constat suivant : la forte croissance économique des dernières années n'a entraîné aucune réduction significative du nombre de pauvres tandis que celui des millionnaires en dollars n'a cessé de croître.[159]

Cet exemple est malheureusement typique de tous les pays africains[160], et les plaintes d'intellectuels engagés come Eva Joly ou Aminata Traoré ne changent rien, ou si peu.

---

[158] *The Horrors of Child Prostitution in Ghana*, Sophia Bogner and Paul Hertzberg, Der Spiegel, 17 avril 2019.

[159] *Statement on Visit to Ghana, by Professor Philip Alston, United Nations Special Rapporteur on extreme poverty and human rights*, 18 Avril 2018.

[160] Voir le reportage de la BBC : *When IMF Makes Misery* (Quand le FMI fabrique la misère).

## 2.4.     Les conséquences de ce pillage

Le lecteur, arrivé à ce stade de la lecture, pourra s'exclamer en son for intérieur : *pourquoi parler de tout ça sur l'Afrique ?* Il y a deux raisons.

La première, c'est simplement pour rendre hommage aux peuples africains. Ma jeunesse a été baignée dans une espèce de racisme pâle et diffus. Les professeurs d'histoire, de bonne ou mauvaise foi, nous ont toujours présenté la pauvreté de l'Afrique comme le résultat de son incapacité à se gérer correctement, imputant cela aux querelles internes de ses habitants (ces interminables guerres civiles !…) et à une certaine « paresse » de leur part (leur économie ne se développe pas car ils ne veulent pas travailler). Il est temps de rétablir la vérité !

La vérité, c'est que loin d'être les « feignants » que l'on suppose, ils travaillent comme des esclaves, douze heures par jour pour deux dollars la journée, dans des plantations où ils sont exposés sans protection aux pesticides, ou dans des exploitations minières où ils sont exposés directement aux émanations acides et toxiques des processus d'extraction, et où leur durée de vie ne dépasse pas quelques années.

La vérité, c'est que c'est justement leur formidable esprit d'entraide et de communauté qui leur ont permis de survivre jusqu'-ici, malgré les pénuries, le déracinement, l'abandon, et durant ces guerres fratricides provoquées par les Blancs.

La vérité, c'est que leurs élites, privées de postes dans leur pays à cause de ce sous-développement et de cette corruption savamment entretenus par nos gouvernements, se voient contraintes d'émigrer hors de leurs frontières pour trouver un travail, privant l'Afrique des médecins et des ingénieurs qui auraient pu l'aider à se développer.

On pense souvent au malheur de voir ces émigrés affluer sur nos côtes ; pense-t-on à la souffrance de ces pères et de ces mères qui voient leurs enfants s'embarquer pour des voyages si dangereux et si incertains ?

Dans cette guerre de civilisations qui a abouti à la mise en esclavage d'un continent par un autre, les gagnants n'ont été ni les plus forts ni les plus intelligents, mais juste les plus cupides.

Peut-être certains lecteurs, un peu cyniques, ne voient pas l'utilité d'un tel chapitre dans ce livre, et penseront que tout ça finalement ne les regarde pas si l'Afrique est devenue à la fois la servante et la poubelle de l'Occident.

C'est là qu'ils se trompent, et c'est ici la deuxième raison. L'afflux massif de réfugiés, politiques ou économiques, n'en finit pas d'inonder nos territoires. C'est par milliers qu'ils meurent chaque année en tentant de rejoindre nos eldorados ! Et au final, ceux qui y arrivent sont souvent méprisés, rejetés ou ignorés. Pourquoi ? Parce que, ce qu'ils veulent c'est juste nous voler nos emplois, pour ensuite envoyer de l'argent à leur famille au bled. Ils se fichent totalement de nos traditions, de nos coutumes, et ceux qui se retrouvent en situation précaire sont obligés de voler pour survivre, apportant – en plus du chômage – de l'insécurité dans nos villes et villages. Ils tirent les salaires par le bas, et ils voudraient qu'on leur verse des subventions, des aides, alors qu'on n'a pas assez de moyens pour subvenir aux besoins de nos pauvres SDF à nous !

Je ne vais même pas essayer de lutter contre ce point de vue xénophobe qui, au fond, détient aussi une part de vérité. Mais qui est responsable de cette situation ? Ce sont nos gouvernements et nos entreprises, qui les affament jusqu'au point où ils n'ont plus qu'un choix : partir ou mourir. Et la seule réponse qu'ont trouvée certains de nos politiques, c'est de fermer nos frontières !

Je vais reprendre Fatou Diomé, dans son intervention télévisée de *Ce Soir ou Jamais*, sur France2, le 24 avril 2015, lorsque le sujet des migrants qui risquent leur vie pour rejoindre l'Europe est abordé : « Celui qui part pour la survie, qui considère que la vie qu'il a à perdre ne vaut rien, celui-là sa force est inouïe, car il n'a pas peur de la mort ! » Et quand son interlocuteur lui répond que c'est justement pour cela qu'il faut complètement fermer les frontières européennes, elle le coupe par ce très juste : « Vous ne pouvez pas rester comme des poissons rouges dans la forteresse européenne ! »

Il faut bien avouer qu'elle a raison. Combien d'années encore allons-nous rester derrière la vitre de notre bocal à regarder ces milliers d'Africains mourir pour venir chez nous ? Il est vrai que nous n'avons pas la capacité de *tous* les accueillir, alors qu'attendent nos gouvernements pour cesser ce pillage qui les appauvrit, et mettre en place des règles d'échanges équitables ? Si chaque travailleur africain était payé correctement (c'est-à-dire autant que nous) pour le labeur qu'il fournit, et ce dans des conditions décentes de travail ; si le produit de son effort était acheté à sa vraie valeur, et non au rabais comme c'est le cas actuellement ; si les bénéfices engendrés étaient redistribués aux Africains au lieu d'être dirigés dans les comptes suisses ou caribéens de nos patrons Forbes ; alors je ne donne même pas cinq ans à l'Afrique pour devenir aussi riche que nous, et c'est à cette condition seulement que le flux de migrants vers l'Europe se tarira.

## 2.5.    En conclusion

Immuablement, la France intervient militairement en Afrique, non pour rétablir la justice, mais pour réprimer ceux qui la réclament. Ces interventions sont en général peu évoquées par la presse nationale, ou alors présentées sous un angle partial. On s'est moqué des électeurs de George W. Bush quand, aveuglés par leurs médias, ils ont soutenu l'intervention militaire de leur pays en Irak, que chacun de nous ici savait guidée uniquement par le profit. Par contre, quand la France intervient militairement au Mali, en Côte d'Ivoire, au Tchad ou en Libye, personne ne s'indigne, aveuglés que nous sommes par les médias français, détenus soit par le gouvernement soit par les grands groupes à qui profitent les richesses.

Depuis 1960 et la fin « officielle » de la colonisation, on dénombre environ 43 interventions militaires officielles en Afrique, soit à peu près une tous les 16 mois (contre évidemment 0 intervention africaine en France). Devant une telle ampleur, le français moyen s'exclame invariablement : « Ah ! Décidément, ces Africains ne pensent qu'à se battre ! Heureusement que notre pays est là pour maintenir la paix ! » Pour ma part, au bout de la 43e intervention, je pense qu'on est droit de penser que la mission « pacificatrice » de la France en Afrique a clairement échoué. En outre, je considère cette idée que les Africains ne pensent qu'à se faire la guerre comme purement raciste. Je ne connais pas un continent où les peuples passent leur temps à se faire la guerre, à part l'Afrique. Mais je ne connais pas non plus un continent où les interventions françaises sont omniprésentes, à part l'Afrique. Si vous n'êtes pas raciste, et si vous admettez qu'au fond personne ne préfère la guerre à la paix (on préfère tous passer un moment agréable chez soi en famille plutôt que de servir de chair à canon au milieu de la boue et des tirs d'artillerie), alors réfléchissez par vous-même et posez-vous la bonne question : *qui fait la guerre en Afrique ?*

Pour faire la guerre, il faut des armes. Or, c'est bien connu, les Africains n'ont pas un sou, et comme le souligne Issa Tchiroma, politicien camerounais : aucun pays africain ne fabrique d'armes, elles sont toutes importées. Qui les leur donne alors ? Une déclaration du Tchad, reprise par les médias du monde entier, donne un élément de réponse : 40% des armes saisies aux combattants de Boko Haram étaient de fabrication française.

On a très peu parlé de cette affaire en France, mais durant l'opération Artémis en République Démocratique du Congo en 2003, des soldats des forces spéciales suédoises se sont plaints auprès de leur hiérarchie d'actes de torture perpétrés par les soldats français sur des Congolais. Et qui plus est, des actes de tortures ne visant pas à obtenir des informations mais gratuits, juste commis pour terrifier. Un des soldats affirmait à la télévision suédoise : « Il arrive encore que je me réveille la nuit en entendant les cris. C'était comme si on étranglait un chat, personne dans le camp ne pouvait éviter de l'entendre. Celui qui dit qu'il n'a pas entendu parler de ça, il ment ! ». Par la suite, le ministère de la Défense suédois a publiquement accusé les soldats français de torture et demandé une enquête. Après bien des retards, le ministère français de la Défense a rendu ses conclusions en estimant que l'interprétation du soldat suédois a simplement « été troublée par des conflits de personnes et une perception erronée de la situation ».

Ce n'est d'ailleurs pas la seule fois que les soldats français ont été accusés d'exactions sur les populations locales. Au Mali, en 2013, l'armée a été accusée de complaisance concernant les massacres commis par l'armée tchadienne (avec laquelle elle coopérait) sur les populations nomades et Touaregs dans la région du Gourma. Elle a également été accusée de viols sur mineur(e)s au Rwanda, lors de l'opération Turquoise en 1994, à Bangui lors de l'opération Sangaris en 2013-2014, puis lors de l'opération Barkhane au Burkina Faso en 2015. A chaque fois, le gouvernement veut nous faire croire qu'il s'agit de quelques brebis galeuses, ou s'appuie sur l'absence de preuves formelles, mais la persistance de ces exactions malgré la décolonisation nous incite à croire qu'il s'agit plutôt d'une pratique largement tolérée parmi les militaires que de comportements isolés. D'autant que, pour le petit aparté, ces débordements existent au sein même des casernes : quand une femme se décide à rejoindre les rangs de l'armée, elle ignore souvent que ses futurs ennemis ne seront ni des terroristes ni des soldats étrangers, mais simplement ses propres collègues. Une femme dans l'armée a bien plus de risque d'être violée par ses pairs que d'être blessée ou tuée au combat. Sans compter le sexisme verbal dont elles sont quotidiennement victimes et qui dévalorise leurs compétences. Malheureusement, l'attitude de l'administration militaire française, dont le seul soin consiste à étouffer les affaires, n'augure pas d'amélioration de ce côté.[161]

Après tout ce que nous venons de voir, tant sur l'interventionnisme économique que militaire de la France en Afrique, il est impossible de ne pas comprendre pourquoi des manifestations antifrançaises ou antifrançafrique fleurissent un peu partout sur le continent africain (Côte-d'Ivoire, Mali, Centrafrique, Soudan, Cameroun…) mais aussi en France : il y a chaque année, que ce soit à Paris, à la Défense devant le siège de Total, ou en Auvergne là où sont imprimés les francs CFA, des manifestations de ce genre qui ne sont jamais évoquées – ou si rarement – par nos médias nationaux (la plus médiatisée a peut-être été celle du 14 septembre 2011 qui a réuni trois mille manifestants devant le siège de l'Unesco).

La France n'étant pas le seul pays à intervenir militairement à l'étranger pour des raisons purement économiques (les Etats-Unis et le Royaume-Uni sont nos alliés et rivaux dans ce pillage organisé), il en ressort globalement un fort sentiment anti-occidental pour les pays visés par ce « viol » de leur souveraineté. Par exemple, les populations d'Irak ou même de Libye ne sont pas dupes, elles se rendent bien compte qu'à la guerre a succédé le chaos, que les seules zones qui sont sécurisées se situent autour des puits de pétrole, et qu'elles ne jouissent

---

[161] Lire à ce sujet Leila Miñano et Julia Pascual, *La Guerre Invisible, Révélations sur les violences sexuelles dans l'armée française*, Les Arènes et Causette, 2014.

plus des revenus de cette précieuse ressource comme autrefois (autrement dit, qu'ils sont détournés vers l'Occident).

Le 25 juillet 2017, au Nigéria, le groupe « terroriste » Boko Haram a attaqué une mission pétrolière ; bilan : 50 morts. Mais peu de gens connaissent la véritable histoire qui lie le pétrole et le Nigéria. Naomi Klein en parle longuement dans *Tout peut changer.* Quand ce pays s'est ouvert au pétrole, les compagnies pétrolières l'ont exploité avec un mépris total pour l'environnement et les populations locales. *Elles ont rejeté leurs eaux résiduaires directement dans les rivières, les ruisseaux et la mer, creusé inconsidérément des canaux vers l'océan, rendant ainsi saumâtres de précieuses sources d'eau douce, et laissé leurs oléoducs sans surveillance et sans entretien, provoquant ainsi des milliers de déversements [...], une quantité de pétrole digne du naufrage de l'Exxon Vadez a été déversée dans le delta chaque année pendant environ cinquante ans, empoisonnant poissons, animaux terrestres et êtres humains.*[162] Pire que ça, le gaz naturel qui accompagne le processus d'extraction du pétrole a été, par souci d'économie, simplement torché, c'est-à-dire brûlé à l'air libre, à hauteur de 14,6 milliards de mètres cubes. C'est un volume gigantesque qui a été gaspillé alors qu'il aurait pu fournir de l'électricité à tout le pays pendant trois ans, ce qui est non négligeable quand on sait que 50% de la population n'a pas accès à l'électricité. En clair, la population n'a profité ni des revenus de l'extraction du pétrole, ni de son énergie, mais y a sacrifié tout son milieu de vie. Une résistance s'est formée à partir des années 1970, principalement contre Shell qui exploite la majeure partie de ce pétrole. Des manifestations ont eu lieu, mais elles ont été réprimées dans le sang et leur leader, l'écrivain Ken Saro-Wiwa, a été exécuté. La situation est toujours la même aujourd'hui. Amnesty International a qualifié en 2008 cette zone « d'enfer de la pauvreté », où l'espérance de vie n'excède pas quarante ans, où 75% de la population n'a pas accès à l'eau potable et vit dans une misère extrême au milieu d'un

---

[162] Naomi Klein, *Tout peut changer*, Actes Sud, 2015, p. 473.

environnement toxique alors que les compagnies pétrolières dégagent des milliards de bénéfices.[163]

Les sentiments de colère qui émanent de ces populations meurtries ne doivent pas être ignorés, et constituent un élément de réponse à la vague de haine anti-occidentale qui secoue les peuples d'Afrique et du Moyen-Orient.

---

[163] Bastamag, *Dans le delta du Niger, Shell pollue allègrement, engrange des profits mirobolants, puis laisse dépérir les habitants*, Nolwenn Weiler, 10 novembre 2015

# 3.  L'émergence du terrorisme islamique

Visiblement, il est à la mode, parmi nos derniers présidents, de (re)lancer des débats sur la place de l'Islam en France. Le sujet est d'autant plus séduisant que, à l'heure où nos églises se vident[164], la pratique de l'Islam tend à se répandre et même à se durcir, en France comme au Maghreb d'ailleurs. Cette ferveur religieuse s'étant développée dans un contexte de montée en puissance du terrorisme islamique, cela a conduit à cristalliser le débat autour de cet axe, en se focalisant sur les conséquences (port du voile, polygamie, insécurité, etc.) plutôt que sur les causes de ce double phénomène. Tout comme nous l'avons fait pour l'Afrique et l'esclavagisme, il est indispensable de remonter à la source pour bien comprendre où se situent les véritables enjeux.

---

[164] Les mariages catholiques ne représentent plus que 16% des unions civiles en 2010 contre 61% en 1980. Dans le même temps, les baptêmes d'enfant de 0 à 7 ans ont quasiment chuté de moitié (statistiques disponibles sur https://eglise.catholique.fr).

## 3.1.    Du Pacte du Quincy au conflit en Syrie

Reculons de quelques pas, comme nous l'avons fait pour l'esclavage, et nous comprendrons que le terrorisme « islamique » tel que nous le connaissons aujourd'hui n'est pas le fruit du hasard mais celui de la rencontre entre deux géants : l'Arabie Saoudite et les Etats-Unis.

Voyons d'abord le côté saoudien, et pour mieux comprendre, il faut revenir en 1703, avec la naissance de Mohamed ben Abdelwahhab à 'Uyayna, dans l'actuelle Arabie Saoudite. Très tôt baigné dans l'étude du coran, il considère que la pratique de l'Islam a dévié au fil des siècles et qu'elle doit être purifiée. Selon lui, il faut ramener l'Islam à ses fondamentaux : le Coran et la Sunna. Il va bannir le culte des tombes, couper les arbres (qui étaient tellement rares dans ce désert qu'ils en étaient vénérés), organiser la lapidation d'une femme accusée d'adultère, fustiger la modernité et le train de vie décadent des riches, en appeler au Jihad, etc. Ses prédications, teintées de violence, d'intolérance religieuse et de lecture littérale du Coran, vont lui valoir l'hostilité de la population locale et il sera expulsé de sa région.

Il va alors trouver refuge à Derieh (près de l'actuelle Riyad) auprès d'un chef local, qu'il convertit à ses vues théologiques et politiques : Mohamed Al-Saoud. Ensemble, ils conviennent qu'ils ramèneront les Arabes de la péninsule aux « vrais » principes de l'islam tel qu'ils le conçoivent. On devine la suite : les descendants de ce chef de tribu vont partir en guerre en vue de convertir et d'unifier toutes les tribus de la région et, après bien des batailles, c'est en 1932 qu'Abdelaziz ben Abderrahmane Al Saoud, descendant en droite ligne de Mohamed Al Saoud, donne son nom au royaume nouvellement créé et se proclame roi d'Arabie Saoudite, dont la religion d'Etat est le wahhabisme, c'est-à-dire la version la plus rigoriste qu'il soit de l'Islam.

Voyons maintenant du côté des Etats-Unis. Depuis la découverte des premiers puits de pétrole dans le pays à la fin du XIXe siècle, la consommation de cet or noir augmente à un rythme si rapide que le pays a parfois du mal à satisfaire sa demande intérieure. Dès les années 30, des géologues craignent que le pays ait déjà atteint son pic pétrolier, et la Seconde Guerre mondiale ne fait qu'accentuer l'enjeu de cette ressource stratégique. Franklin Roosevelt, président des Etats-Unis de 1933 à 1945, cherche alors à « assurer » l'approvisionnement en pétrole des Etats-Unis pour les décennies à venir et, à la lumière de la Seconde Guerre mondiale, à contrer l'influence de l'Europe au Moyen-Orient. C'est tout naturellement qu'il se tourne vers l'Arabie Saoudite, pays encore très pauvre, privé d'alliés et échaudé par l'ingérence de la Grande-Bretagne, mais dont les énormes réserves ne sont plus un secret pour personne.

C'est ainsi que Franklin Roosevelt va rencontrer Abdelaziz ben Abderrahmane Al Saoud le 14 février 1945 à bord de l'USS Quincy, sur la mer Rouge. Les Etats-Unis obtiennent d'utiliser l'Arabie Saoudite comme base militaire et principale source pétrolière, et l'Arabie Saoudite obtient des Etats-Unis sa protection militaire, sa garantie de ne pas se mêler des affaires intérieures du pays, et bien sûr des revenus conséquents tirés de l'exploitation pétrolière.

Le Pacte du Quincy va donner aux Wahhabites la puissance financière qu'ils n'auraient sans doute jamais pu avoir si le sous-sol saoudien ne regorgeait pas d'immenses ressources pétrolières ; mais si cette alliance entre les Etats-Unis et l'Arabie Saoudite semblait bel et bien inévitable (les Saoud se seraient alliés de toute manière avec une autre grande puissance), la véritable erreur des Etats-Unis va être d'utiliser le djihad comme rempart à l'expansion soviétique durant la Guerre Froide.

En 1978, l'Afghanistan est la cible d'un coup d'Etat de la part du Parti démocratique populaire d'Afghanistan (PDPA), parti d'inspiration marxiste favorable à Moscou. Le parti d'opposition, qui s'inspire de l'Islamisme radical, est hostile aux nombreuses réformes du PDPA (athéisme d'Etat, droit des femmes, alphabétisation…) qu'ils jugent contraire à leurs valeurs conservatrices. On est en pleine guerre froide, et les Etats-Unis – qui ont tiré leçon de l'impopularité d'une intervention militaire directe comme ce fut le cas au Vietnam – préfèrent financer et former les groupes rebelles afghans (les fameux moudjahidines) plutôt que d'envoyer leur armée. Avec leur allié, l'Arabie Saoudite, ce sont plus de 6 milliards de dollars qui iront soutenir les mouvements de résistance islamique. Oussama Ben Laden n'est encore qu'une sorte d'intermédiaire entre l'argent d'Arabie Saoudite (son pays d'origine) et les rebelles islamistes. Après la défaite de l'Union Soviétique contre ces derniers en 1989, le régime des talibans se met en place et Oussama Ben Laden, plutôt que d'arrêter le combat, va prendre la tête d'Al Qaïda, organisation nouvellement créée pour continuer le djihad. C'est à partir de là que le monstre créé par les Etats-Unis va devenir incontrôlable et se retourner contre eux. En effet, Oussama Ben Laden, formé par la CIA, comprend très bien comment fonctionne le gouvernement des Etats-Unis avec les pays arabes, et sera à l'origine des attentats du 11 septembre 2001 qui coûteront la vie à près de trois mille personnes.

Mais ça ne s'arrête pas là. Si cet attentat spectaculaire a été financé par l'Arabie Saoudite, ce royaume reste néanmoins le principal allié des Etats-Unis au Moyen-Orient et son principal fournisseur de pétrole. Il est impossible de se fâcher officiellement avec lui, d'autant qu'il subventionne la majeure partie de la classe politique américaine.[165] Souhaitant à la fois diversifier et sécuriser l'approvisionnement en pétrole des Etats-Unis (et donc ne plus dépendre essentiellement de l'Arabie Saoudite sunnite qui joue un double jeu), Georges Bush junior décide d'envahir l'Irak, se servant du prétexte des armes de destruction massive auquel seuls les citoyens américains et Tony Blair ont cru. Les militaires américains s'emparent des puits de pétrole, qu'ils sécurisent immédiatement, installent un gouvernement fantoche, puis abandonnent le reste du pays au chaos. Les conséquences ? Un fort sentiment anti-américain (puis anti-occidental) s'empare de la population, et celui-ci est fort légitime lorsque vous constatez qu'une puissance étrangère est intervenue dans votre pays juste pour siphonner vos ressources. Ce terreau idéal va permettre aux membres d'Al-Qaïda

---

[165] Lire à ce sujet *Or noir et maison blanche*, Robert Baer, JC Lattès, 2003.

d'étendre leur influence en Irak. Et ils ne vont pas perdre de temps : le 19 août 2003, soit quelques mois seulement après le début de l'intervention de George Bush junior, Al Qaïda revendique son premier attentat[166], attentat qui sera le début d'une longue liste encore aujourd'hui ininterrompue. Entre l'Irak et la Syrie, les frontières sont vastes et poreuses, et Al-Qaïda va alors s'étendre en Syrie à partir de 2013 (sous le nom de « Al-Nosra » puis «Fateh al-Cham » à partir de 2016).

Comme on l'a vu dans les chapitres précédents sur la Françafrique, les gouvernements occidentaux ont pour habitude d'intervenir militairement dans les pays riches en matières premières (pétrole, uranium, etc.) en armant et finançant des groupes rebelles (qui font le « sale boulot » à leur place), et c'est là qu'il faut replacer la situation dans son contexte international.

En 2009, deux projets de gazoduc s'affrontent au Moyen-Orient. Le premier est soutenu par l'Arabie Saoudite et le Qatar (pays sunnite, 4e producteur mondial de gaz naturel après les États-Unis, la Russie et l'Iran). Il s'agit d'un projet de gazoduc qui passerait par l'Arabie Saoudite (sunnite), la Jordanie (sunnite), la Syrie (chiite) et la Turquie (sunnite) pour alimenter le marché européen. Le second, nommé Islamic Gas Pipeline, est soutenu par l'Iran (chiite) : il s'agirait d'un gazoduc passant par l'Irak (chiite) et la Syrie (chiite), toujours pour alimenter le marché européen. La Syrie, comme on peut s'en douter, a signé en juillet 2011 pour le second projet.

Cette décision a fait la joie du gouvernement russe, puisqu'il envisage de relier l'Islamic gas pipeline au futur gazoduc, South Stream, construit par Gazprom, mais elle a fait le malheur de l'Union européenne, qui comptait au contraire réduire sa dépendance au gaz naturel russe, et envisageait de raccorder le premier projet à celui du gazoduc qatari Nabucco.

Les experts prévoyant une forte augmentation de la consommation européenne de gaz naturel au cours des décennies à venir, on peut

---

[166] Un attentat-suicide au camion piégé contre le QG de l'ONU.

comprendre l'importance de l'enjeu de ce gazoduc. Or, si Bachar el-Assad quitte le pouvoir, l'accord signé en 2011 peut être remis en cause (et d'ailleurs, en cette période de conflits, le projet est gelé).

L'Arabie Saoudite et le Qatar, qui pendant tout ce temps n'ont jamais cessé de financer Al-Qaïda et ses imitations, vont alors profiter de l'influence du Printemps Arabe en Syrie et orienter les organisations islamistes présentes en Irak vers la Syrie. Ils savaient que l'ensemble prendrait feu rapidement, notamment en réactivant les réseaux des Frères Musulmans[167], présents de longue date en Syrie mais étouffés par la poigne de fer de la Famille El-Assad père et fils.[168]

Entre 2011 et 2012 vont naître ou se consolider en Syrie toute une myriade de groupes dits « rebelles », parmi lesquels se trouvent Ahrar al-Sham, Jaysh al-Islam, Front al-Nosra, etc. tous financés par qui ? L'Arabie Saoudite, le Qatar et la Turquie (les pays concernés par le premier projet de gazoduc). Pour sa part, l'Occident fournissait les armes[169] ou encore la formation, comme en témoigne l'exemple de la défection des 2000 hommes de la brigade Al Yarmouk, rapporté par le site israélien Debkafile en décembre 2014, formés par des officiers US en Jordanie et qui ont rejoint les rangs de Daech sitôt leur formation au combat achevée.[170] En réponse à cette ingérence étrangère, Bachar el-Assad va officiellement faire appel à Poutine en 2015 ; ce dernier enverra en Syrie plusieurs milliers d'hommes et des dizaines d'aéronefs. En 2017, Trump va intensifier l'intervention des Etats-Unis en lançant les premières frappes aériennes sur la Syrie.

Nous en arrivons au final à une guerre entre la Russie et les Etats-Unis, à peu près de la même nature que celle qui a eu lieu en Afghanistan. Cette guerre, si elle a bien commencé par une révolte populaire,

---

[167] La société des Frères Musulmans est une organisation transnationale islamique sunnite considérée comme terroriste par certains gouvernements.

[168] Comme en témoigne le massacre de Hama de 1982 ; cette ville sera également le point de départ de la déstabilisation du régime syrien en 2011.

[169] Sur https://www.contrepoints.org, lire l'article du 27 août 2016 de Maxime Chaix *Comment l'Occident a aidé à créer l'État Islamique* et les sources auxquelles il se réfère.

[170] *Syrian rebel Yarmouk Brigades ditch US and Israel allies, defect to ISIS*, Debkafile, 17 decembre 2014.

n'a plus rien d'un Printemps Arabe, et les seules victimes sont ces réfugiés syriens qui vont mourir à nos frontières et dont personne ne veut.

## 3.2.    Qui sont les terroristes ?

Et donc, qui sont les terroristes impliqués dans les attentats qui ont eu lieu en France et en Belgique, et qui ont littéralement créé un *avant* et un *après* ?

Essayons une approche un peu différente... Dans le cadre de mes études supérieures, j'avais assisté à la projection d'un documentaire concernant une expérience menée sur des souris. Deux souris étaient placées dans une cage, reliée à une autre cage par une porte ouverte. Des scientifiques activaient un signal sonore une dizaine de secondes avant de libérer une légère décharge électrique dans la cage où elles se trouvaient. Au bout de quelques essais, les souris avaient compris qu'il fallait changer de cage dès le signal sonore. Dans le jargon de l'expérience, le signal sonore signifiait « l'avertissement » tandis que l'électrocution signifiait « la punition ». Le comportement des souris était semblable à celui des hommes : quand on sait que l'on va avoir une « punition », c'est-à-dire subir quelque chose de très désagréable, on veut à tout prix y échapper.

Les scientifiques ont ensuite changé les règles du jeu en fermant la porte de la cage, et ont d'abord réitéré l'expérience avec une seule souris. Quand celle-ci entend le signal, elle veut fuir mais elle ne peut pas car la porte est fermée. Elle va alors se mettre à « stresser », et ce stress, s'il est prolongé, va entraîner un ulcère de l'estomac puis la mort de la souris.

C'est une violence contre soi-même. Chez des humains, cela est transposé par une violence physiologique, avec des ulcères, ou une violence physique, avec des tentatives de suicide.

Les scientifiques renouvellent l'expérience, mais avec cette fois deux souris dans la cage. On active le signal sonore mais la porte reste fermée. Elles se rendent alors compte qu'elles ne pourront pas échapper à la punition. Savez-vous ce que font les souris ? Elles se battent entre elles. Quand on n'est plus seul, la violence contre soi-même rejaillit en violence contre l'autre, même si elle n'a aucun fondement, aucune utilité apparente.

De cette expérience un peu cruelle, nous en retirons l'idée que nous agissons la plupart du temps nous aussi comme les souris. Vivre une expérience très désagréable est une chose ; mais savoir à l'avance qu'on va vivre une expérience très désagréable et ne rien pouvoir y faire, ça démultiplie le stress et conduit à une agressivité que l'on décharge contre nous ou sur les autres.

A l'échelle de la société tout entière, que penser de l'effet des politiques d'austérité mises en place par nos dirigeants ? Le fait de savoir pour des salariés que l'on va supprimer des postes, le fait de savoir pour des jeunes de banlieue ou des seniors au chômage qu'ils ne trouveront pas d'emploi, le fait de voir sa ville – et donc son cadre de vie – sombrer dans la misère, la pollution et la violence sans rien pouvoir y changer, le fait de savoir à l'avance qu'il n'y a pas de justice sociale dans notre pays et que ce sont les multimillionnaires qui sont déjà au pouvoir qui le resteront… est-il vraiment possible que tous ces signaux que nous recevons n'aient aucune influence sur notre comportement ?

Les attentats réalisés au Moyen-Orient par Al-Qaïda étaient à l'origine le fruit d'hommes baignés dans la culture islamique et les mosquées wahhabites. Mais que dire quand on voit le parcours des auteurs de ceux de Paris, Bruxelles ou Nice ? La plupart ont baigné dans un mode de vie assez occidental, loin du salafisme, avec des mœurs plus ou moins libérés. D'ailleurs, parmi les Occidentaux qui sont allés en Syrie grossir les rangs de l'Etat Islamique, et dont les profils ont largement été commentés dans les journaux, il s'agissait souvent de gens que leurs voisins qualifiaient « d'ordinaires », loin de l'image des fanatiques religieux que l'on se fait.

"On remarque chez les convertis un déficit d'islamité très fort, avance le chercheur Samir Amghar, auteur de *Salafisme aujourd'hui*. Comme ils n'ont pas été élevés dans cette culture, ils veulent être plus musulmans que les musulmans. Comme pour se rattraper. Ils épousent généralement un islam ultraorthodoxe, pour signifier une rupture avec leur ancienne vie. Et comme ils n'ont pas de modèle familial pour leur montrer la bonne pratique, cette conversion s'accompagne chez certains d'une forme de zèle."

La majorité de ces convertis ont entre 15 et 35 ans, assure le chercheur. Certains sont Français "de souche", d'autres des Antilles, d'autres enfin sont originaires d'Afrique de l'Ouest dans des pays à majorité catholique ou protestante. "Il n'y a pas un profil de djihadiste type comme on a longtemps voulu le faire croire: le petit "beur" de banlieue qui part faire le djihad à cause du racisme qu'il vit au quotidien. En réalité, des petits délinquants côtoient des gens éduqués, certains viennent de familles unies, de banlieue ou de la campagne", poursuit le sociologue des religions Olivier Roy, auteur *d'En quête de l'Orient perdu*. C'est cette diversité qu'a voulu montrer l'organisation Etat islamique en mettant ainsi en scène des terroristes à visage découvert venant de tous les horizons et de toutes les cultures.

Aujourd'hui, l'ensemble du territoire est concerné par le phénomène djihadiste: 83 des 101 départements français comptent au moins un "loup solitaire". Si l'Ile-de-France, le Nord, la région de Strasbourg et le Sud-Est sont particulièrement affectés, on retrouve des cellules en Ariège ou en Bretagne. Comment expliquer un tel engouement? "Le djihadisme est la forme actuelle d'un espace de radicalisation. Dans les années 1970, ils se seraient tournés vers le maoïsme ou des groupuscules d'extrême gauche. Aujourd'hui, pour faire la révolution, ils ont le choix entre Tarnac et Daech", explique Olivier Roy. Et Samir Amghar d'ajouter: "Aujourd'hui, les idéologies politiques ne font plus rêver. On se dit 'à quoi bon militer?' Seul l'Islam est encore vu comme une utopie possible."[171]

Leur radicalisation tardive témoigne donc davantage d'une fascination pour l'Etat Islamique, qui leur sert d'alibi à leur envie de violence, que d'une vocation religieuse. Pourtant, il semble parfois que cela arrange notre gouvernement de les présenter comme porte-paroles de l'Islamisme radical, sur fond de débat sur le port du voile, la laïcité

---

[171] *Pourquoi y a-t-il tant de convertis parmi les djihadistes français de l'Etat islamique ?*, L'Express, 21 novembre 2014.

ou l'intégration des musulmans dans la société. Pourquoi ne nous disent-ils pas qu'il s'agissait en réalité de types paumés qui se sont fait laver le cerveau par les fanatiques que nous avons armés et financés ? En effet, si un terroriste ouvrait le feu sur une cinquantaine de personnes au nom de Jésus, le qualifieriez-vous de chrétien ou plutôt de fou dangereux ? La plupart des politiciens veulent désigner les musulmans comme boucs émissaires, uniquement pour rogner des voix à l'extrême droite et détourner l'attention des vrais problèmes de notre société qui, dans le fond, n'ont rien à voir avec l'Islam.

Cela aide également à faire passer les réformes les moins populaires, un peu dans le mode opératoire décrit dans *La Stratégie du Choc* de Naomi Klein[172].

Revenons aux interventions militaires occidentales dans les pays arabes. Il y a des dizaines de dictatures à travers le monde, dont la plus notoire est celle de la Corée du Nord, qui est connue pour être à la fois un des pays les plus pauvres et les plus fermés de la planète. L'Erythrée fait aussi partie des pires dictatures du monde en termes de restriction et de pauvreté. Pour sauver la démocratie, il y avait donc bien plus urgent que l'Irak ou la Libye, mais c'est dans ces deux pays que les Etats-Unis et la France sont intervenus. Avec à chaque fois une récompense au bout : une grosse part des revenus pétroliers. Mais les populations de ces pays ne sont pas dupes : ils se rendent bien compte que si l'argent du pétrole était autrefois détourné pour enrichir la famille du dictateur en place, il est aujourd'hui détourné pour enrichir les poches de la puissance étrangère qui est prétendument venue les sauver. On s'étonne ensuite de la vague de haine envers l'Occident qui secoue le monde arabe et qui contribue à grossir les rangs de Daech. Quand on demande à un français ou un américain pourquoi les islamistes commettent des attentats en Occident, la réponse est : « parce qu'ils haïssent notre mode de vie ». Quand on demande à un soldat de Daech pourquoi les Occidentaux les bombardent, la réponse est :

---

[172] *La Stratégie du Choc*, Naomi Klein, Actes Sud, 2008, ou comment les réformes ultralibérales sont plus facilement acceptées par une population soumise à la peur.

« parce qu'ils haïssent l'Islam ». Quand va-t-on admettre que ces isla-mistes n'en ont rien à faire de notre mode de vie, tout comme nos diri-geants se moquent éperdument de leur religion ? La seule véritable raison pour laquelle les deux se battent, c'est le bénéfice à tirer du pétrole. Pour ma part, je ne suis d'aucune religion. Je considère que, s'il existe, Dieu n'a dicté qu'une seule loi : aimez-vous les uns les autres ; les Hommes se sont ensuite empressés de créer les suivantes pour se dispenser de respecter la première. Mais il y a une chose uni-verselle que les gens doivent comprendre : une religion ou une idéo-logie, dès lors qu'elle devient agressive, n'a plus qu'un seul fonde-ment : *l'argent*.

## 3.3.     Le cas de l'Iran

Voyons à présent le cas de l'autre poids lourd du Moyen-Orient. Si on a parlé du rôle de l'Arabie Saoudite dans l'expansion de l'intégrisme islamique, beaucoup de gens ont également en tête l'Iran, présenté par Georges W. Bush junior comme un pays terroriste faisant partie de l'axe du mal. Plus récemment, Donald Trump l'a intégré à son fameux *Muslim Ban*, qui interdit aux ressortissants de sept pays (dont l'Iran) de séjourner aux Etats-Unis en raison du risque terroriste qu'ils représentent. L'Arabie Saoudite, berceau du wahhabisme, n'est pas concernée par ce décret. Là encore, il peut être utile de rétablir la vérité.

Tout d'abord, il faut savoir que l'hostilité des Etats-Unis envers l'Iran, aujourd'hui, est surtout le fruit du jeu des alliances entre les gros et les petits. L'Iran et l'Arabie Saoudite forment au Moyen-Orient, par leur taille, leurs ressources et leur différence confessionnelle (l'Iran est chiite et l'Arabie Saoudite sunnite) les deux grandes puissances rivales de cette zone. Les Etats-Unis, étant les alliés numéro un de l'Arabie Saoudite, deviennent de facto les ennemis de l'Iran, et cette dernière n'a plus d'autre choix que de se tourner vers la Russie. Tout cela n'a rien à voir avec le terrorisme.

Ensuite, il faut tenir compte de l'histoire du pays pour mieux comprendre le rigorisme religieux qui y sévit, qui n'est en rien analogue à celui de l'Arabie Saoudite.
Le peuple perse fait partie des plus anciennes civilisations du monde, dont les cités remontent à plus de quatre mille ans avant Jésus-Christ. Contrairement aux idées reçues, ses origines ne sont pas arabes, mais indo-européennes. L'écriture y est de type cunéiforme (en forme de clou) et il subsiste encore aujourd'hui des ressemblances avec les langues européennes. « Mère » se dit « mader », « fille » se dit «

dokhtar », mauvais se traduit par « bad », « nom » se dit « nam », etc. Ce n'est qu'au cours du Moyen-Age, lorsqu'il est conquis par les Arabes, que le pays est converti à l'Islam et que la langue perse adopte l'alphabet arabe.

Au début du XXe siècle, l'Angleterre s'intéresse aux richesses pétrolières de l'Iran. Avec la complicité du Shah, elle s'empare de son pétrole tandis que le pays connaît une occidentalisation forcée : le voile est interdit dans les espaces publics (ils sont arrachés de force) et les hommes sont priés de se vêtir « à l'occidentale ». Seulement 10% des revenus du pétrole sont reversés aux Iraniens (sachant de plus que les comptes sont opaques). Tout comme le faisait la France en Afrique, le pays ne profite pas du fruit de ses énormes richesses. *Décidée à en faire le minimum, la compagnie n'a en outre jamais construit ces hôpitaux, ces routes et ces écoles que le traité de concession lui imposait d'édifier. Sur les gisements qu'elle exploite, les ouvriers sont payés une misère et logés dans des baraquements sans eau ni électricité. «Tous les Iraniens vivent ainsi», rétorque volontiers Fraser [le gérant de la compagnie] à ceux qui s'indignent de pareilles conditions de travail. Dans le pays, la compagnie fait à peu près ce qu'elle veut, bénéficiant de la complaisance des autorités anglaises.*[173]

En 1951, Mohammad Mossadegh nationalise *l'Anglo-Iranian Oil Company* en *National Iranian Oil Company* et devient premier ministre. Mossadegh, qui avait fait ses études en France et en Suisse, était attaché à la laïcité de l'Etat et considérait que le port du voile devait être laissé à la libre appréciation de chacun. Il prend une série de mesure visant à faire de l'Iran un pays indépendant libéré du joug britannique, mais néanmoins moderne et globalement ouvert sur l'Occident. Mais cela ne plaît pas aux Britanniques qui perdent leurs revenus et leur emprise sur le pétrole iranien. Par mesure de rétorsion, ils vont alors imposer un embargo sur le pétrole iranien, c'est-à-dire que les pays occidentaux n'auront plus le droit d'acheter du pétrole à l'Iran. *En 1952, Mossadegh porte le conflit devant la Cour internationale de*

---

[173] Les Echos, *Le défi Mossadegh ou le casse-tête iranien*, Série d'été : la Saga de l'or noir, août 2006.

*La Haye, qui lui accorde gain de cause. Cependant, il ne parvient pas à briser le blocus international du pétrole iranien imposé par les Britanniques, aucune capitale occidentale n'osant lui venir en aide.*[174]

Les Britanniques vont alors demander de l'aide aux Etats-Unis, en agitant deux spectres devant eux :

- Cette idée de nationalisation pourrait inspirer d'autres pays du Moyen-Orient,

- Mossadegh, qui plaide pour un meilleur partage des richesses, est soutenu par les communistes du parlement. A ce titre, l'Iran pourrait devenir communiste et se rapprocher de l'Union Soviétique (ce qui était infondé puisque Mossadegh se méfiait autant des Russes que des Etats-Uniens).

Le Shah d'Iran, qui était proche des Anglais, tente d'évincer Mossadegh du pouvoir mais la population exige son retour. En 1953, le Shah essaie une nouvelle fois de renvoyer Mossadegh. Croyant sa tentative échouée, il va s'enfuir mais cette fois-ci ce sont les Américains qui vont le remettre sur le trône et évincer définitivement Mossadegh du pouvoir, au cours d'un coup d'Etat militaire baptisé « opération Ajax » et reconnu par la CIA.[175] L'opération se termine avec succès en 1954. Les Etats-Unis, avec l'Angleterre et d'autres pays occidentaux, se partagent désormais le pétrole iranien ; le peuple est mécontent et la répression se met en place. Malgré le développement du pays, le fossé s'est creusé entre les plus riches et les plus pauvres, et les Occidentaux sont de plus en plus mal perçus. En 1979, c'est la révolution ; le Shah est chassé du pouvoir et remplacé par l'ayatollah Khomeini. Une République islamique est instaurée, et l'on part dans l'excès inverse. Le voile, autrefois interdit, devient obligatoire, et les écoles ne sont plus mixtes. Les fonctions stratégiques du pays (pouvoir, pétrole, etc.) se concentrent dans les mains des gardiens de la révolution islamique (les Pasdarans) tandis que les Etats-Unis instaurent un embargo punitif. En 1980, ils vont ensuite encourager l'Irak à envahir

---

[174] Le Monde Diplomatique, *L'Occident contre la nationalisation du pétrole,* Ahmad Faroughy, avril 1992.
[175] Libération, *La CIA reconnaît avoir orchestré le coup d'Etat iranien de 1953,* 20 août 2013.

l'Iran, afin de stopper l'influence de l'ayatollah Khomeini dans le monde arabe, mais, au moins en Iran, cela aura l'effet inverse puisque l'invasion irakienne va amener le peuple iranien à oublier ses dissensions internes et à se souder contre un ennemi commun.

Le « fanatisme » de l'Iran n'est donc pas le fruit d'un rigorisme religieux de longue date comme en Arabie Saoudite, il est simplement le résultat de ce que les Etats-Unis ont semé à partir de 1953, et il est clair que s'ils n'avaient pas autant cherché à occidentaliser et piller ce pays cette révolution verte n'aurait jamais eu lieu. C'est à nous de juger et de décider si l'Iran est vraiment, comme le crient haut et fort les Etats-Unis, « le méchant de l'histoire ».

On a beaucoup parlé de l'interventionnisme de la France en Afrique, afin d'instaurer des dictatures qui lui sont favorables ; les Etats-Unis agissent de manière similaire dans le reste du monde et plus particulièrement en Amérique latine : Guatemala en 1954, Panama et Brésil en 1964, République dominicaine en 1965, Chili en 1973, Argentine en 1976, Grenade en 1983, Nicaragua de 1981 à 1988, etc. Certaines des pires dictatures de la planète, pratiquant la torture, l'enlèvement d'enfants et la répression de masse, ont été mises en place, soutenues et financées par les Etats-Unis au seul motif qu'elles protégeaient leurs intérêts économiques.

Après avoir vu le pillage des ressources et ses effets sur la sécurité mondiale, il est temps d'essayer de comprendre les rouages du système qui est derrière tout cela.

# 4.    Les points noirs de notre économie

*Chercher à comprendre, c'est commencer à désobéir.*

Jean-Michel Wyl

*Souvent, les dommages ne sont reconnus que lorsqu'ils sont devenus irrémédiables.*

Anna Bednik

On entend, depuis le deuxième choc pétrolier en 1979 qui a signé un arrêt définitif à la croissance de l'après-guerre, toujours le même refrain de la part de nos gouvernements successifs : la croissance est en vue, elle sera bientôt de retour ; certes, il faudra faire des sacrifices, se serrer la ceinture, mais nous y arriverons.

Nous sommes aujourd'hui bien obligés de constater que la croissance n'est jamais vraiment revenue, que ce soit sous la droite ou sous la gauche. Même chose pour le chômage : sa lutte a été la priorité affichée de toutes les campagnes électorales. Pourtant, en 1984, le taux de chômage était d'environ 10%, c'est-à-dire à peu près autant qu'aujourd'hui. Dire qu'en quarante ans les politiciens que nous avons élus n'ont rien fait serait cependant quelque peu abusif. Ils se sont en effet appliqués à maquiller les hausses successives du chômage par des changements de communication ou de méthode de calcul, que ce soit pour l'INSEE en 2001 ou Pôle Emploi en 1995 et 2015. Quand on étudie de plus près les chiffres de l'INSEE, on passe de 1,43 million de chômeurs en 1984 à 2,38 millions en 2014. Du côté de Pôle Emploi, on comptabilise en octobre 2016 plus de 6,21 millions d'inscrits en

France métropolitaine, toutes catégories confondues, y compris la catégorie D ordinairement non comptabilisée, qui inclut les personnes en formation. En effet, le gouvernement ne communique jamais que sur les chômeurs de catégorie A, dont le nombre est plus réduit, et qui peut se manipuler à la baisse aux approches d'élections. Par exemple, dans son édition du 3 août 2016 (soit un peu moins d'un an avant les élections), le Canard enchaîné révèle s'être procuré une note interne distribuée le 21 avril aux cadres de Pôle Emploi concernant le projet d'orienter 500 000 chômeurs supplémentaires vers des formations professionnelles. Cette note fixe les objectifs et la marche à suivre pour la mise en œuvre de ce plan. S'appuyant sur ce document de 16 pages, le Canard enchaîné indique que "les conseillers sont sommés de cravacher" afin d'obtenir "des statistiques présentables en juillet" car "un chômeur en formation n'est plus comptabilisé comme chômeur". Certains chômeurs ont d'ailleurs dénoncé ces formations « bidon » et déposé un recours contre Pôle Emploi : « *La promesse de la formation n'a pas été tenue, c'était une escroquerie», a estimé Denis Gravouil, négociateur assurance-chômage pour la CGT, sur RTL. «En 2016, beaucoup de formations comme celle-ci ont été montées à la hâte par des centres de formation qui n'en étaient pas vraiment. Il fallait faire du chiffre sur l'injonction du gouvernement qui venait de lancer le plan "500 000 formations". Mais il n'y avait pas assez de centres de formation pour assurer cet objectif», selon lui. «On ne cherche pas à rendre service aux chômeurs mais à les sortir des statistiques.» Lorsqu'un demandeur d'emploi entre en formation, il sort en effet des catégories A, B ou C aux yeux de Pôle Emploi. Or ce sont ces catégories qui sont les plus suivies pour commenter, chaque mois, la baisse ou la hausse du chômage. *»[176]

En outre, ce chiffre de 6,21 millions cité plus haut ne tient pas compte non plus de tous ceux qui ont renoncé à s'inscrire à Pôle Emploi – comme les jeunes diplômés qui n'ont le droit à aucune allocation,

[176] Le Figaro, *Formation «bidon»: deux chômeurs attaquent Pôle emploi*, Marie Simon, 27 juin 2017

ou les seniors en fin de droit qui n'espèrent plus retrouver de travail après 55 ans – ni les sans-abris dont le nombre, estimé à 140 000 par l'Insee, augmente de manière vertigineuse depuis la crise de 2009 (pas moins de 50% de plus entre 2011 et 2014 selon la fondation Abbé Pierre). On peut, sans trop de risques, évaluer à 7 millions le nombre de personnes n'exerçant pas – malgré eux – une activité professionnelle à temps plein, soit un actif sur quatre.

Cette augmentation continue du chômage malgré les intentions affichées n'est pas surprenante. En analysant les politiques effectivement conduites, n'importe quel économiste est en mesure de comprendre que le but de nos dirigeants n'est pas d'éradiquer le chômage. Leur but est uniquement de protéger leurs intérêts financiers, et l'augmentation du chômage n'est qu'un dommage collatéral issu de l'atteinte de ce but. Ce n'est d'ailleurs pas pour rien qu'un collectif de 82 économistes a lancé un appel « pour sortir de l'impasse économique », publié dans Le Monde du mercredi 10 février 2016. Il s'agit d'économistes d'horizons différents (chercheurs, universitaires, experts, citoyens, etc.) aux quatre coins de la France, dont une bonne part sont membres de l'association *Les Economistes Atterrés* qui a vu le jour en 2010, en réaction à la gestion incohérente de la crise par le gouvernement.

Il est donc inutile de se leurrer, il n'y aura plus rien de comparable aux Trente Glorieuses, et cette croissance que nous promettent sans arrêt les politiciens n'est que la carotte pour faire avancer l'âne... vers le précipice, car le chemin que nous empruntons n'est sans aucun doute ni le bon, ni le meilleur. Depuis plusieurs décennies, les médias et les politiques défendent notre système libéral comme la meilleure voie possible malgré les échecs que nous rencontrons. Pour ma part, je n'ai absolument rien contre le système capitaliste (et je persiste à penser que l'initiative individuelle reste sans aucun doute le plus beau moteur de développement économique), mais il est impératif de lever le voile sur la limite qu'il comporte et les abus qui le déséquilibrent.

## 4.1.  Une économie fondée sur le court terme

> *Une poignée de milliardaires et d'entreprises, non contents d'être infiniment plus riches et plus puissants que tous les autres habitants de la Terre, ont décidé de faire passer leurs bénéfices immédiats avant l'avenir de l'humanité.*
>
> Susan George

Un système capitaliste de type néolibéral : voilà le système qui régit actuellement notre économie. Pour le comprendre de manière simple, il faut remonter aux idées puisées principalement chez deux grands économistes libéraux : Adam Smith (1723-1790) puis Milton Friedman (1912-2006). Leur doctrine (ou du moins ce qu'en ont retenu les économistes d'aujourd'hui) se base sur le postulat que les actions guidées par les intérêts égoïstes des individus contribuent au bien-être collectif. Ils recommandent donc de laisser faire le marché, et qu'ainsi tout ira pour le mieux.[177] Les prix, comme les salaires, se basent sur l'équilibre entre l'offre et la demande. Le marché, marqué par des cycles de récession et de croissance, voit cette dernière assurée par des facteurs tels que l'innovation technologique, les gains de productivité, la découverte de nouvelles ressources ou de nouveaux segments, etc. Selon les théories classiques : à long terme, une fois toutes ces possibilités épuisées, et les gains de productivité étant décroissants, la croissance devient nulle, et l'économie entre en stagnation.

John Maynard Keynes (1883-1946), sans remettre en cause le capitalisme, prônait davantage d'interventionnisme de la part de l'Etat, afin de mieux réguler les dysfonctionnements et de relancer la croissance en période de crise. Mais ses théories n'allaient pas jusqu'au

---

[177] Phénomène connu sous le nom de « main invisible », guidant naturellement le marché vers l'optimum économique.

long terme puisque, selon ses propres mots : « à long terme, nous serons tous morts ».

Le problème du long terme, c'est qu'un individu ne le voit que par rapport à lui-même, un peu comme un futur inaccessible, sans penser une seconde qu'il fait déjà partie du long terme de ses ancêtres. C'est d'ailleurs pourquoi j'ai le regret d'annoncer à Keynes et ses amis que nous sommes en train d'entrer dans ce long terme, que nous ne sommes pas morts, et que le manque de croissance commence à nous poser un véritable problème dans le système économique actuel.

Ces économistes, comme d'ailleurs les individus en général, raisonnent à court et moyen terme, mais rarement au-delà de l'échelle de leur vie. Les hommes, lorsqu'ils acceptent un emploi ou montent une affaire, essaient d'assurer leur survie pour les quelques années à venir ; avec la vieillesse et l'arrivée des enfants, ils raisonnent en décennies et préparent leur retraite, leur succession, mais nos plans vont rarement au-delà. Dans les situations les plus précaires, que ce soit dans le Tiers-monde ou parmi nos sans-abris, on raisonne même rarement au-delà d'un an, on essaie juste de survivre au jour le jour. D'ailleurs, qui ici peut réellement certifier ce qu'il fera et où il sera dans vingt ans ?

Or, à l'échelle de la planète, vingt ans comme cent ans, c'est du très court terme. Il ne faut donc pas se faire d'illusions sur ce point : la somme des intérêts à court terme des individus n'est jamais égale aux intérêts à long terme de l'humanité. Ce défaut du libéralisme n'est pas nouveau et tient d'ailleurs plus à la nature humaine qu'au système en lui-même. Il était invisible (ou presque) tant que nous n'étions qu'une poignée d'individus inoffensifs à exploiter la Terre, mais nous sommes à présent trop nombreux sur la planète pour ignorer l'impact nocif à long terme de nos actes isolés.

Les exemples ne manquent pas, même anciens. Lorsque les Vikings ont commencé à débarquer massivement en Islande durant le Moyen Age, ils se sont mis à couper du bois pour construire leurs maisons et se chauffer. A l'échelle des premiers arrivants, il n'y avait rien de plus rationnel. Mais au final, deux siècles après, ils avaient décimé toute la forêt islandaise ! Résultat : le pays est devenu l'un des plus pauvres d'Europe jusqu'à la Seconde Guerre mondiale et l'entrée en jeu des Etats-Unis. Plus récemment, le phénomène d'extinction des lacs et des cours d'eau, tel qu'énuméré en première partie, en est un autre exemple. Les agriculteurs ont tout pompé pour leur profit immédiat, et se trouvent maintenant au milieu de déserts, alors que le désastre étant pourtant largement prévisible… La voici la principale limite au « laisser-faire » de notre système libéral qui affecte l'ensemble de nos ressources en matière d'eau, de pêche, de terres rares, etc. Mais cela ne concerne pas que notre environnement ; notre tissu socio-économique est également visé.

On retrouve en effet cette même logique dans la sphère financière où les objectifs de rentabilité à court terme des actionnaires sont opposés aux objectifs de bien-être à long terme des parents responsables. Comme nous avons pu le voir avec l'influence du lobbying, nous sommes pourtant dirigés par les premiers et non par les seconds.

Les actionnaires d'aujourd'hui recherchent des profits toujours plus hauts et toujours plus immédiats, sans se soucier de compromettre la pérennité de l'entreprise dans laquelle ils ont soi-disant investi. Nous sommes passés, en quelques décennies, des actionnaires-rentiers, attachés à faire fructifier leur investissement, aux actionnaires-spéculateurs, à la recherche des meilleurs coups en bourse.

> Dans les années 60 à la Bourse de New York, un investisseur détenait dans son portefeuille une action pendant sept ans. Fin des années 2000, c'était sept mois. Le nombre de transactions quotidiennes explose. La Bourse devient un casino et l'entreprise un objet de spéculation comme les autres pour des «investisseurs» qui achètent et vendent des actions sans se soucier du projet d'entreprise qu'il y a derrière. L'horizon de court terme de placement des actionnaires devient incompatible avec l'horizon de l'entreprise. Or, dans cette dernière, c'est bien le temps long qui compte. L'acte d'investissement productif y est souvent irréversible. Cela nécessite un engagement irréconciliable avec la recherche permanente de liquidités propre aux marchés. Progressivement, on a assisté à une mise au pas

de l'entreprise par la finance grâce au pouvoir même de ces liquidités, incarné par les gérants de fonds.[178]

Les pires décisions, en effet, sont parfois prises pour gonfler le cours des actions ou assurer d'importants dividendes, comme en témoigne par exemple la décision d'Airbus, prise fin 2016, de se séparer de son centre de Recherche et Développement de Suresnes (500 personnes) afin d'assurer aux actionnaires les 10% de dividendes promis, alors même que les dividendes avaient doublé entre 2012 et 2015 et que le groupe affiche un carnet de commandes record pour la décennie à venir[179]. Même logique désastreuse du côté des laboratoires pharmaceutiques, qui diminuent leurs investissements de long terme sur la recherche de nouvelles molécules pour les reporter sur les innovations marketing, au bénéfice palpable dans les mois qui suivent mais mortel pour les années à venir.

L'Etat aussi s'y est mis, comme sa décision de renflouer temporairement ses caisses en revendant ses parts dans les autoroutes françaises. Concrètement, en 2005, Dominique de Villepin les a vendues à hauteur de 14,8 milliards d'euros à trois multinationales privées. La première absurdité de cette décision est d'avoir bradé ces autoroutes puisque, selon la Cour des comptes, elles en valaient 10 milliards de plus. La deuxième absurdité est que ces autoroutes commençaient justement à être rentables et que l'Etat s'est donc privé d'une précieuse source de revenus réguliers ; à titre d'exemple, en 2016, elles ont rapporté 4,7 milliards d'euros à leurs actionnaires.[180] Enfin, depuis 2005 les prix des péages n'ont cessé d'augmenter, plus vite que l'inflation, et un avis de l'Autorité de la Concurrence a démontré que cette augmentation avait surtout servi à rémunérer davantage les actionnaires.[181] Nous sommes bien dans une logique de court terme qui a

---

[178] Libération, Interview de Sandra Rigot (économiste et co-auteur de *L'entreprise liquidée* avec Tristan Auvray et Thomas Dallery, Editions Michalon, 2016), 29 avril 2016.

[179] Clotilde Mathieu, *Aéronautique. Le choix du cash peut mener Airbus au crash*, L'Humanité, 13 décembre 2016.

[180] Isabelle Jarjaille, *Services publics délégués au privé : à qui profite le deal ?*, Editions Yves Michel, 2018, p. 55.

[181] *Autoroutes : l'Etat paie l'erreur de Dominique de Villepin*, La Tribune, 22 décembre 2014.

pénalisé l'Etat et les usagers au profit des actionnaires. A savoir si c'est dû au lobbying intense auquel se livrent les grands groupes du secteur du bâtiment et travaux publics, Vinci en tête, ou bien dû à des ententes illicites entre acteurs privés et publics, peu importe ! Le lecteur pourra se faire son opinion en parcourant le livre d'Isabelle Jarjaille cité en référence, mais c'est un phénomène qui revient de plus en plus souvent dans les prises de décision de l'Etat.

Mais revenons aux ressources : en temps normal, leur épuisement ou menace d'épuisement aurait dû créer une pression à la hausse sur les prix des matières premières et agricoles, telle qu'elle aurait entraîné une diminution de la demande (principalement en Occident) et une augmentation des salaires là où elles sont exploitées (principalement dans le tiers-monde). Il en aurait découlé un nouvel équilibre moins gourmand en ressources naturelles et un meilleur partage des richesses. Cela n'a pourtant pas été le cas. Pourquoi ?

C'est là que l'on entre maintenant dans le plus grand défaut non du libéralisme mais de notre système actuel qui, on va le voir, n'est en fait pas si libéral qu'on nous le prétend.

## 4.2.　Un faux libéralisme

*Ceux qui ne bougent pas ne sentent par leurs chaînes.*

Rosa Luxembourg

Si le lecteur peut me pardonner une légère digression avant d'entrer dans le vif du sujet, car il est important de bien comprendre au préalable une notion abordée en sociologie et en économie : celle des « passagers clandestins ».

L'économie de marché est en théorie capable de répondre à tous les besoins, mais il est un domaine où l'égoïsme des individus ne joue clairement pas en sa faveur : celui des « biens publics » (éclairage, voirie, police, hôpitaux, parcs, etc.) où le comportement du « passager clandestin » conduit à imposer une décision collective. Par exemple, une ville souffre d'être quotidiennement plongée dans le noir après les derniers rayons du soleil. Les habitants se réunissent et proposent de financer, sur une base volontaire, un éclairage public. Alors que cette décision serait profitable à tout le monde, il se trouve des individus pour refuser de mettre la main à la poche, car ils savent qu'au final ils profiteront des rues éclairées tout autant que ceux qui auront payé leur part. Afin d'éviter ce comportement de « passager clandestin », les habitants soumettent au vote la proposition et, si elle est adoptée à la majorité, ils imposent son financement à tous les habitants, sans exception. C'est, en quelque sorte, la naissance de l'Etat en tant qu'acteur économique.

On retrouve ce phénomène dans le cadre de la négociation salariale. Lorsque les salariés d'une usine se mettent en avant pour demander des améliorations globales de leurs conditions de travail (réaménagement des horaires, blouses et masques de sécurité, climatisation ou chauffage des locaux, primes diverses, etc.), ils prennent un risque face à l'employeur (licenciement, rétrogradation…) que cherchent à s'épargner les « passagers clandestins » qui voudraient bénéficier des avantages obtenus sans avoir mis leur carrière en jeu. Les syndicats, en présentant leurs revendications comme venant de l'ensemble des salariés et non d'individus isolés, permettent au groupe de s'exprimer d'une seule voix, formant ainsi une parade au phénomène du passager clandestin, au même titre que l'Etat pour les biens publics.

Gardons cela de côté et revenons à présent à notre économie « libérale » mondiale : croissance quasi nulle dans nombre de pays, chômage en expansion, dégradation du pouvoir d'achat, Etats en faillite… : pourquoi notre économie fonctionne-t-elle si mal ? Contre toute attente, je ne vais pas essayer de répondre en opposant des systèmes « alternatifs » plus éthiques, mais en allant dans le sens de nos dirigeants et en reprenant les thèses libérales elles-mêmes.

Dans les théories néolibérales de Friedman, les salaires s'ajustent d'eux-mêmes après accord entre les employeurs et les employés. Mais cela suppose deux libertés : celle pour l'employeur de proposer la rémunération au niveau le plus bas souhaité, et celle pour l'employé de la refuser et de réclamer les hausses nécessaires. Pour un employeur, il est facile de se mettre d'accord tout seul sur la rémunération et les conditions de travail qu'il souhaite accorder à ses salariés. Pour les employés, en revanche, s'agissant d'un ensemble de plusieurs individus, c'est un peu plus compliqué. Les mille salariés d'une usine ne peuvent pas négocier directement un à un avec leur employeur, et ce pour 3 raisons :

- par faute de temps (l'employeur a aussi d'autres choses à faire),
- parce que cela aboutirait à la prise de mesures générales contradictoires (les revendications ne sont pas forcément identiques d'un salarié à l'autre),
- afin d'éviter le phénomène de passager clandestin (qui, comme on l'a vu, est un comportement sociologique inhérent à toute négociation de groupe).

Ils doivent s'organiser, se mettre d'accord entre eux, et se tenir derrière un porte-parole représentant l'ensemble des revendications des salariés : le syndicat. Le dirigeant d'entreprise négocie avec le syndicat de la même manière qu'un employeur négocie avec son employé et, toujours selon les théories néolibérales, cette négociation aboutit au meilleur équilibre possible entre l'offre et la demande de travail.

Le problème, c'est que la première manufacture du monde, la Chine, n'a ratifié aucune des deux conventions fondamentales de l'OIT[182] sur la liberté syndicale et sur les droits d'organisation et de négociation collective (Conventions n°87 et n°98 de l'OIT). Elle n'a pas non plus ratifié les conventions fondamentales n°29 et n°105 sur le travail forcé. De manière générale, dans la plupart des pays en développement, d'Asie, d'Afrique ou d'Amérique du Sud, les porte-parole des salariés sont fréquemment licenciés, et bien souvent le gouvernement recourt à la police, ou à l'armée, lorsque les employés manifestent pour réclamer de meilleures conditions. Les meneurs de ces révoltes sont arrêtés, voire – notamment quand on a affaire à des milices – exécutés ou torturés afin de dissuader les autres employés. Précédemment, nous en avons vu quelques exemples en Afrique, mais nous pouvons citer également d'autres continents :

*Le Cambodge*

> Des policiers cambodgiens ont fait au moins trois morts en ouvrant le feu, ce vendredi à Phnom Penh, sur des ouvriers du secteur de la confection qui manifestaient contre leurs conditions de travail, dernier épisode violent d'une mobilisation qui dure depuis des semaines pour réclamer des augmentations de salaires.
>
> Les tirs ont eu lieu alors que des milliers d'ouvriers bloquaient une route devant leurs usines et que certains manifestants armés de bâtons, de pierres et de cocktails Molotov se sont opposés aux forces de l'ordre. La police militaire a d'abord effectué des tirs de semonce, avant d'ouvrir le feu directement sur les manifestants, selon un photographe de

---

[182] Organisation internationale du Travail, qui a pour principaux objectifs « de promouvoir les droits au travail, d'encourager la création d'emplois décents, de développer la protection sociale et de renforcer le dialogue social dans le domaine du travail ».

l'AFP. « *Trois personnes sont mortes et deux ont été blessées* », a déclaré Chuon Narin, commissaire adjoint de la police de Phnom Penh. La mobilisation des ouvriers du textile, qui coïncide avec des manifestations de l'opposition réclamant le départ du Premier ministre Hun Sen, avait déjà conduit en novembre dernier à la mort d'une femme par balle. « *Cette fois, ils ont utilisé des fusils* », a dénoncé Chan Soveth, du groupe de défense des droits de l'Homme Adhoc, qui était sur place, assurant qu'une dizaine de manifestants avaient été gravement blessés.

Les manifestations du secteur textile, crucial pour l'économie cambodgienne, se sont multipliées ces dernières années pour dénoncer les conditions de travail. Les syndicats se plaignent notamment d'évanouissements collectifs, attribués à la sous-alimentation et au surmenage. L'Organisation internationale du travail (OIT) a souligné récemment que les conditions de travail s'étaient détériorées. Au cœur des revendications de cette dernière mobilisation : le passage à un minimum de 160 dollars par mois en 2014. Il est jusqu'ici de 80 dollars et le gouvernement a promis récemment de le porter à 95 dollars dès avril 2014, ce que les syndicats jugent insuffisant. Le secteur textile emploie quelque 650.000 ouvriers, dont 400.000 pour des sociétés qui travaillent pour des grandes marques internationales.[183]

*La Turquie*

Confronté aux revendications de ses ouvriers dans son usine Oyak, en Turquie, Renault a choisi la voie de la répression. La firme automobile française a annulé les élections syndicales prévues le 29 février, licencié des dizaines d'ouvriers dont plusieurs délégués syndicaux, et appelé la police à la rescousse pour briser leurs manifestations.

L'usine Oyak de Renault, qui affiche une capacité de production de 360 000 véhicules par an, est une joint-venture entre Renault et le fonds de pension de l'armée turque. Située dans la ville de Bursa, elle emploie environ 5000 ouvriers.

Des élections syndicales devaient s'y tenir le 29 février dernier, qui ont été annulées à la dernière minute par la direction de l'usine.

---

[183] L'Humanité, *Cambodge : la répression policière sur les ouvriers du textile fait trois morts*, 3 janvier 2014

Celle-ci a allégué des pressions exercées par le ministère du Travail et de la Sécurité sociale de Turquie. Selon la Confédération syndicale IndustriALL, Renault a annoncé en même temps la mise à pied de dix ouvriers, dont deux représentants du personnel.

En réponse, les ouvriers ont fait grève et bloqué l'usine. Choisissant la manière forte, la direction de Renault a appelé la police pour déloger les manifestants, ce qui a donné lieu à des affrontements et des tirs de gaz lacrymogène. Une vingtaine d'ouvriers ont été arrêtés, et plusieurs dizaines d'autres ont été soit licenciés, soit mis à pied. Effet de cette atmosphère de terreur ? Le travail a repris dans l'usine le 2 mars.[184]

## L'Equateur

En Equateur, lorsque HRW[185] a réalisé son enquête en 2001, du tridemorph, du benomyl, de l'azoxystrobin ou encore du bitertanol étaient régulièrement épandus sur les bananiers. Autant de produits pour lesquels l'Agence américaine de protection de l'environnement préconise au minimum un délai de quatre heures - voire même de vingt-quatre heures pour certains d'entre eux - avant que des travailleurs ne reviennent sur la zone. Une consigne ignorée dans les plantations : quasiment 100 % des salariés interrogés par les enquêteurs d'HRW devaient continuer à travailler pendant l'épandage ! Une fois, « *des choses rouges sont apparues sur ma peau,* leur a raconté Fabiola Cardozo, *elles me démangeaient. Je me suis mise à tousser.* » Pas plus que l'immense majorité de ses collègues, Fabiola n'était équipée de vêtements et d'accessoires de protection. « *Quand l'avion passe, on se couvre la tête avec nos tee-shirts.* » expliquait Enrique Gallana, salarié lui aussi.

Pas d'équipements de protection non plus pour les autres postes de travail, très exposés à la manipulation des pesticides. Et quid des effets à long terme sur la santé humaine ? Les trop rares études tendent à monter une fréquence plus élevée de la stérilité et de certains types de cancer chez les travailleurs de la banane, ainsi que des malformations

---

[184] Observatoires des multinationales, *Libertés syndicales : Renault licencie et appelle la police contre ses travailleurs en Turquie*, Olivier Petitjean, 7 mars 2016
[185] Human Rights Watch (N.d.A.)

congénitales chez leurs enfants. Au fait, lors de l'enquête, Fabiola avait 12 ans et Enrique, 14 ans...

« *Le travail des enfants dans les plantations équatoriennes est largement répandu* », précisaient alors les auteurs de l'enquête d'HRW. Sur les quarante-cinq mineurs interrogés, la plupart avaient commencé à 10 ou 11 ans et travaillaient en moyenne onze heures par jour, pour un salaire moyen de 3,50 dollars, soit 60 % du minimum légal pour un adulte. Tout cela en contradiction avec la loi équatorienne. Mais les autorités du pays ferment les yeux sur les infractions. Même laxisme concernant le respect de la législation sur la liberté syndicale. Qui n'est pourtant pas très protectrice. Par exemple, même si le code du travail garantit aux salariés le droit de s'organiser collectivement, il n'exige pas la réintégration de ceux qui auraient été licenciés en raison de leurs activités syndicales. Et les employeurs en profitent largement.

L'entreprise équatorienne Noboa - dirigée par Álvaro Noboa Pontón, richissime candidat aux dernières élections présidentielles - a ainsi licencié 124 ouvriers coupables d'avoir participé à la grève organisée en février 2002 dans son exploitation de Los Alamos. Seconde grève en mai pour obtenir leur réintégration et réplique musclée : 400 hommes encagoulés et armés font irruption en pleine nuit dans la plantation. Depuis, les personnes licenciées n'ont pas été réembauchées et la direction n'a jamais accepté de négocier un accord salarial. En juin 2003, des employés qui avaient signé une pétition demandant l'ouverture de discussions ont, eux aussi, été virés.[186]

Egypte, en 2011, le « printemps arabe » arrache une victoire en faveur des familles les plus pauvres : le salaire minimum, fixé à 41 euros, va passer à 72 euros par mois. Veolia, la compagnie française de gestion de l'eau et des déchets, juge cette hausse inacceptable pour son activité et porte plainte contre l'Etat égyptien le 25 juin 2012.

Ces recours des multinationales contre les Etats sont de plus en plus utilisés. *Sur les quelque cinq cent cinquante contentieux recensés à travers le monde depuis les années 1950, 80 % ont été déposés entre 2003 et 2012. Pour l'essentiel, ils émanent d'entreprises du Nord — les trois quarts des réclamations traitées par le Cirdi viennent des*

---

[186] Alternatives Economiques, *Une banane au goût amer,* Franck Seuret, janvier 2005

*Etats-Unis et de l'Union européenne — et visent des pays du Sud (57 %
des cas). Les gouvernements qui veulent rompre avec l'orthodoxie
économique, comme ceux de l'Argentine ou du Venezuela, sont particulièrement exposés. [...] En 2004, le groupe américain Cargill a, par
exemple, fait payer 90,7 millions de dollars (66 millions d'euros) au
Mexique, reconnu coupable d'avoir créé une nouvelle taxe sur les sodas. En 2010, la Tampa Electric a obtenu 25 millions de dollars du
Guatemala en s'attaquant à une loi plafonnant les tarifs de l'électricité. Plus récemment, en 2012, le Sri Lanka a été condamné à verser
60 millions de dollars à la Deutsche Bank, en raison de la modifica-
tion d'un contrat pétrolier.* [187]

Les politiciens néolibéraux ont remplacé le principe de « la libre
négociation entre l'employé et l'employeur » par « un salaire toujours
plus bas pour l'employé et une rémunération toujours plus haute pour
l'employeur », ce qui va totalement à l'encontre du libéralisme. Globalement, le schéma est toujours le même dans ces pays. Un salarié va
voir le dirigeant de l'entreprise pour réclamer une augmentation de
salaire : ce dernier le licencie. Les salariés désignent donc un représentant pour négocier collectivement cette augmentation : le dirigeant
le licencie. Les salariés abandonnent donc l'idée de représentant ; ils
se mettent en grève et bloquent l'usine : le dirigeant utilise ses relations et fait intervenir la police. La révolte s'étend alors aux autres
usines, et cette fois c'est l'armée qui intervient.

Les salariés n'ont donc plus qu'une seule solution s'ils veulent voir
leurs revendications aboutir : changer le gouvernement. Mais que ce
passe-t-il quand c'est tout un pays qui est touché par un désir de progrès social, comme ce fut le cas en France en 1936 avec l'élection du
Front Populaire ? Dans ce cas, ce sont les pays occidentaux qui interviennent militairement pour protéger leurs intérêts : ils veillent à ce
que les salaires restent bas et les ressources disponibles. C'est la ré-

---

[187] Le Monde Diplomatique, *Des tribunaux pour détrousser les Etats*, Benoît Bréville et Martine Bulard, juin 2014

ponse à la fameuse question que nous nous posions au chapitre précédent[188], ou encore le corollaire de la doctrine Monroe[189]. Les exemples à ce sujet sont hélas bien trop nombreux pour être détaillés, mais il est vrai que le rapport entre les Etats-Unis et l'Amérique latine est assez emblématique de ce phénomène.

## Le Chili

En 1970, un socialiste (Salvador Allende) est élu démocratiquement à la tête du pays. Parmi ses premières réformes, on retrouve l'augmentation du salaire minimum et la nationalisation des mines de cuivre (elles représentaient alors 80% de l'export et étaient exploitées par des entreprises états-uniennes). Le gouvernement des Etats-Unis va tout d'abord financer une rébellion puis organiser un coup d'état qui placera Augusto Pinochet au pouvoir. Ce dernier va appliquer les réformes « néolibérales » prônées par les Etats-Unis sans aucune liberté pour le peuple : arrestations arbitraires, tortures, exécutions massives, censure de la presse, interdiction des syndicats... Son régime sera parmi les plus sanguinaires d'Amérique latine. Vers la fin de sa vie, Augusto Pinochet sera même poursuivi en justice pour génocide, tortures, terrorisme international et enlèvements, mais il ne sera jamais condamné.

## Le Guatemala

En 1954, lorsque Jacob Arbenz est élu président du Guatemala, le peuple vit dans la misère alors que les grands propriétaires terriens tels que la United Fruit Company (UFCo) se partagent 70% des terres, pour la plupart non utilisées. Arbenz décide de racheter à l'UFCo (pour 3 dollars l'hectare, soit le prix qu'elle avait déclaré au fisc) ses

---

[188] Pourquoi les prix des ressources minières et agricoles n'ont-ils pas explosé face à l'envolée de la demande et la pénurie annoncée ?
[189] Il s'agit d'une interprétation expansionniste de la doctrine Monroe, exposée par le président américain Theodore Roosevelt en 1904, qui justifie les interventions militaires des Etats-Unis à l'étranger quand elles ont pour but de protéger leurs intérêts économiques.

terres non cultivées afin de les redistribuer aux plus pauvres du pays. L'UFCo, qui a fondé sa prospérité sur l'asservissement de la main d'œuvre[190], voit d'un très mauvais œil cette politique sociale qui pourrait affaiblir son rapport de force. Ayant des membres de son comité exécutif siégeant au Congrès des Etats-Unis, elle parvient à obtenir l'aide du gouvernement et de la CIA pour renverser Arbenz. Les Etats-Unis vont alors d'un côté financer une campagne médiatique hostile au gouvernement guatémaltèque, et de l'autre armer une équipe de mercenaires pour mener un coup d'Etat. Devant la progression des mercenaires, Arbenz démissionnera afin d'éviter le pire. Son successeur, le lieutenant-colonel Carlos Castillo Armas, mettra fin à la réforme agraire et à l'expropriation de l'UFCo, interdira les syndicats, les partis politiques et les organisations paysannes, et privera les trois quarts des Guatémaltèques de leur droit électoral en excluant les analphabètes du vote. Pour l'anecdote, l'UFCo existe encore aujourd'hui mais a changé de nom : elle s'appelle désormais Chiquita Brands International, n°1 mondial de la banane.

*Le Salvador*

En 1972, l'Union nationale d'opposition, composée principalement de partis de gauche, remporte les élections mais l'armée reprend immédiatement le pouvoir par un coup d'Etat. Elle va appliquer une politique de répression très dure envers l'opposition, période durant laquelle les inégalités sociales vont continuer à augmenter. Face à l'impossibilité de changer les choses par la voie démocratique, les opposants de gauche choisissent la lutte armée et s'unissent sous le nom de Frente Farabundo Martí de Liberación Nacional (FMLN). De 1980 à 1992, va s'ensuivre une lutte entre le FMLN et la junte militaire en

---

[190] L'UFCo, figure emblématique du néocolonialisme, est à l'origine du Massacre des bananeraies en Colombie en 1928. Dans ce pays, l'UFCO payait ses employés en partie sous forme de bons d'achat valables uniquement dans ses propres magasins (qui étaient plus chers que la moyenne) et les faisait travailler douze heures par jour. Lorsqu'ils se sont révoltés, la compagnie a appelé l'armée à la rescousse, qui a ouvert le feu sur les grévistes, faisant un millier de morts (estimation). Les travailleurs survivants ont été contraints d'accepter une forte réduction de leurs salaires.

place, soutenue ouvertement par les Etats-Unis. Cette dernière va mettre sur pieds des escadrons de la mort qui s'en prendront, par le viol, la torture et le meurtre, aussi bien aux communistes qu'aux religieux, ou à tout autre opposant potentiel. Le journaliste salvadorien Oscar Martinez Penate explique que « chaque jour, au matin, sur les chemins, sur les décharges publiques, on trouve les corps aux yeux crevés, torturés, découpés vivants, décapités, soumis aux plus abominables tourments avant d'être achevés. Des instituteurs sont assassinés simplement parce qu'ils ont rejoint un syndicat. La barbarie est telle qu'un militant n'a plus peur de mourir mais vit dans la hantise d'être capturé vivant.» Les Etats-Unis ne cesseront pourtant pas leur soutien à la junte militaire (à hauteur de 4,6 milliards d'euros au total). L'ambassadrice américaine à l'ONU, Jeane Kirkpatrick, y expliquera que « les intérêts stratégiques des États-Unis au Salvador ont plus d'importance que la violation des droits de l'homme dans ce pays centraméricain. »[191] Cette lutte a fait environ 75 000 morts, où 85 % des assassinats ont été commis par l'armée et les escadrons de la mort, et 5 % par la guérilla d'après un rapport de l'ONU.

*Le Brésil*

Lorsque João Belchior Marques Goulart, dit Jango, est élu président du Brésil en 1961, il entreprend de nombreuses réformes sociales (nationalisations[192], réformes agraires au profit du peuple, loi sur les transferts de bénéfices[193]…) dans la continuité de son précédent poste de ministre du travail, où il avait doublé le salaire minimum. Il ouvre aussi une voie diplomatique et commerciale vers la Chine, l'Europe de l'Est et d'autres pays alliés à l'URSS. Les Etats-Unis, qui voient leurs intérêts menacés par ces réformes et cette ouverture politique à l'Est, vont alors décider d'intervenir. L'administration Johnson va tout

---

[191] Oscar Martinez Penate, *Le Soldat et la guérilla, éditions Syllepse, 2018.*

[192] Souvent au détriment des multinationales états-uniennes qui contrôlaient une grande partie de l'infrastructure économique du Brésil.

[193] *Lei da Remessa de Lucros*, qui limite à 10% du capital investi au Brésil l'envoi annuel de fonds des sociétés étrangères à l'étranger.

d'abord apporter un soutien financier aux opposants de Jango lors des élections municipales de 1962. Ensuite, en 1963, elle va soutenir une campagne de presse anti-Jango, puis en 1964 elle va mettre en place l'opération Brother Sam, visant à soutenir militairement le coup d'Etat contre Jango (en plaçant des navires de guerre au large du Brésil, prêts à intervenir en cas de rébellion des loyalistes). Le maréchal Castelo Branco prend le pouvoir par les armes en avril 1964 (il est immédiatement reconnu par les Etats-Unis) et met en place une dictature très répressive, avec entre autres : suspension de la Constitution de 1946, suppression des libertés individuelles, rétablissement de la peine de mort et mise en place d'un code de procédure pénale militaire qui autorise l'armée et la police à arrêter, puis à emprisonner, hors de tout contrôle judiciaire, tout « suspect ». Au final, plus de 300 opposants politiques ont été assassinés par les forces de l'ordre durant la dictature de Branco, et plusieurs dizaines de milliers d'opposants ont été contraints à l'exil quand ils n'étaient pas emprisonnés et torturés.[194]

*La République dominicaine*

La première intervention militaire états-unienne a eu lieu en 1916. Elle leur a permis de prendre le contrôle de l'administration, des finances et de l'armée, et leur a offert une mainmise sur les recettes douanières du pays (principale source de revenus). Après huit années d'une occupation de plus en plus impopulaire auprès des Dominicains, les militaires états-uniens se retirent et Horacio Vasquez est démocratiquement élu président de la République dominicaine. Après six ans d'un régime d'une relative prospérité et stabilité, il est renversé par un coup d'Etat réalisé par Rafael Trujillo, militaire formé par les Etats-Unis durant leurs huit années d'occupation. Résolument anticommu-

---

[194] Le nombre « relativement faible » de morts s'explique par le fait que le régime de Branco a largement préféré la torture à l'assassinat : des officiers états-uniens, anglais mais aussi français ont formé les tortionnaires brésiliens aux pires méthodes. Pour plus information, lire *Torture in Brazil: A Shocking Report on the Pervasive Use of Torture by Brazilian Military Governments, 1964-1979*, Archiodese of São Paulo, University of Texas Press, 1998.

niste, il a le soutien des Etats-Unis malgré sa politique violente et xénophobe. Durant son règne, il va faire construire des milliers de statues à son effigie, rebaptiser par son nom la plus haute montagne et la capitale du pays, conduire une répression sanguinaire (meurtres, torture, terrorisme…) contre l'opposition, massacrer plus de 30 000 haïtiens et s'accaparer l'économie dominicaine au point de devenir l'un des millionnaires les plus riches de son époque. Mais sa violence va trop loin, et l'assassinat des trois sœurs Mirabal en 1960 le rend définitivement impopulaire auprès de la communauté internationale ; il devient alors un allié gênant pour les Etats-Unis. Avec le soutien de la CIA, il est assassiné en 1961 et de nouvelles élections libres sont organisées en 1962. Au grand désarroi des Etats-Unis, c'est Juan Bosch qui est élu avec 62% des voix. Cet écrivain, intellectuel de gauche et proche de Cuba, proclame une nouvelle constitution qui garantit au peuple des libertés nouvelles, notamment en matière de droit du travail, comme la reconnaissance des syndicats, l'égalité entre homme et femme et la protection des fermiers. Il pose également le principe d'une réforme agraire, légalise le divorce, proclame l'égalité des enfants naturels et légitimes, commence à contrôler les finances et la corruption et annule des contrats avec des compagnies nord-américaines afin de privilégier les intérêts de la République dominicaine. Après seulement sept mois, son régime est renversé par un putsch militaire qui annule une bonne partie de ses réformes et rétablit les structures de répression (on parle de « trujillisme sans Trujillo »). En 1965, la population et des officiers militaires de gauche se rebellent contre cette dictature et tentent de restaurer le gouvernement de Bosch. Les Etats-Unis vont alors intervenir une seconde fois, à la demande des militaires en place, et mettre fin au soulèvement populaire. Ils organiseront ensuite des élections, dont sortira vainqueur Joaquín Balaguer Ricardo, proche collaborateur de Trujillo ayant occupé divers postes de son gouvernement…

Nous pourrions citer une foule d'autres exemples de l'interventionnisme des Etats-Unis : l'invasion éclair de l'île de Grenade en 1983 pour renverser le gouvernement communiste ; la lutte contre la drogue en Colombie qui cache en réalité une lutte contre les opposants au régime ; suite aux réformes socialistes de Daniel Ortega dans les années 1980, l'embargo imposé par les Etats-Unis sur le commerce avec le Nicaragua et le financement d'une rébellion (les Contras), etc. mais le motif est toujours le même. Dès lors qu'un gouvernement d'Amérique latine (ou parfois d'Afrique) réforme son pays en faveur d'un plus juste partage des richesses, les Etats-Unis interviennent et imposent par la force une politique soi-disant néo-libérale. Mais n'est-ce pas contradictoire un libéralisme sans liberté ?

Ce n'est d'ailleurs pas un hasard si la notion d'*extractivisme* est née en Amérique latine. Si à l'origine, le mot désignait le mode de vie reposant sur la chasse et la cueillette de certaines sociétés traditionnelles d'Amazonie, il a pris aujourd'hui un sens bien plus péjoratif. Pour en donner une définition simple : l'extractivisme, c'est l'exploitation intensive des ressources d'un territoire (minières, agricoles, halieutiques, etc.) au mépris des populations qui y vivent. Le mot *mépris* est ici très important : il signifie non seulement que la culture, le patrimoine naturel, le système économique, le tissu social et la dignité humaine des populations de ce territoire ne sont pas respectés, et même le plus souvent détruits, mais en plus qu'elles ne jouissent en rien du fruit de cette extraction. Comme le souligne Anna Bednik, *le principe est le même partout : on y exploite ce qui présente un intérêt économique, puis on s'en va, laissant derrière soi des territoires dévastés.*[195]

Comment cela se traduit-il concrètement ? Dans le cas de l'exploitation minière à grande échelle, pour chaque million de dollars investis sont créés seulement entre 0,5 et 2 emplois directs.[196] Au niveau agricole, l'Amérique latine est le continent le plus inégalitaire du monde où 1 % des exploitations occupe plus de terres productives que les autres 99 %, avec comme cas le plus extrême celui de la Colombie, où

[195] Anna Bednik, *Extractivisme*, Le Passager clandestin, 2019, p. 125
[196] Maristella Svampa, *Las fronteras del neoextractivismo en América Latina*, éditions Calas, 2019, p. 23

près de 70 % des terres productives se concentrent dans 0,4 % des exploitations du pays.[197]

Que ce soit en Amérique du Nord ou du Sud, les nouveaux projets miniers – qui doivent sans cesse trouver de nouvelles sources – empiètent de plus en plus les territoires indigènes. Ces derniers, autrefois laissés à l'abandon par leur gouvernement, ont conservé un mode de vie assez traditionnel basé sur les ressources vivrières locales. Voyant leur survie menacée, ils sont nombreux à résister à l'industrie extractive, mais la répression est terrible. Selon un rapport de l'ONG Global Witness, 83,7% des assassinats de militants écologistes dans le monde se situent en Amérique latine, ce qui est énorme rapporté à sa population. Ce pourcentage représente 760 cas entre 2002 et 2013, et la tendance est malheureusement à la hausse puisqu'on en a dénombré 122 rien que pour 2015.[198] Et pour le seul Pérou en 2016, il y a eu 220 conflits sociaux, dont 68% concernant l'extraction minière.[199] Parmi les victimes de la répression, on peut citer Berta Cacéres, assassinée en 2016 pour s'être opposée à la construction d'un barrage hydroélectrique au Honduras ; José Tendetzae, assassiné en 2014 en Equateur parce qu'il refusait de se faire exproprier de ses terres pour un projet minier ; Godofredo García Baca, assassiné en 2001 à Tambogrande, au Pérou, pour s'être opposé à un projet de mine d'or, d'argent et de cuivre, à ciel ouvert ; le massacre de Tumeremo au Venezuela en 2016, où 28 mineurs ont été assassinés, etc. la liste est très longue…

Certains seraient tout de même tentés de voir l'extractivisme dans les pays pauvres comme une transition douloureuse mais incontournable vers le développement économique, comme ce fut le cas autrefois en France avec nos mines de fer et de charbon. Ils oublient que le fer et le charbon extraits en France profitaient en premier lieu à la France, alors que les matières premières extraites en Amérique latine

---

[197] *Arrachés à leurs terres, pouvoirs et inégalités en Amérique latine*, OXFAM, novembre 2016.
[198] *Ibid.*
[199] Maristella Svampa, *Las fronteras del neoextractivismo en América Latina*, éditions Calas, 2019, p. 48.

(comme en Afrique) sont essentiellement destinées à l'exportation[200] et rapportent peu à leurs Etats. En d'autres termes, l'extraction des matières premières de ces continents nous sert à maintenir notre mode vie au détriment du leur. Les populations indigènes de ces territoires détruits n'ont que faire du tungstène pour nos processeurs, du cuivre pour nos circuits imprimés, du lithium pour nos batteries, du baryum pour nos ordinateurs, du sélénium pour nos imprimantes, etc. autant d'objets qui ne font pas partie de leur quotidien et dont ils ne veulent pas. Pour satisfaire nos besoins, ils se retrouvent avec des nappes phréatiques polluées aux métaux lourds et à l'arsenic, une terre devenue stérile, et une explosion de cancers et de malformations chez leurs nouveau-nés. Quant aux retombées économiques et sociales, elles sont toutes aussi négatives : les projets miniers entrainent l'arrivée d'une énorme masse de population masculine étrangère au terroir, vivant dans la misère et la promiscuité sur un territoire dont on vient de diminuer les ressources, suivie par la mise en place d'un trafic sexuel et d'une criminalité inhérents à ce type de situation. C'est d'ailleurs pour toutes ces raisons que l'Etat du Salvador a interdit les mines de métaux sur son territoire à partir d'avril 2019 ; une loi historique rendue possible par le désengagement récent des Etats-Unis en Amérique latine, qui ouvrira peut-être la voie à d'autres pays.

Pour revenir à ce faux libéralisme, il serait illusoire de croire qu'il ne touche que les pays en développement, et contrairement aux idées reçues, les salariés français sont également victimes d'abus de la part d'entreprises qui bénéficient de l'indulgence de l'Etat. Beaucoup de travaux peu qualifiés et dits « à risque » sont en fait externalisés et réalisés par des intérimaires ou des sous-traitants, permettant à l'entreprise d'afficher des taux d'accidents du travail plus bas que la réalité. Cette attitude est d'autant plus dangereuse que ces employés occasionnels sont moins familiers de l'environnement de travail et des

---

[200] En 2017, les produits primaires représentaient 78,5% des exportations la Colombie, 85,9% des exportations du Chili, 88,6% du Pérou, 88,8% du Paraguay, 93,8% de l'Equateur, 95,2% de la Bolivie... (Anuario Estadístico de América Latina y el Caribe 2018, p. 41).

précautions de sécurité à prendre, ce qui les rend encore plus vulnérables.

Nous pourrions prendre l'exemple de Vincent Gérard, qui a effectué une mission pour la COGEMA (ex-Areva). On lui avait demandé de nettoyer des canalisations internes au fond d'un puits creusé au centre d'un énorme stock de fûts contenant des déchets radioactifs. On ne lui avait donné aucune protection, il était simplement en jean et tee-shirt. A la sortie, le portique de détection signale qu'il irradie. Dans les jours qui suivent, il est pris de saignements, brûlures de l'œsophage et de l'estomac, nausées, intense fatigue... et partagera désormais sa vie entre l'hôpital et son domicile. Michel Leclerc, un autre ouvrier affecté à des missions similaires, apprendra en 1991 qu'il est atteint d'une leucémie myéloïde chronique, et découvrira que son employeur lui avait caché des analyses d'urines qui révélaient un taux élevé d'uranium.[201] Dans l'industrie agroalimentaire cette fois, deux jeunes ouvriers sont affectés en sous-traitance au nettoyage, à la dératisation et à la désinfection des cuves à viande. Ils commencent leur travail à 15h en appliquant le produit qu'on leur a remis, et vont continuer à travailler malgré la puanteur qu'il dégage. Ils sont retrouvés morts trois heures plus tard. En fait, le responsable de l'entreprise n'avait pas pris la peine de leur expliquer qu'il fallait fortement diluer ce produit avant de l'utiliser, et l'étiquetage était entièrement en allemand. En outre, les salariés de l'entreprise, qui ne voient généralement pas d'un bon œil les sous-traitants qui interviennent dans leur usine, ont préféré fuir le lieu de travail, incommodés par l'odeur, plutôt que de les avertir que quelque chose n'allait pas puisqu'elle était inhabituelle.[202] Autre cas emblématique : octobre 1988, une filiale d'Usinor-Sacilor appelle une agence d'intérim pour un travail urgent de « tri de tôles au sol ». Elle y envoie Gaetano, un jeune intérimaire d'une vingtaine d'années. Une fois arrivé sur les lieux, celui-ci se rend compte que la mission n'est pas exactement celle annoncée : il s'agit en fait d'un travail de découpage au chalumeau d'une charpente métallique à une hauteur de neuf

---

[201] John Stauber & Sheldon Rampton, *L'industrie du mensonge*, éditions Agone, 2004, p. 82
[202] Annie Thébaud-Mony, *Travailler peut nuire gravement à votre santé*, Editions La Découverte, 2007, p. 32

mètres. Ce n'est plus un travail de débutant, mais un métier qualifié : celui de chalumiste-monteur. Gaetano essaie d'expliquer au chef « qu'il ne le sent pas » et qu'il n'a jamais réalisé ce type de tâche. Le chef d'équipe lui tend un harnais et insiste. Sous la pression et isolé, Gaetano finit par accepter. Il va couper la tôle, mais en tombant la tôle coupe le harnais et Gaetano chute de neuf mètres de haut. Il a été tué sur le coup.[203] Dans son livre *Travailler peut nuire gravement à votre santé,* Annie Thébaud-Mony nous rappelle que dans la plupart des cas, comme dans celui de Gaetano justement, ces morts restent impunies. La loi française, au contraire de la loi québécoise par exemple, ne reconnaît pas le caractère criminel de ces accidents, qui sont pourtant moins le fruit du hasard que d'une négligence délibérée de la part de l'employeur, alors qu'au fond quelqu'un a bien été tué.

En France, la médecine du travail n'est pas non plus armée pour prévenir des métiers à risque. Les médecins qui dénoncent des environnements dangereux ou anxiogènes sont de plus en plus poursuivis auprès de l'Ordre des médecins par des employeurs qui les accusent d'une mise en lien abusive. Dans la même logique qui veut que, faute de preuve formelle, les médecins n'ont pas le droit de relier le niveau d'exposition aux pesticides sur une commune au taux anormalement élevé de cancer, ils n'ont pas non plus le droit de relier les pathologies de leur patient à leur activité professionnelle. Karine Djemil en a fait les frais :

> Dresser un lien entre la santé dégradée d'un salarié et son environnement professionnel ? Voilà qui peut se révéler périlleux. Le 11 avril [2018], dans le 17e arrondissement parisien, le docteur Karine Djemil passait en appel devant la chambre disciplinaire nationale de l'Ordre des médecins. En première instance, cette médecin du travail a été condamnée à six mois d'interdiction d'exercice. Son forfait : avoir déclaré inapte des salariées, s'estimant victimes de harcèlement moral et sexuel, puis leur avoir fourni une copie de leur dossier médical. Dossier dont elles se sont ensuite servies pour poursuivre leur employeur en justice.

---

[203] Ibid, p. 25.

Elle n'est pas le premier praticien à se retrouver jugée par ses pairs, en raison de plaintes... d'employeurs. Le mécanisme est en effet toujours le même. Un salarié, engagé dans une procédure aux prud'hommes, au pénal, ou devant le tribunal des affaires de sécurité sociale, produit devant les juges des certificats, des études de poste ou des courriers émanant de son médecin du travail, de son généraliste ou de son psychiatre. L'entreprise, pour se dédouaner, saisit alors l'Ordre, au motif que, dans ses écrits, le docteur a établi abusivement le lien entre la pathologie du patient (état de stress sévère, burn-out, dépression...) et son travail.

Le docteur Djemil, mise en cause par deux employeurs différents, essaiera lors de l'audience de prouver qu'elle avait bien les cartes en mains pour établir une corrélation directe entre le "harcèlement" subi au travail par les salariées qu'elle suivait, et leur état de santé gravement dégradé. Il est question de dépressions, de tentatives de suicide, rien de moins. Si elle était en mesure de le faire, c'est parce qu'elle a accompagné ces femmes pendant plusieurs années, explique-t-elle. Parce qu'elle a procédé à des études de poste dans l'entreprise. Parce qu'elle a recueilli, dit-elle, des "récits concordants de maltraitances psychologiques et sexuelles, des tentatives régulières d'embrasser, de toucher les fesses, les seins...". Parce qu'elle a pu lire des SMS avec des propositions sexuelles crues, puis, après le refus des avances, des textos de dénigrement et des reproches sur une supposée incompétence.[204]

Comme on peut le voir, les vraies règles du libéralisme censé régir notre monde ne sont pas respectées : les puissants trichent. Ils empêchent les salariés d'user de leur liberté de négociation. Alors, sommes-nous donc encore dans une « économie capitaliste libérale » ?

Là où il n'y a plus liberté de négocier disparaît le fondement même du libéralisme. Là où il n'y a plus d'augmentation de salaire, il n'y a plus de développement économique, alors que c'est la raison d'être du capitalisme. Là où il n'y a plus qu'un carcan mis en place par les puissants pour protéger leurs intérêts personnels, peut-on encore parler d' « économie » au sens propre du terme, qui est l'art d'administrer efficacement les biens d'un pays ?

---

[204] *Quand les médecins du travail sont sur le banc des accusés*, L'Express Entreprise, 11 avril 2018

Il faut avoir conscience que quand un peuple perd sa liberté de négociation salariale, il n'est pas libre, et le « libre-échange » sert alors de prétexte à la libre exploitation humaine.

Quelle est la conséquence de ce déséquilibre savamment entretenu ?

## 4.3.    Un libre-échange suicidaire

*Ne l'oubliez jamais : celui qui laisse commettre une injustice ouvre la voie à la suivante.*

Willy Brandt

On sait que la France a mis des décennies, voire des siècles, pour mettre en place des règles de protection sociale qui respectent l'individu, et ce au prix de nombreuses batailles ; pourquoi alors balayer tout cela en tolérant l'importation de biens et services qui ne respectent pas ces règles ?

Nos dirigeants d'entreprises nous licencient, et délocalisent leurs usines pour produire en Chine ou au Pakistan des biens qu'ils vont ensuite essayer de nous revendre, à nous chômeurs qu'ils ont laissés sur le carreau. Où est la logique ?

Les Français voient ainsi, dans l'ensemble, leurs revenus baisser et achètent moins (une étude de l'INSEE publiée en novembre 2018 révèle que les ménages français ont perdu en moyenne 500 euros de revenu disponible entre 2008 et 2016). Ces mêmes dirigeants se plaignent alors que c'est la crise en France et que le gouvernement ne fait rien. Plutôt que de revenir produire en France, ils abaissent encore le coût du travail dans le pays de fabrication. La Chine coûte trop cher ? Passons au Viêt-Nam. Le Pakistan aussi ? Passons au Bangladesh.

J'ai travaillé autrefois dans l'électronique, dans une société française qui a déposé le bilan depuis. A l'époque, nous avions vu venir cette fermeture, nos produits étant systématiquement plus chers que ceux qui étaient importés de Chine. Pourquoi ? Parce que là-bas, les ouvriers étaient payés un salaire de misère et travaillaient sans aucune protection. Par exemple, alors que nous utilisions des machines pour les plongées dans des bains d'acides, ils faisaient tout à la main, avec le risque de se prendre des éclaboussures. En outre, nos usines en France devaient disposer de stations d'épuration pour le traitement des eaux usées (chargées en métaux lourds et en acides toxiques), dont le coût dépasse le million d'euros. En Chine, ces eaux usées sont rejetées simplement dans la rivière[205].

Devant une concurrence si déloyale, la solution n'est ni d'abaisser nos salaires ni d'abandonner nos normes environnementales. C'est l'inverse qui doit être imposé : que les ouvriers chinois aient un salaire décent, et que l'on arrête de détruire de manière irréversible l'écosystème de leur pays.

Cela semble si évident à dire… pourtant, dans la plupart des médias, qu'ils soient télévisuels, radios ou de la presse écrite, nos dirigeants d'entreprises et les membres de nos gouvernements tiennent le discours opposé. Le libre-échange est dépeint comme le meilleur modèle possible, et ils veulent que l'on baisse le coût du travail en France. Le baisser, mais jusqu'où ? Jusqu'à quel point un ouvrier français deviendra-t-il aussi bon marché qu'un ouvrier chinois ? Il faut bien comprendre… il *nous* faut bien comprendre, à nous citoyens français, européens, nord-américains, qu'il n'y a pas de finalité dans ce système ! Nous nous sommes battus pour nos droits sociaux pendant des décennies, et maintenant que l'on a presque atteint notre but, la libéralisation des marchés a ouvert une porte sur tout un éventail de pays où l'on peut encore exploiter librement les gens. Il en existe tellement que, même si nous alignions un jour nos salaires et nos conditions de travail sur ceux des Chinois, cela ne suffirait pas car l'on trouverait encore des peuples encore plus misérables à exploiter. Par exemple, depuis quelques années les industriels du textile préfèrent quitter le Bangladesh (qu'ils trouvent désormais trop cher alors que le salaire reste pourtant en dessous de 100 euros par mois) pour l'Ethiopie, dont le salaire mensuel est de 23 euros et ne permet même plus d'assurer la

---

[205] 40 % des rivières chinoises sont gravement polluées et 20 % le sont à un niveau tel que leur eau a été jugée trop toxique pour permettre le moindre contact (Shanghai Daily, 17 février 2012).

survie de l'employé, qui est obligé de trouver une source complémentaire de revenu.

Pour vous donner une idée de ce réservoir : selon le Gobal Slavery Index, il y avait en 2015 environ 45 millions d'esclaves dans le monde, soit presque l'équivalent d'un pays de la taille de la France. A cela, il faut ajouter 300 millions d'enfants qui travaillent[206], dont 85 millions sont contraints à un travail dangereux. Dans bien des pays, les enfants sont devenus les nouveaux esclaves de l'économie : ils sont payés largement en dessous du minimum légal des pays en développement (qui est déjà très bas) voire pas payés du tout quand ils servent de monnaie d'échange contre une dette.

On retrouve une grande partie de ces enfants dans les mines en Afrique, dans les usines d'assemblage en Chine, dans les fabriques textiles en Inde, dans les plantations en Amérique du Sud, dans les briquèteries d'Afghanistan, dans les carrières du Népal, dans les champs de coton d'Ouzbékistan, dans les déchetteries aux Philippines, comme domestiques au Moyen-Orient... La traite des enfants, qui a pris le relais de la traite négrière, concerne selon le BIT[207] 1,2 million d'enfants chaque année. Plus globalement, selon le site slaveryfootprint.org, nous (Occidentaux) avons chacun à notre service une cinquantaine d'esclaves dispatchés un peu partout dans le monde à l'origine de la fabrication de nos produits de consommation (fruits, vêtements, électronique, babioles, etc.).

Bien évidemment, la question éthique se pose mais, au-delà même, comment notre économie espère-t-elle rationnellement s'en sortir en produisant d'un côté et en vendant de l'autre ? Mathématiquement, c'est impossible. Si nos usines partent produire ailleurs ce qu'elles nous vendent, nous ne gagnons plus l'argent qui nous sert à acheter. L'argent, pour créer de la richesse, doit circuler, et dans ce cas de figure il ne circule plus.

---

[206] Bénédicte Manier, *Le travail des enfants dans le monde*, La Découverte, 2011.
[207] Bureau international du Travail, qui est le secrétariat permanent de l'Organisation internationale du Travail.

Certains vont peut-être penser qu'en s'installant à l'étranger nos entreprises enrichissent au moins ces pays ? A quelques exceptions près, ce n'est, hélas ! même pas le cas. Au contraire, elles les appauvrissent encore plus.

Comme on l'a vu plus haut, la répression est telle que les salaires y stagnent, ou augmentent de manière bien trop lente. Par exemple, quand nos usines textiles quittent l'Europe pour s'installer au Bangladesh, pensez-vous que c'est pour vendre des chemises aux enfants bangladais qui travaillent dans leurs usines ? Avec moins de 100 dollars par mois, ils ont à peine de quoi survivre, ces vêtements ne sont pas donc pour eux…Avec ce misérable salaire, ils ne peuvent d'ailleurs même pas investir pour leur avenir (en économisant pour acheter, par exemple, un commerce à leur majorité), et vu qu'ils ne vont pas à l'école ils se condamnent définitivement.[208] Un exemple emblématique est celui des ballons de football produits en Inde. *Sur la base d'une étude conduite à Meerut en 2008, l'ONG Bachpan Bachao Andolan (BBA) estime qu'au moins 5000 enfants cousent encore à domicile des ballons de football, de volley, de basket et de tennis – y compris des articles étiquetés « garanti sans travail des enfants ». Accroupis douze à quinze heures par jour, ils présentent des coupures aux doigts et des douleurs au dos et aux mains. Un enfant qui assemble en moyenne deux ballons par jour est payé 3 à 5 roupies (de 5 à 8 centimes d'euro), alors que le prix de vente d'un ballon en Europe est au moins de 20 euros (soit 400 fois plus).*[209] Comme le souligne les auteurs de l'étude, quand on demande à ces enfants leur rêve pour l'avenir, c'est d'aller à l'école ou simplement de pouvoir jouer avec les ballons qu'ils passent des heures à coudre, mais ces rêves sont hors de leur portée.[210] Ce discours est le même pour tous les enfants d'Afrique qui travaillent pour 1 dollar par jour (voire moins) dans les mines et

---

[208] Et bien plus vite que ce que l'on croit. En 2016, un enfant de 9 ans, ouvrier dans le textile au Bangladesh, est mort de maltraitance de la part de ses superviseurs. Il gagnait 40 dollars par mois. (The New York Times, *9-Year-Old Child Worker Dies in Bangladeshi Textile Mill*, 25 juillet 2016). La mortalité est bien plus élevée chez ces enfants contraints à un travail dangereux que chez ceux allant à l'école.

[209] Bénédicte Manier, *Le travail des enfants dans le monde*, La Découverte, 2011, p. 69.

[210] Sur le site http://www.laborrights.org, Child Labour in Football Stitching Activitity in India.

les plantations. Ce discours est le même pour tous ces adultes qui touchent un salaire si faible qu'ils ne peuvent s'offrir un avenir, ni à eux ni à leurs enfants. Quand le salaire ne permet d'assurer que la survie, il n'y a pas de développement possible.

Mais le salaire n'est pas le seul critère : quand nos multinationales occidentales délocalisent ou sous-traitent, c'est toujours pour payer moins mais aussi pour polluer plus, car bon nombre de ces destinations bon marché sont beaucoup moins regardantes que la nôtre en matière de protection de l'environnement. En Chine, il existe une ville qui s'appelle Xingtai et qui est classée la ville la plus polluée du pays. Il y a des usines à foison, et sûrement le plein-emploi, mais c'est ce qu'on appelle « un village du cancer ». Il y a tellement de fumée qu'on n'y voit pas à plus de cinquante mètres devant soi, ça pue en permanence, les rivières n'ont plus de poisson, les enfants ont des problèmes respiratoires, et leurs parents meurent du cancer avant la retraite. C'est ça, les avantages de notre délocalisation ?

J'invite tous les adultes qui lisent ce livre à se poser cette question : si un jour quelqu'un décidait de doubler vos heures travaillées, de supprimer vos pauses, de supprimer tous vos congés, de retirer tout ce qui peut contribuer à votre confort, de faire fi de toutes les règles élémentaires de sécurité, et qu'enfin il ramenait votre salaire à 2 euros par jour, accepteriez-vous ?

Non ? Alors pourquoi acceptons-nous qu'on le fasse aux autres ? Pourquoi acceptons-nous d'importer des produits qui ne respectent pas ces règles ? En le faisant, on y gagne peut-être à court terme, mais au bout du compte on ruine deux peuples.

Les biens qui sont importés et vendus en France devraient être fabriqués - au minimum - dans les mêmes conditions que nos conditions de travail. Dans ce contexte, plus aucune entreprise n'aurait d'intérêt à aller produire à des milliers de kilomètres ce qu'elle peut produire à proximité. Ce n'est pas une entrave au libre-échange, c'est juste y introduire la notion de *respect*, et tous les pays peuvent très volontiers faire de même. Quelle est la valeur ajoutée d'aller produire nos vêtements au Pakistan ou au Pérou alors que nous savions très bien le faire en France ? Quelle est l'utilité de faire parcourir des milliers de kilomètres à une chemise avant de nous la vendre ?

Bien sûr, il existera toujours des échanges internationaux, et il faut qu'ils subsistent : c'est pour chacun un bonheur de pouvoir acheter des produits que l'on ne peut trouver localement : le thé vert de Chine, le cacao d'Afrique, les kimonos en soie du Japon, le sirop d'érable du Canada, le parmesan d'Italie, etc. Les échanges sont riches et beaux quand ils ouvrent à d'autres cultures et savoir-faire, mais cela doit se faire toujours dans le respect de l'individu. Faire parcourir des milliers de kilomètres à nos chaises, nos capuchons de stylo, nos boutons de manchette… n'a aucun intérêt, pollue inutilement la planète, accélère le réchauffement climatique et l'épuisement de nos ressources énergétiques.

En lisant ces lignes, certains peuvent être effrayés par l'idée que des biens produits par les mêmes conditions salariales qu'en France vont coûter plus cher. C'est une fausse idée, pour trois grandes raisons.

La première, c'est évidemment que les entreprises n'ayant plus aucun intérêt à produire à l'étranger reviendraient en France. La baisse du chômage que cela engendrerait entrainerait une baisse des cotisations sociales, une tension à la hausse sur les salaires puis sur la consommation qui se répercuterait *in fine* sur nos salaires. En d'autres termes, l'argent circulerait plus localement, et il n'y aurait plus ce déséquilibre (ceux qui produisent ne sont pas ceux qui consomment et vice-versa) qui affaiblit notre pouvoir d'achat global.

La deuxième raison, c'est que la sandale qui a coûté moins de cinq centimes à produire en Chine n'est pas vendue 15 centimes en France, mais plusieurs euros ; c'est que les smartphones que nous achetons plusieurs centaines d'euros ne coûtent en réalité qu'une poignée d'euros en main-d'œuvre. La différence entre les coûts de production et les prix de vente n'a jamais été aussi énorme, justifiée en grande partie par les dépenses marketing et les marges bénéficiaires. Le MIT[211] a

---

[211] Le Massachusetts Institute of Technology est un institut de recherche de renommée mondiale incluant une université.

publié une étude en juin 2016, dont l'objet était la conséquence d'une relocalisation de la production des iPhones aux Etats-Unis (et non dans les usines Foxconn de Chine). Le surcoût serait de 100 dollars *seulement* par iPhone ! Sachant l'écart entre le prix de vente (plus de 700 dollars) et le coût des composants (moins de 200 dollars), le surplus de 100 dollars pourrait être facilement absorbé par Apple si ses marges se faisaient plus modestes. Du côté des dépenses marketing, même constat. Par exemple, en 2006, la star internationale de la pop, Madonna, dont la fortune est évaluée à 800 millions de dollars, a touché 3 millions de dollars pour apparaître dans des publicités H&M, alors qu'à cette époque les ouvriers qui fabriquaient ces vêtements au Bangladesh ne gagnaient que 35 dollars par mois environ. Si le salaire de l'une avait été reversé à celui des autres, nous n'aurions pas payé beaucoup plus cher nos vêtements et les inégalités se seraient pourtant considérablement réduites.

Il faut savoir qu'en moyenne, un patron d'entreprise gagne 100 à 200 fois le salaire médian des salariés de son entreprise, et sur la terre, 1% des plus riches possèdent plus que les 99% restants. Toute cette fortune s'accumule généralement dans les paradis fiscaux et échappe à l'impôt, il n'y a donc ni recirculation de la monnaie par le biais de la consommation, ni recirculation de la monnaie par le biais des impôts de l'Etat. On est en droit de se poser la question : à partir de quel montant un salaire devient-il disproportionné par rapport à la réalité du travail effectué ? Sachant qu'un ouvrier gagne en général le SMIC, quel est le travail qui justifierait de gagner autant en un mois qu'un ouvrier en une vie ?

Si le salaire d'un patron était plafonné à 20 fois le SMIC, ou à 20 fois le salaire médian des salariés de son entreprise, il existerait toujours des patrons avec des salaires confortables, mais il existerait aussi des salariés avec bien plus de pouvoir d'achat, ou encore des produits nettement moins chers, ou encore des investissements en recherche et développement bien plus importants… En clair, il existe bien des solutions pour augmenter le coût de la main-d'œuvre sans augmenter celui du produit.

La troisième raison enfin réside dans la nécessaire mise en place de vraies normes de qualité des produits. En fait, ce n'est pas tant le prix élevé de nos produits qui nous ruine mais la fréquence à laquelle nous devons les renouveler. Le marketing agressif auquel se livrent nos grandes enseignes nous pousse à renouveler rapidement nos biens de consommation, que ce soit par le biais de l'obsolescence programmée, des effets de mode ou de la course à la dernière innovation technologique, accélérant l'érosion de notre pouvoir d'achat. Il faut casser ce système, en incitant les entreprises à reporter leurs dépenses aliénantes de publicité sur davantage de qualité. Une durée de vie minimum de dix ou vingt ans devrait être garantie pour tous nos produits électroménagers, technologiques et même nos voitures. Notre système de consommation devrait être fondé sur une économie des ressources et non sur leur gaspillage.

Imaginons donc que soit mise en place en France une règlementation reprenant tous les points que l'on vient de voir. Les entreprises des pays étrangers pourront continuer à vendre en France, mais à la condition que les salaires, les conditions de travail et les normes environnementales soient au moins au même niveau qu'en France. Comme précisé, ce n'est pas du protectionnisme, car les règles seront les mêmes pour tout le monde, Français comme étrangers, et ce que souffriront les étrangers à l'import les Français le souffriront à l'export. En outre, il n'y aura pas de taxe à l'entrée. Par contre, les coûts et délais de transport risquent malgré tout de rendre moins compétitifs les produits étrangers. La France étant un marché de 65 millions de consommateurs, il y aura toujours des entreprises pour profiter de l'opportunité, et revenir en France pour y produire et vendre leurs biens. Bien sûr, les biens produits en France seront peut-être un peu plus chers mais, toujours dans le cadre de cette nouvelle règlementation, ils dureront plus longtemps et l'argent de la vente bénéficiera davantage aux salariés. Il y aura donc moins de vente, et donc moins de gaspillage et moins de pression sur les ressources, avec l'émergence de filières locales de recyclage et de réparation, devenues plus rentables, permettant de sortir du cercle jeter-remplacer. Il y a aura aussi moins de transports, car les filières de production redeviendront locales, et donc moins de consommation de pétrole ou d'émission de $CO_2$. Il y a aura bien sûr des sorties d'argent hors du territoire, notamment pour l'achat de matières premières ou de produits à forte valeur ajoutée, mais il y aura aussi des entrées d'argent : la France devenant le premier pays à garantir des produits 100% bios et équitables, ce sera un gain important en terme d'image. Ce modèle d'un monde où l'on achète des produits sains et éthiques, c'est au fond celui auquel tout le monde aspire. Il vaut mieux en assurer la transition tant qu'il nous reste les ressources pour le faire, plutôt que d'attendre stupidement d'avoir épuisé la dernière goutte de pétrole pour réagir. Plus tôt nous l'appliquerons, plus nous aurons une longueur d'avance, et plus les chances de succès seront grandes. Nous serons sûrement suivis, tôt ou tard, par une foule d'autres pays, comme ceux d'Afrique qui souhaitent se sortir de la misère, comme ceux du Pacifique qui veulent freiner le réchauffement climatique, ou comme ceux de l'Europe du Nord qui apprécient davantage de justice sociale.

Pour finir sur ce point, voici une petite anecdote sur un cas survenu en Ontario, un peu différent du sujet car il s'agit là de protectionnisme, mais pas inintéressant malgré tout. En 2009, la province de l'Ontario au Canada faisait face à deux crises majeures. D'une part, son économie avait été affaiblie par les licenciements massifs survenus dans le secteur automobile, secteur qui faisait sa fierté avec Chrysler, Ford et General Motors. D'autre part, un quart de sa production d'électricité provenait encore de centrales à charbon, détériorant fortement la qualité de l'air et coûtant à la population ontarienne environ 4,4 milliards de dollars par an en matière de dommages sur la santé, l'environnement et les finances.[212] Le gouvernement de la province décida alors d'adopter une « Loi sur l'énergie verte » visant l'arrêt définitif des centrales à charbon en 2014, par le moyen de subventions aux énergies renouvelables (éoliennes et solaires) à condition que la part de la main-

---

[212] *Élimination du charbon pour purifier l'air en Ontario*, Ontario News, 25 novembre 2013.

d'œuvre locale dans les produits achetés soit de 40% à 60%. Cette mesure fut un franc succès puisque toutes les centrales à charbon fermeront et que, de par la multitude de fabricants venus s'installer dans la province, 31 000 emplois furent créés de 2009 à 2014[213], puisant essentiellement parmi les licenciés du secteur automobile. L'économie de l'Ontario a en effet été prise dans un cercle vertueux : les usines qui s'implantent enrichissent les communes, qui disposent alors de fonds pour de nouvelles subventions, ce qui contribue à maintenir l'activité économique et ainsi de suite. Mais l'Union européenne et le Japon ont porté plainte auprès de l'OMC contre le gouvernement de l'Ontario pour sa politique préférentielle. L'OMC, dont le rôle n'est ni de lutter contre le réchauffement climatique ni de s'assurer que les objectifs de réduction de 20% des gaz à effet de serre puissent être atteints, a alors déclaré ces subventions illégales car elles constituaient une discrimination envers les producteurs étrangers. La conséquence de cette décision aura été le départ des fabricants installés, puis la baisse des recettes pour les communes, et enfin l'arrêt des projets énergétiques. En 2018, la Loi sur l'énergie verte a été abrogée et la totalité des projets énergétiques ont été annulés.

En bref, combien de morts, d'enfants maltraités, d'employés abusés et de rivières polluées faudra-t-il avant que les accords de libre-échange imposent le respect des droits humains et environnementaux ?

Il reste encore un dernier point qui empêche notre économie de « tourner rond », mais de par l'ampleur de ses causes et de ses conséquences, il mérite à lui seul un chapitre entier.

---

[213] Naomi Klein, *Tout peut changer*, Actes Sud, 2015, p. 116

# 5.    Le drame de l'évasion fiscale

*[...] Tous les citoyens devraient s'intéresser sérieu-*
*sement à l'argent, à sa mesure, aux faits et aux évolu-*
*tions qui l'entourent. Ceux qui en détiennent beaucoup*
*n'oublient jamais de défendre leurs intérêts. Le refus de*
*compter fait rarement le jeu des plus pauvres.*

Thomas Piketty

Fermons tout d'abord la parenthèse des faux débats destinés à noyer le poisson et diviser l'opinion publique : on ne parle pas ici des petites tricheries aux impôts des classes moyennes ou modestes qui sont déjà lourdement imposées – on en convient – et qui pèsent si peu dans la balance. On parle ici de l'évasion fiscale venant des million-naires et des milliardaires. Puisque les 1% les plus riches de la planète possèdent plus que les 99% restants, il faut bien admettre que leurs dissimulations au fisc pèsent infiniment plus dans la balance que les nôtres.

Quelles en sont les causes, et quelles en sont les conséquences ? Prendre dix minutes de sa vie pour essayer de les comprendre n'est pas superflu, tant cela a d'impact sur notre destin.

## 5.1. Le financement des partis politiques aux origines de l'évasion fiscale

> Trop fréquemment les hommes politiques ne répondent plus qu'aux seules préférences politiques des plus favorisés, et ce en grande partie parce qu'ils font la course aux dollars et non plus aux voix.
>
> Julia Cagé, Le prix de la démocratie, p. 220

Financer un parti politique ou une campagne électorale peut se faire, aujourd'hui en France, de trois manières légales : le financement public, les dons privés des adhérents et sympathisants, ainsi que les banques.

Mais commençons plutôt par les manières illégales et revenons à De Gaulle en 1960 : lorsqu'il instaure son nouveau système colonial, basé sur le contrôle et le pillage des Etats africains, il en profite pour mettre en place un système de financement de son parti politique. Ce système, piloté par son homme de main Jacques Foccart, est constitué d'un vaste réseau de corruption impliquant chefs d'Etat africains, entreprises publiques et « conseillers » politiques. Après la mort de De Gaulle en 1970, ce système va continuer à alimenter les partis « gaullistes », comme le RPR[214] par exemple puis l'UMP. En 1981, le Parti socialiste (PS) arrive au pouvoir, avec François Mitterrand comme nouveau Président de la République. Ce dernier va bien sûr réclamer sa part et créer son propre réseau, avec à sa tête son fils, Jean-Christophe Mitterrand. En 1995, la droite revient au pouvoir avec Jacques Chirac, et celui-ci réactive les anciens réseaux foccardiens. Mais ce système de financement occulte des partis va être partiellement mis à mal par l'affaire Elf, qui dévoile une partie de cet immense réseau.

---

[214] Rassemblement pour la République, parti de droite créé sous l'impulsion de Jacques Chirac en 1976, qui deviendra l'UMP (Union pour un mouvement populaire) en 2002.

En revenant à la barre, Loïk Le Floch-Prigent semble déterminé. Le président Desplan, dynamique : «*Vous avez déclaré, la semaine dernière, que vous connaissiez une caisse noire destinée aux hommes politiques. Pourriez-vous nous en dire un peu plus... ?*». Le PDG, direct : «*Le système était en place quand je suis arrivé chez Elf. Beaucoup en ont bénéficié. Pendant la campagne électorale, les candidats à la présidence de la République demandaient au secrétaire général du groupe l'enveloppe correspondante.*» Puis il évoque le «RPR», les «socialistes», en expliquant que le président Mitterrand lui avait alors demandé de «*rééquilibrer les choses*» au profit de la gauche. Combien ? demande Michel Desplan. «Environ cinq millions de dollars par an» lâche, hésitant, l'ancien patron. «*Ce chiffre me semble particulièrement faible*, corrige Alfred Sirven, l'éminence grise, *c'est très, très, très, très supérieur.*» Et Le Floch-Prigent de poursuivre sur la répartition des rôles : André Tarallo, le Monsieur Afrique, pour le financement des gaullistes, Alfred Sirven pour les autres. [...] A sa suite, André Tarallo confirme ce fonctionnement, ajoutant benoîtement que «*ce que les hommes politiques africains ont pu faire vis-à-vis de leurs homologues français, c'est leur affaire*» Sous-entendu explicitement formulé quelques instants après : «*par exemple, par l'intermédiaire de la Fiba (Ndlr : la banque d'Elf), il y a eu à Paris des sommes importantes à la disposition d'hommes politiques africains, avec des retours français*». En clair : les guichets étaient généreux et peu regardants.[215]

Mais ne nous leurrons pas ; s'il y a eu quelques légères condamnations, vraiment très peu ont été réellement effectuées, la tradition en France étant que plus les sommes volées sont importantes, plus la peine est réduite. Cette vaste affaire de corruption s'élevant à plusieurs centaines de millions d'euros, la logique a été respectée. Dans cette même logique, ce financement continue. Il n'est même pas besoin d'enquête pour les mettre à jour, il suffit de voir tous les candidats à l'élection présidentielle qui, quelques mois avant leur campagne, se pressent dans des palaces parisiens pour aller « s'entretenir » avec ces dictateurs africains, ou bien les reçoivent en grande pompe à l'Elysée. Aux journalistes, ils affirment ensuite avoir parlé de « développement

---

[215] Extrait tiré des archives de RFI du 04/04/2003 : *L'affaire Elf, le déballage commence*

économique », « d'aide au développement », de « réformes démocratiques », etc. Ne soyons pas dupes, ces face-à-face servent uniquement à s'accorder sur le montant du chèque. Le dernier scandale en date a été le financement libyen de la campagne présidentielle de Nicolas Sarkozy de 2007, année où il a bien sûr été élu.

Mais il n'y a pas que les dictateurs qui mettent la main au portefeuille, les patrons du CAC40 font également preuve de générosité. En effet, l'intérêt pour le dirigeant d'une multinationale, c'est que le gouvernement élu veillera à ce que les décisions politiques aillent dans son sens. C'est-à-dire qu'il fera voter des lois qui prévoient plus de flexibilité sociale, moins d'imposition, et moins de contraintes environnementales. Sous ces conditions, le financement d'une campagne électorale peut devenir très rentable, surtout si vous échappez ensuite à l'impôt grâce à un arrangement spécial du ministère des Finances. C'est ce qui explique l'amitié, parfois décomplexée, entre nos politiciens et certains grands dirigeants d'entreprises qui les invitent sur leur yacht à peine élus.

Or le problème de ces financements, c'est que, même s'ils ne sont plus un secret pour personne (dans leur globalité), ils sont illégaux. Pour ne pas que l'on puisse identifier leur cheminement, il existe un tour de passe-passe bien connu : les paradis fiscaux.

Comment ça se passe ? Les dirigeants et les dictateurs déposent leur argent dans une banque située dans un paradis fiscal. Celui-ci va se mélanger, en toute opacité, à l'argent de la drogue, du trafic d'armes, des activités criminelles en tout genre et, bien sûr, de la fraude fiscale, pour se retrouver, lavé de tout soupçon, dans une succursale française ayant pignon sur rue[216] – dans laquelle se rendra un de nos politiciens « heureux du prêt qui lui a été accordé ».

Ce processus de financement est très grave, car il explique à lui seul l'inertie totale et honteuse de nos gouvernements envers la fraude

---

[216] Environ un tiers des filiales étrangères des banques françaises sont situées dans des paradis fiscaux (www.stopparadisfiscaux.fr).

fiscale. En effet, qui dit « lutter contre la fraude fiscale » dit « lutter contre l'opacité bancaire », et qui dit « lutter contre l'opacité bancaire » dit « mettre à jour ce système de financement occulte ». D'autant que cela gênerait également, bien sûr, les fraudeurs fiscaux, parmi lesquels se trouvent en première ligne nos politiciens et nos dirigeants d'entreprises, qui ne financeront les campagnes électorales que s'ils sont assurés de pouvoir continuer à cacher cet argent.

Ces dirigeants et dictateurs, n'aimant pas prendre de risques, financent à la fois la droite et la gauche ; par rapport à leurs milliards, cela ne leur coûte pas beaucoup plus cher et ils sont sûrs de gagner. Comme l'a si bien dit Le Floch-Prigent lors du procès Elf en 2003 : « L'argent du pétrole est là, il y en a pour tout le monde ». Ce à quoi rajoute André Guelfi : « Si la justice devait mettre en prison tous ceux qui ont touché de l'argent d'Elf, il n'y aurait plus grand monde en France pour former son gouvernement ! ». Comme on l'a vu plus haut en Allemagne, où le financement des partis politiques par les entreprises est légal, les grosses sociétés comme Philip Morris, Volkswagen, BMW, Daimler, etc. financent, au risque de paraitre contradictoire, l'ensemble de l'éventail politique allemand.

Les campagnes et les partis de nos politiciens sont financés par des groupes d'intérêts dont les intérêts n'ont rien à voir avec ceux des Français. Pour s'y retrouver, les politiciens doivent adopter un comportement un peu schizophrène, avec d'une part ce qu'ils nous promettent, et dans ce domaine ils nous en promettent le plus possible pour s'assurer la victoire – car de toute façon ils n'ont pas de compte à nous rendre –, et d'autre part ce qu'ils font réellement. Car les dirigeants, les banquiers, etc. au contraire du peuple, ne se contentent pas de promesses : ils ont investi de l'argent, ils attendent donc un retour sur investissement, et c'est pourquoi nos gouvernements successifs prennent des mesures totalement opposées à notre volonté, à nos intérêts, sans que l'on comprenne cet étrange retournement.

Le plus bel exemple reste cette loi El Khomri, une loi de droite (voire d'extrême droite, car même la droite n'avait osé prendre des mesures si radicales) passée en force par un gouvernement de gauche. Pourquoi ?

Et pourquoi avoir passé une loi aussi impopulaire à un an seulement des prochaines élections ? En apparence, cela tient du suicide électoral... En fait, non ! Voici la réponse à l'énigme de cette étrange loi venue d'ailleurs.

Comme on l'a vu plus haut, depuis l'arrivée au pouvoir de Mitterrand, l'argent d'Elf et de la Françafrique a dû se résoudre à alimenter équitablement les partis de gauche comme de droite. Or la gauche a subi deux revers qui ont affaibli son réseau en Afrique : l'Affaire Elf d'une part, et le départ de François Mitterrand en 1995 d'autre part, dont les réseaux étaient liés à son fils Jean-Christophe (qui se retrouvera ensuite derrière les barreaux en 2000 pour « commerce illicite d'armes, fraude fiscale, abus de biens sociaux, abus de confiance et trafic d'influence »[217]). Sans compter qu'entre 1995 et la victoire de François Hollande en 2012, il s'est passé 17 ans sans parti de gauche au pouvoir, et cette absence n'a fait qu'affaiblir encore plus l'ancien réseau socialiste. Quand François Hollande est arrivé au pouvoir en 2012, il devait donc davantage le financement de sa campagne aux grands patrons libéraux qu'aux présidents dictatoriaux. Quelques années passent dans l'inaction économique absolue, puis se profilent les nouvelles élections 2017 ; et une campagne présidentielle, c'est comme un grand mariage, ça se prépare plus d'un an à l'avance. François Hollande, Manuel Valls et les autres membres du Parti socialiste reviennent donc voir les membres du MEDEF pour obtenir un nouveau financement, mais ils se voient essuyer un refus de leur part, avec en substance ces termes : *votre mandat va bientôt se terminer et vous n'avez rien fait de significatif pour nous ; si vous ne faites toujours rien avant l'échéance de mai 2017, pas question de financer votre prochaine campagne électorale !*

Le PS doit donc faire passer la loi El Khomri coûte que coûte s'il veut obtenir un financement de sa campagne 2017, quitte à utiliser le 49.3 dont ils dénonçaient l'ignominie quand la droite y recourait. Les

---

[217] *Le fils Mitterrand écroué hier soir*, Le Parisien, 22 décembre 2000

grands dirigeants d'entreprises n'ont malgré tout pas aimé ce passage en force pour une loi qui aurait dû être proposée bien plus tôt, et ils sont conscients que par ce biais le PS s'est rendu très impopulaire. Sarkozy ayant aussi de son temps profondément terni l'image de l'UMP, ils n'ont plus d'autre choix que de créer de leurs propres mains un nouveau parti dont ils seront assurés qu'il défendra leurs idées : ce sera celui d'Emmanuel Macron, qui recevra 8 millions d'euros de prêt bancaire pour financer sa campagne électorale.

Passons justement au financement légal des activités politiques, à commencer par les dons privés qui ont l'avantage de pouvoir être analysés en détail, et c'est Julia Cagé qui s'est offert ce plaisir dans son ouvrage *Le prix de la démocratie* publié chez Fayard en août 2018. Voici en substance ce que l'on peut y trouver.

Lors des élections législatives de 2012, les candidats ont dépensé en moyenne 18 000 euros pour leur campagne électorale contre 41 000 euros pour ceux qui ont été élus. Cela signifie noir sur blanc que plus un candidat dispose d'argent pour sa campagne électorale, plus il aura de chance de victoire. Si l'on examine de plus près les dons privés qui composent en partie cet argent, ils proviennent des cotisations des adhérents et des dons de personnes physiques. Julia Cagé a constaté que si en moyenne seulement 0,79% des Français donnent à un parti politique, ils sont en revanche 10% à le faire chez les 0,01% les plus riches[218] ; si la majorité des donateurs offrent moins de 100 euros à leur parti politique, ce montant dépasse en revanche les 6000 euros pour ces 0,01% d'ultra-riches. En d'autres termes, ce sont surtout les très riches qui donnent, et le montant de leurs dons est bien plus élevé que celui des pauvres. Au final, les 10% des Français les plus riches représentent 53% du total des dons.

Et à qui donnent-ils ces plus riches ? Que ce soit en France, dans le reste de l'Europe ou aux Etats-Unis, ils donnent en général aux partis de droite qui promettent aux riches de payer moins d'impôts. La meilleure illustration de ce système est la suivante :

---

[218] Catégorie dont les revenus annuels dépassent 993 000 euros (précision de Julia Cagé)

Si l'on s'arrête par exemple sur la campagne présidentielle d'Emmanuel Macron, que constate-t-on ? Que, si les petits donateurs sont sur l'affiche (30 000 particuliers auraient contribué), c'est bien une poignée de généreux – et riches – mécènes qui ont fait les règles du jeu. [...] seuls 2% des dons seraient supérieurs à 5 000 euros. Sauf que 2% de 30 000 donateurs, cela représente 600 riches mécènes, qui ont donc donné entre 3 et 4,5 millions d'euros. Autrement dit, 2% des donateurs ont apporté entre 40 et 60% des 7,5 millions de dons touchés par le mouvement. [...] On serait également tenté de dire – tout en grinçant des dents – que ces 2% de généreux donateurs en ont eu pour leur argent puisque, pour un coût modique de 2550 euros une fois pris en compte les avantages fiscaux, les 100 Français les plus riches ont obtenu de gagner chacun 1,5 million d'euros par an de réduction d'impôt avec la présidence Macron, et ce dès le premier mois du quinquennat. Soit un retour sur investissement de près de 60 000% pour ceux d'entre eux qui auraient contribué ![219]

D'ailleurs, il a été parallèlement constaté une baisse des dons privés au PS pour la campagne 2017, ce qui tend à confirmer un report des dons sur Emmanuel Macron.

En clair, Julia Cagé, par le biais de l'analyse statistique, arrive aux mêmes conclusions que précédemment, c'est-à-dire un financement des partis politiques par les plus riches qui conduit inévitablement à une fiscalité plus laxiste sur ces derniers.

Le comble dans ce système, c'est que les dons aux partis politiques donnent droit à 66% de réduction fiscale, dont vous ne pouvez bénéficier que si vous payez des impôts. Un pauvre qui donne 100 euros n'aura droit à rien, alors qu'un riche qui donne 7 500 euros (le montant maximum autorisé) obtiendra une réduction d'impôt de 4950 euros (réduction qui constitue donc pour l'Etat un manque à gagner, qui s'est

---

[219] Julia Cagé, *Le prix de la démocratie*, Fayard, 2018, p. 68. A l'échelon national, ce cadeau fiscal est de 1,27 milliards d'euro pour les 0,01% les plus riches, soit 253 800 euros chacun (chiffres fournis par le Laboratoire sur les inégalités mondiales dirigé par Thomas Piketty).

d'ailleurs élevé à un total de 56 millions d'euros[220] pour la période 2013-2016). Si 7500€, c'est moins de 1% du salaire annuel des 0,01% des plus riches, c'est en revanche la moitié du salaire annuel d'une personne au SMIC, et le quart du salaire d'une personne gagnant 2 500 euros par mois. Aucun foyer modeste ne peut sacrifier un quart ou la moitié de son salaire à un parti politique. Autrement dit, l'Etat aide les plus riches à faire élire des partis qui vont œuvrer à faire diminuer ses recettes fiscales.

D'ailleurs, le financement public direct des partis, qui est la troisième source légale de financement de la vie politique, peut – dans sa forme actuelle – favoriser lui aussi la défiscalisation des plus riches dans la mesure où il protège les partis traditionnels (qui sont au pouvoir grâce aux plus riches). En effet, il se base sur les résultats aux élections législatives et le nombre de parlementaires. Or, comme le souligne Julia Cagé, « ce qui pose problème, c'est le fait que ce système ne permet pas l'émergence de nouvelles forces politiques entre deux élections, à moins que celles-ci ne soient en capacité de lever suffisamment de financements privés »[221]. En clair, un mouvement citoyen (comme cela a été le cas avec Nuit debout) qui émerge après une élection et qui n'a pas la capacité de lever des fonds privés, ne pourra bénéficier du financement public et sera donc condamné à disparaître avant la prochaine élection. A l'inverse, quand un mouvement réussit à recourir au financement privé, comme cela a été le cas avec le parti d'Emmanuel Macron, il privilégie forcément ceux qui sont en mesure de le financer significativement, c'est-à-dire les plus riches. Julia Cagé conclut d'ailleurs : « C'est toute l'absurdité du système actuel, qui fonctionne de façon à très largement favoriser les partis en place. D'ailleurs, historiquement, si les noms et les alliances ont changé, la réalité des appareils politiques est restée relativement figée. »[222]

---

[220] *Ibid.* p. 102.
[221] *Ibid.* p. 215.
[222] *Ibid.* p. 216.

On peut d'ailleurs être surpris de constater qu'il existe encore des personnes, en France, qui se demandent s'il faut voter pour les partis traditionnels de droite ou de gauche. Ne comprennent-ils donc pas qu'à *même financement, même politique* ? Dans *La Violence des Riches*, Michel Pinçon et Monique Pinçon-Charlot mettent en lumière les liens plus qu'étroits qui existent entre nos politiciens de droite et de gauche : ils viennent des mêmes quartiers, ont fréquenté les mêmes écoles, sont membres des mêmes clubs, siègent aux mêmes conseils d'administration et rejoignent souvent des gouvernements théoriquement opposés à leur couleur politique. Emmanuel Macron n'a pas caché qu'il était de droite lorsqu'il était au sein du gouvernement soi-disant socialiste de François Hollande, lequel de son côté a d'ailleurs collaboré à 31 ans (sous le pseudonyme de Jean-François Trans) à l'ouvrage *La Gauche bouge* qui témoigne « de son adhésion au libéralisme ».[223] En public, leurs opinions semblent diverger pour nous donner l'impression du choix, alors qu'en réalité elles sont identiques. Un peu comme lorsque l'on veut s'acheter une machine à laver et que l'on hésite entre plusieurs marques, sans savoir qu'elles sont toutes fabriquées par le même groupe.

Que ces personnes cessent d'hésiter : PS, UMP et LREM suivent les mêmes programmes dictés par les mêmes intérêts financiers. Et qu'ils ne s'étonnent pas si quel que soit l'élu, rien ne change et que tout continue comme avant. Eva Joly a malheureusement raison quand elle écrit : « Loin de Paris, j'ai la confirmation que l'élite française n'est qu'un club qui ne fait plus évoluer le monde »[224]. Il faut se rendre à l'évidence : nos dirigeants ont depuis longtemps perdu l'héritage de la Révolution française, et ne sont plus que des pantins dont les plus nantis tirent les ficelles.

---

[223] Michel Pinçon et Monique Pinçon-Charlot, *La violence des riches*, Editions La Découverte, 2013, p. 99.
[224] Eva Joly, *La Force qui nous manque*, Editions Les Arènes, 2007.

## 5.2.  Des conséquences dramatiques

Reproduisant le même schéma qu'en politique, la plupart des gens pensent qu'en économie deux camps s'affrontent : celui de la droite, proche du patronat, du libéralisme et partisan de la relance par l'investissement, et celui de la gauche, proche des salariés, de l'interventionnisme étatique et partisan de la relance par la consommation. Au risque d'en surprendre certains, cette vision des choses est légèrement erronée, car en réalité l'économie ne dépend pas d'opinions comme en politique. En effet, l'économie est une science moins abstraite que ce que l'on croit : elle est aussi précise qu'un bilan comptable et aussi implacable qu'une équation à résoudre. Ce qui fait sa vitalité, son sang, c'est la circulation et la recirculation de la monnaie. Cette circulation s'inscrit dans un cycle, et la seule chose que nous, citoyens, pouvons faire est de s'assurer que ce cycle n'est pas rompu. Or ce n'est plus le cas aujourd'hui. On a tendance à représenter l'économie comme une pyramide, avec les consommateurs à la base, les salariés au milieu, et les dirigeants et actionnaires au sommet. Cette vision des choses est incomplète, car les bénéfices ont tendance, avec le temps, à s'accumuler au sommet. Pour maintenir le cycle de la circulation de la monnaie, c'est l'impôt qui se charge de redistribuer une partie de l'argent accumulé au sommet vers les consommateurs, via les emplois publics et les allocations diverses. Le problème de notre époque, c'est que cet argent, au lieu d'être redistribué à la base, s'envole de plus en plus vers les paradis fiscaux où il devient inaccessible. Il n'y a plus de recirculation des richesses : le cycle est rompu. La base des consommateurs se rétrécit, ce qui affecte les salaires et les bénéfices, et c'est toute l'économie qui s'enraye. Dans ce cas de figure, il est hypocrite d'utiliser les termes « de gauche » et « de droite » ; il y a tout simplement ceux qui veulent que le cycle fonctionne correctement, et ceux qui cherchent à le détourner pour leur profit personnel et immédiat. Nos gouvernements se sont fait les complices de ces derniers, car pour nos politiciens qui sont les premiers fraudeurs, lutter contre l'évasion fiscale serait se tirer une balle dans le pied ; mais ne pas lutter revient à nous tirer une balle dans la tête.

Il faut savoir que l'évasion fiscale entraîne un manque à gagner annuel pour l'Etat évalué à environ 80 milliards d'euros[225], ce qui est justement le montant de notre déficit public.[226] Au lieu d'aller récupérer l'argent des fraudeurs, ils mettent en place leur fameuse politique dite « d'austérité », qui consiste à baisser les aides sociales, réduire les remboursements des dépenses de santé, repousser l'âge de la retraite, supprimer des postes de fonctionnaires, etc. aggravant plus encore la crise.

Ces mesures, en apparence indolores dans leur mise en œuvre, sont pourtant d'une violence inouïe dans nos vies qui les subissent :

- Quand vous emmenez votre enfant avec une jambe cassée le soir aux urgences, et qu'il ne sera pris en charge que le lendemain car le seul chirurgien de l'hôpital est déjà débordé.

- Quand une affaire en justice met des mois, voire des années, à être jugée faute de magistrats disponibles, ou quand la police vous répond qu'elle n'a personne à vous envoyer pour l'instant car elle manque d'effectifs.

- Quand le matin, en petite section de maternelle, il n'y a personne pour accueillir votre enfant qui pleure parce que la maîtresse en a déjà deux dans les bras et qu'il n'y a qu'une seule ATSEM[227] pour deux classes ;

- Quand des professeurs débordés par des classes surpeuplées se mettent en arrêt pour dépression, et que votre enfant se retrouve sans cours pendant des semaines (ou avec des remplaçants non formés).[228]

---

[225] Et à 1000 milliards d'euros pour l'Europe. Source : *L'évasion fiscale en chiffres* sur www.economie.gouv.fr.
[226] Qui est exactement de -77,4 milliards d'euros en 2015, comme le précise l'Insee dans un communiqué de mars 2016.
[227] Agent Territorial Spécialisé des écoles Maternelles, en charge d'assister le personnel enseignant.
[228] Selon un rapport de la Cour des comptes publié en 2017, les absences des enseignants de l'enseignement public représentaient 13,6 millions de journées en 2014-2015.

- Quand votre train arrive sans arrêt en retard à cause d'incidents techniques divers, car il n'y a pas assez d'argent investi dans l'entretien des voies et des machines.

- Quand vous voyez votre ville tomber en décrépitude, car plus rien n'est rénové ou entretenu, et des cartons de sans-abris apparaître un peu partout car ces gens ont perdu les aides de l'Etat.

- Quand vous attendez depuis deux mois un retour de la CPAM, et qu'on vous dit que c'est le délai normal pour traiter les dossiers à cause du manque de personnel. Etc.

Le 8 novembre 2016, les infirmiers et personnels soignants se sont mis en grève et sont descendus dans la rue pour dénoncer la détérioration de leurs conditions de travail : heures supplémentaires difficilement récupérables, travail en sous-effectif, manque de moyens, surmenage, fatigue qui s'accumule, etc.

Elle est là cette violence qui découle de la baisse des dépenses publiques. Au lieu de s'en prendre aux grévistes, que nos gouvernements présentent souvent comme des gens « qui ne veulent pas travailler », le citoyen – électeur – doit se poser les bonnes questions : comment en sont-ils arrivés là ? Quand sur quatre guichets, il n'y en a qu'un d'ouvert, ce n'est pas parce que les trois autres sont feignants, c'est parce qu'ils sont allés faire derrière le boulot de ceux qui n'ont pas été remplacés.

Tant que nos gouvernements continueront à protéger l'évasion fiscale, les politiques d'austérité continueront, et la misère ne pourra que continuer à s'étendre. C'est le problème « numéro un » de la France, et à vrai dire du monde entier, mais presque personne n'en parle, et surtout pas nos politiciens qui sont les premiers fraudeurs.

Au contraire, durant la campagne présidentielle de 2017, pour résorber les 77 milliards d'euros de déficit public découlant de la fraude fiscale des plus riches, chacun y est allé de sa proposition :

- Mars 2016 : Nicolas Sarkozy veut supprimer 300 000 postes de fonctionnaires pour faire économiser sept milliards d'euros à l'Etat sur cinq ans.[229] Pour rappel, il s'était déjà vanté d'avoir supprimé 150 000 postes de fonctionnaires durant son quinquennat.[230]

---

[229] Le Figaro, 9 mars 2016.
[230] L'Express, 27 octobre 2016.

- Mai 2016 : François Fillon veut lui repasser aux 39 heures pour les fonctionnaires et économiser 500 000 postes dans l'Administration[231]

- Mai 2016 : Alain Juppé veut repousser l'âge légal de la retraite à 65 ans.[232]

Parmi les autres propositions citées sur le site du Figaro pendant la campagne électorale, il y a :

- Supprimer l'ISF et alléger la taxation sur les dividendes et les plus-values des entreprises (Alain Juppé).

- Supprimer toute référence à une durée légale unique du travail en deçà du plafond européen de 48 heures par semaine. (Nathalie Kosciusko-Morizet)

- Réduire les dépenses publiques à 50% du PIB d'ici 2025 (Jean-François Coppé).

Emmanuel Macron, dans son programme mis en ligne en mars 2017[233], a proposé de baisser de 6 points les cotisations sociales employeurs, de passer l'impôt sur les sociétés de 33,3% à 25%, et « d'effectuer 60 milliards d'économies, en responsabilisant les ministres ». Durant son quinquennat, où il a bel et bien supprimé l'ISF et mis en place une baisse progressive de l'impôt sur les sociétés, il a aussi fixé comme objectif la suppression de 120 000 postes de fonctionnaires.[234]

Pour les raisons vues au chapitre précédent, aucun d'entre eux n'a sérieusement proposé de mettre fin à l'évasion fiscale, alors que cette unique mesure aurait pu à elle seule régler tous les problèmes.

Cela va même plus loin : le 15 novembre 2011, Nicolas Sarkozy dans un discours à Bordeaux s'en prend à la fraude à la sécurité sociale, l'invoquant comme la « plus terrible et la plus insidieuse des trahisons », celle qui « mine les fondements de la République sociale ». Dans la foulée, devant les députés, François Fillon se déclare favorable

---

[231] Discours de François Fillon sur l'Europe, Schiltigheim, le 9 mai 2016.

[232] LesEchos.fr, 10 mai 2016.

[233] http://www.en-marche.fr/emmanuel-macron/le-programme.

[234] *L'exécutif confirme la suppression de 120.000 postes de fonctionnaires*, Le Figaro, 30 janvier 2019.

à l'instauration d'un jour de carence maladie pour les fonctionnaires, et d'un quatrième jour pour les salariés du privé (le jour de carence pour les fonctionnaires sera finalement instauré en 2018). On érige le mauvais employé, coupable de se mettre abusivement en arrêt maladie, comme l'ennemi numéro un de notre équilibre budgétaire. On est pourtant loin de la réalité. Selon une étude[235] réalisée quelques mois auparavant, les allocataires fraudeurs ne représentent que 0,2 milliards d'euros (soit 1% de la fraude), quand les employeurs fraudeurs (qui ne versent pas les cotisations patronales) représentent 16 milliards d'euros. Les parlementaires socialistes de Gironde n'ont pas manqué de dénoncer, avant même le discours de Nicolas Sarkozy, « l'évident problème des priorités données par le chef de l'Etat et le gouvernement, ciblant la fraude sociale alors qu'ils demeurent inactifs devant l'évasion fiscale ».[236]

Quant au PS, parmi ses membres candidats aux élections présidentielles de 2017, un seul proposait comme fer de lance de sa campagne de lutter en priorité contre l'évasion fiscale : Gérard Filoche[237]. Il avait bien effectué toutes les démarches nécessaires à sa candidature pour la primaire de gauche, mais la Haute autorité des primaires citoyennes l'a quand même exclu. Notre démocratie est un jeu où les dés sont pipés, où les dirigeants de nos multinationales nous demandent de voter parmi les politiciens qu'ils nous ont soigneusement choisis.

---

[235] Assemblée Nationale, *Rapport d'information sur la lutte contre la fraude sociale*, Mission d'évaluation et de contrôle des lois de financement de la Sécurité sociale, présenté par M. Dominique Tian, enregistré le 29 juin 2011.

[236] *Gironde: les parlementaires PS n'accueilleront pas Sarkozy mardi à Bordeaux*, Le Parisien, 14 novembre 2011.

[237] J'invite le lecteur à visionner l'intervention de Gérard Filoche sur YouTube (mots-clés : Gérard Filoche, fraude fiscale) au sujet de la fraude fiscale ; ça ne dure que 3 minutes et c'est très clairement expliqué.

## 5.3.    Pour en finir avec quelques idées reçues

Ils sont nombreux ceux qui pensent que lutter contre l'évasion fiscale dissuaderait les entreprises de rester en France et nuirait ainsi à l'emploi. C'est un discours qui n'a rien de rationnel et qui ne sert que le point de vue des dirigeants. En effet, les impôts sur les sociétés sont calculés sur les bénéfices de ces dernières : une entreprise qui ne fait pas de bénéfice ne paie pas d'impôts. Or la plupart des grands groupes abusent de ce système par un stratagème simple : composés d'une multitude de filiales, ils font ressortir les bénéfices là où la fiscalité est la plus avantageuse, ou dans une filiale artificiellement en perte, ou encore ils déplacent le siège social dans un paradis fiscal ; et ces millions d'euros épargnés illégitimement, loin d'être réinvestis, vont enrichir encore davantage les comptes déjà chargés de ces dirigeants multimillionnaires.

Prenons le cas de McDonald's : depuis plusieurs années, ce géant états-unien de la restauration rapide n'a pas payé un centime d'impôt en France (et dans la plupart des autres pays d'Europe) grâce à la complicité du Luxembourg et à la mise en place d'un système analogue à celui précisé ci-dessus.[238]

Pourtant, ses concurrents que sont les brasseries, les sandwicheries et les boulangeries françaises, ont payé, eux, des impôts. N'y a-t-il pas eu concurrence déloyale ? N'y a-t-il pas eu un manque à gagner pour des dizaines de milliers de petits commerçants et artisans européens qui paient leurs impôts et se font contrôler à la moindre irrégularité ? Est-il raisonnable de penser que faire payer des impôts à McDonald's

---

[238] LesEchos.fr, 26 mai 2016. Eva Joly a estimé le montant de la fraude fiscale de McDonald's France à 75 millions d'euros par an et – en tant qu'avocate – déposé une plainte pour blanchiment de fraude fiscale en bande organisée. Lors d'une conférence de presse, elle en explique le système : « Le rapport "Unhappy Meal", qui date de février 2015 [un rapport conjoint de syndicats de la fonction publique européenne et américaine], montre comment la galaxie McDonald's Europe s'adonnerait à l'évasion fiscale en faisant remonter ses bénéfices au Luxembourg. McDonald's pratiquerait ainsi une surfacturation des redevances au titre de l'utilisation de la marque. C'est une forme de fausses factures qui permet de faire en sorte que le résultat final, en fin d'année, soit négatif ou à peine bénéficiaire. »

l'aurait réellement fait partir de notre continent ? L'exemption d'impôts dont bénéficient les grands groupes transforme négativement la société, car elle convertit des emplois valorisants (être propriétaire de sa boutique/de sa brasserie) en emplois moins gratifiants où l'on devient un simple salarié interchangeable et peu payé. Elle prive aussi tout un continent de sa diversité : dans toutes les régions d'Europe, que ce soit en Lorraine, en Toscane, en Bavière ou en Andalousie, on remplace des petits commerces censés refléter la culture et la personnalité de leur propriétaire par des chaînes de restauration standardisées, où le produit est le même partout. Où que l'on aille aujourd'hui, les petits commerces locaux sont de plus en plus remplacés par de grandes chaînes, que ce soit en librairie, en bijouterie, en chocolaterie, etc. et ce phénomène d'uniformisation est largement favorisé par l'optimisation fiscale dont peuvent bénéficier ces grands groupes. Un autre exemple emblématique est celui de Starbucks, une chaîne états-unienne de cafétérias, qui n'a pas payé un seul centime d'impôts depuis son implantation en France en 2004 malgré un chiffre d'affaires de 95 millions d'Euros en 2015. Comment est-ce possible ? Starbucks US plombe les comptes de sa filiale française en lui faisant payer (entre autres) des royalties énormes sur *la marque, le logo, le business plan, les recettes de cuisine, l'ameublement, l'agencement des magasins et même « l'atmosphère dégagée par les magasins ».*[239] Là encore, ce sont des milliers de petits cafés qui se retrouvent mis en difficulté par la concurrence déloyale d'une multinationale.

De manière générale, pour un pays, accepter que des multinationales s'installent sans payer d'impôt, c'est aussi absurde que, pour une entreprise, accepter un client qui ne paierait pas ses factures. A terme, on se retrouve avec un Etat ruiné. Si au contraire la loi était respectée, non seulement cela n'aurait pas dissuadé ces géants de venir s'installer – et le cas échéant d'autres entrepreneurs auraient pris leur place, c'est une des vertus du capitalisme –, mais en plus nos comptes publics auraient été positifs, avec tous les avantages qui en découlent.

---

[239] *Starbucks ne paye toujours pas d'impôts en France*, www.bfmtv.com, 16/11/2018.

Hélas ! nos gouvernements ne font rien pour récupérer cet argent... Et que l'on n'attribue pas cette paresse à un manque de solutions, car il s'agit bel et bien d'un manque de volonté ! N'importe quel bon fiscaliste pourra vous parler des nombreux trous dans la raquette législative française, propre à permettre « l'optimisation fiscale » des plus riches. Sans parler du trou dans la raquette européenne, puisque les politiques fiscales ne sont pas harmonisées. A ajouter à cela, les suppressions de poste récurrentes au sein de la Direction générale des Finances Publiques (dont, pour la dernière en date, 2548 emplois en 2016[240]). Sans compter que notre gouvernement préfère envoyer ses fonctionnaires contrôler et redresser des milliers de petits comptes d'artisans, de commerçants, de professions libérales, de PME, etc. alors qu'il lui suffirait de taper parmi les 500 plus grandes fortunes et les 500 plus grandes entreprises de France pour récupérer les neuf dixièmes de l'argent perdu (et les listes se retrouvent dans la plupart des magazines économiques).

Autre exemple emblématique : lorsque Bradley Birkenfeld a dénoncé le système d'évasion fiscale mis en place par la banque suisse UBS aux Etats-Unis, pourquoi la France n'a-t-elle rien fait de son côté ? Elle aurait dû procéder immédiatement à une perquisition auprès du siège en France ! Il est évident que le système avait été mis en place avec la complicité du siège en Suisse et qu'il était donc susceptible de toucher toutes les filiales étrangères. Le Trésor américain a récupéré 780 millions de dollars sous forme d'amende, et en a reversé 104 millions à Birkenfeld à titre de reconnaissance pour les informations livrées. Lorsqu'en France la lanceuse d'alerte Stéphanie Gibaud a, à son tour, dénoncé les pratiques d'UBS[241], elle a permis au Trésor français de dénicher 12 milliards d'euros d'argent caché. Qu'a-t-elle eu à titre de reconnaissance ? Rien... absolument rien ! A l'heure où ces lignes sont écrites, elle vit du RSA, et lutte seule contre les multiples procès

---

[240] *L'avenir s'assombrit pour la DGFiP*, www.unsa-dgfip.org.
[241] Pour connaître son histoire en détail, lire *La femme qui en savait vraiment trop*, Stéphanie Gibaud, Cherche-Midi, 2014.

que lui intente UBS et qui lui coûtent plusieurs dizaines de milliers d'euros, ce qui est une vétille pour cette banque mais une asphyxie financière pour elle. Pourquoi le gouvernement français, au lieu de philosopher sur un statut de lanceur d'alerte quasiment impossible à obtenir (on y reviendra plus loin), ne lui vient-il pas en aide ?

Nos gouvernements successifs non seulement protègent la fraude fiscale, mais l'encouragent même à en juger les révélations du Canard enchaîné du 8 juin 2016 : on apprend que le ministère des Finances a accordé à la première fortune française (Liliane Bettencourt avec 32 milliards d'euros) de payer 0 euro d'ISF en 2015, au lieu de théoriquement 61 millions. Et il y avait 50 noms sur la liste diffusée par le journal ! Le ministre des Finances, Michel Sapin, et Christian Eckert, secrétaire d'Etat au Budget, ont tout de suite réagi et dénoncé dans un communiqué commun « un fait d'une très grande gravité ». Hélas ! ils ne parlaient pas de ce privilège ; ils dénonçaient le fait que « *la divulgation d'informations fiscales nominatives par des personnes qui en sont dépositaires à titre professionnel constitue un délit sanctionné par le Code pénal* ». Et ils ont porté plainte…

Un peu avant, le 15 décembre 2015, alors que les députés avaient adopté des amendements en faveur de mesures destinées à empêcher l'optimisation et la fraude fiscales, par 28 voix contre 24, le secrétaire d'État au Budget (ce même Christian Eckert), demande aussitôt une suspension de séance et réclame une seconde délibération au cours de laquelle il convainc les élus de changer d'avis. La disposition est finalement rejetée par 25 voix contre 21 lors d'un second vote.

Quelques mois plus tard, on apprend le scandale des « Panama papers », qui est une goutte d'eau parmi les 40 000 milliards d'euros échappant à l'impôt dans le monde. Qu'ont fait nos gouvernements européens ? Le 14 avril 2016, le parlement européen vote la directive sur le secret des affaires. Avec cette directive – qui a été élaborée sans consultation publique ni participation avec les ONG – le secret devient la règle, et les libertés, les exceptions. Par exemple, une entreprise pourra cacher ses lieux d'implantation au nom du secret des affaires, ce qui va encore accroître la fraude fiscale. Le procès Luxleaks en est un autre exemple : Antoine Deltour et Raphaël Halet sont deux lanceurs d'alerte qui ont permis, en révélant les pratiques de leur employeur (PricewaterhouseCoopers, dit PwC), de mettre au jour l'évasion fiscale de plusieurs centaines de multinationales (parmi lesquelles Apple, Amazon, Ikea, etc.). La justice luxembourgeoise a confirmé en appel une peine de six mois de prison avec sursis pour Antoine Deltour, et 1 500 euros d'amende pour Raphaël Halet.

L'impact ne se limite pas seulement à l'évasion fiscale mais aussi à sa nature. On constate depuis les années 1980 une tendance des gouvernements occidentaux à taxer de moins en moins les revenus du capital. Or, comme le souligne Thomas Piketty[242], les revenus du capital ont des rendements cinq à dix fois supérieurs aux revenus du travail, ce qui conduit naturellement à ce que les plus nantis – c'est-à-dire ceux qui détiennent le plus de capital (terres, actions, obligations, épargne, biens immobiliers, etc.) – s'enrichissent bien plus rapidement que ceux qui n'ont que le travail – ou presque – comme source de revenus. Cette distorsion entre revenus du capital et revenus du travail est à la base de l'accroissement continu des inégalités sociales. Dans l'histoire de l'Occident, les seules périodes où les inégalités se sont réduites sont précisément celles où le capital était davantage taxé, et c'est ce qui est préconisé de plus en plus aujourd'hui par bon nombre d'économistes pour s'attaquer à la fois aux inégalités sociales et au problème de la dette. Pour Thomas Piketty, cet impôt ne devrait s'appliquer qu'à partir d'un million d'euros de capital, et il souligne d'ailleurs qu'en France, si on prend en compte la totalité des prélèvements obligatoires (incluant la TVA et les niches fiscales par exemple), les 1% les plus aisés sont proportionnellement moins imposés que la classe moyenne (résultant d'autant plus choquant qu'à la date de son étude l'ISF n'avait pas encore été supprimé). Bill Gates fait le même constat dans une note partagée sur son blog le 30 décembre 2019 où – dans un revirement soudain – il appelle à taxer davantage les revenus sur le capital, les successions et les grosses fortunes, déplorant que les inégalités de revenus soient devenues plus marquées qu'il y a cinquante ans.

---

[242] Dans son ouvrage *Le Capital au XXIe siècle*, éditions du Seuil, 2013.

*« J'ai été récompensé de manière disproportionnée pour le travail que j'ai accompli, tandis que beaucoup d'autres qui travaillent tout aussi dur ont du mal à s'en sortir. [...] Nous devrions transférer une plus grande partie de la charge fiscale sur le capital, notamment en augmentant l'impôt sur les gains en capital, probablement au même niveau que les impôts sur le travail. [...] Un système dynastique où vous pouvez transmettre une grande richesse à vos enfants n'est bon pour personne ; la prochaine génération ne se retrouve pas avec la même incitation à travailler dur et à contribuer à l'économie. »[243]*

En France comme ailleurs, les plus riches ont acquis le privilège de ne pratiquement plus payer d'impôts, alors que les classes moyennes ne peuvent y échapper. Au final, nous sommes revenus à une époque antérieure à 1789, où les paysans, commerçants et artisans payaient leurs impôts à une noblesse privilégiée.

---

[243] Note sur https://www.gatesnotes.com/About-Bill-Gates/Year-in-Review-2019, reprise sur le site du Figaro le 3 janvier 2020.

# 6.    Le rôle des banques

*Donnez-moi le contrôle de la monnaie d'une nation et je me moque de qui fait ses lois.*

Citation attribuée à Rothschild Mayer

## 6.1.    L'accroissement de la dette publique

*Quand vous payez vos impôts, ce n'est pas la peine de vous consoler en vous disant que ça va servir pour embaucher des gardiens de prison, pour embaucher des infirmières, faire des routes, des stades, que sais-je... Ça partira en priorité au remboursement de la dette !*

Philippe Séguin, Président de la Cour des comptes (interview sur TV5 monde)


Rompant avec une pratique séculaire, depuis 1973 il est devenu impossible pour la France de recourir à la création monétaire par le biais de sa banque centrale, en lui demandant simplement d'imprimer plus de billets. C'est-à-dire que si les besoins de son économie s'accroissent (par exemple par le biais de l'immigration, de la natalité, du vieillissement de la population, etc.), l'Etat doit emprunter auprès des banques l'argent correspondant, moyennant un remboursement avec intérêts.

L'homme à l'origine de cette loi est Georges Pompidou. Il a tout d'abord été Directeur général à la Banque Rothschild et ensuite président de la République de 1969 à 1974. Comme Vicente Fox, il a continué à servir les intérêts de son ancien employeur durant son mandat présidentiel. En effet, il a fait passer une loi – la loi Pompidou-Giscard, le 3 janvier 1973 – qui limite le recours à la Banque Centrale au profit des banques privées (dont la Banque Rothschild évidemment).

Toutefois, l'interdiction du recours à la création monétaire n'a été officialisée qu'en 1992 par l'article 104 du Traité de Maastricht qui stipule qu'*il est interdit à la BCE et aux banques centrales des États membres, ci-après dénommées "banques centrales nationales", d'accorder des découverts ou tout autre type de crédit aux institutions ou organes de la Communauté, aux administrations centrales, aux autorités régionales ou locales, aux autres autorités publiques, aux autres organismes ou entreprises publics des États membres ; l'acquisition directe, auprès d'eux, par la BCE ou les banques centrales nationales, des instruments de leur dette est également interdite.* Ce qui signifie que si l'Etat doit emprunter de l'argent – pour augmenter sa masse monétaire – il devra forcément le faire via des banques privées, moyennant des taux d'intérêt. Cet article a ensuite été repris dans l'article 123 du Traité de Lisbonne en 2007.

L'objectif de cette mesure était officiellement d'inciter l'Etat à maintenir un budget en équilibre, en vue de l'empêcher de recourir systématiquement à la création de monnaie *ex nihilo*, source d'inflation (voire d'hyperinflation en cas d'abus) et donc d'instabilité monétaire et financière.

Malheureusement, le but recherché n'a pas du tout été atteint puisque le déficit public de la France n'a cessé de se creuser depuis 1975. En 1978, il atteignait 20% du PIB pour un montant de 150 milliards d'euros ; en 2014, il atteint 96% du PIB et dépasse les 2000 milliards d'euros.[244] Ce montant n'est pas surprenant puisque depuis 1975 l'Etat n'a jamais réussi à avoir un budget en équilibre, et donc chaque année le déficit s'ajoute au précédent et ainsi de suite. En d'autres termes, l'Etat souscrit un nouvel emprunt (par l'intermédiaire notamment de ces fameux bons du Trésor) qui s'ajoute aux précédents contractés. Si ceux-ci ne sont pas remboursés du fait de la balance déficitaire, les intérêts liés à ces emprunts, eux, le sont bel et bien. C'est ce qu'on appelle « la charge de la dette », qui fait partie intégrante des postes du budget de l'Etat. Elle s'est élevée en 2015 à 42,14 milliards d'euros[245] et représentait le deuxième poste du budget en termes d'importance, derrière l'enseignement. Le cumul des intérêts de la dette de

---

[244] Synthèse en chiffres et graphiques disponible dans l'article du Figaro du 30 septembre 2015 : *La dette française à 2100 milliards : pourquoi c'est vraiment grave.*

[245] Chiffres officiels disponibles sur le site de l'Agence France Trésor, dont la mission est « de gérer la dette et la trésorerie de l'Etat ». (www.aft.gouv.fr)

l'État depuis 1979 représente quant à lui près de 1400 milliards d'euros.

Si l'on rapporte la charge de la dette au déficit public, cela signifie :
- que sur les 77,4 milliards d'euros de déficit public en 2015, 54% étaient dus au remboursement des intérêts de la dette ;
- que sur 2100 milliards d'euros de dette de l'Etat en 2016, 66% étaient dus au remboursement des intérêts de la dette.

Le comble, c'est que la dette de l'Etat l'oblige à diminuer son aide auprès des collectivités locales, poussant celles-ci à se financer... auprès des banques. Celles-ci ont profité de la situation et proposé aux collectivités des montages financiers basés sur la spéculation, et dont le taux ne pouvait baisser. Au final, des communes et des hôpitaux se sont retrouvés avec des taux d'intérêt avoisinant les 20% et des dettes faramineuses impossibles à rembourser. Un rapport de l'Assemblée nationale de décembre 2011 estime ces emprunts toxiques à hauteur de 13,6 milliards d'euros. Des collectivités locales ont obtenu gain de cause en justice, en invoquant l'absence de taux effectif global (TEG) sur les contrats (ou un TEG erroné), mais l'Etat, qui ne veut en rien assumer la dette des collectivités locales et se place du côté des banques, a déposé en 2014 un projet de loi cherchant à faire valider rétroactivement ces emprunts toxiques au TEG non-conforme.[246]

C'est à partir de là qu'il faut prendre un peu de recul et considérer le mécanisme dans son ensemble. D'un côté, les banques aident à mettre en place des mécanismes d'évasion fiscale, qui grèvent le budget français de 80 milliards d'euros chaque année et entraînent un déficit public équivalent. De l'autre côté, pour rembourser ce déficit, l'Etat s'endette auprès des banques et leur verse chaque année environ 40 milliards d'euros d'intérêts, ce qui alourdit encore plus son déficit.

Imaginons un monde où les banques ne pourraient ni contribuer à l'évasion fiscale, ni bénéficier de la charge de la dette : toutes choses égales par ailleurs, en 2016, au lieu d'avoir une dette de 2100 milliards d'euros, nous aurions un excédent de 1400 milliards d'euros.

---

[246] *Le livre noir des banques*, Attac & Basta!, éditions Les liens qui libèrent, 2015, p. 133.

Comment l'Etat peut-il être dupe de ce double jeu flagrant et nocif de la part des banques ? Certains membres de notre gouvernement touchent-ils personnellement une partie des bénéfices générés par ce cercle vicieux ? Dans *Le livre noir des banques*[247], le chapitre 18 s'intitule « Collusion, pantouflage et consanguinité : La capture des pouvoirs politiques administratifs ». Il dresse sur une vingtaine de pages la liste édifiante de ces personnalités politiques qui ont travaillé – et de manière bien officielle – du côté des banques comme de celui du gouvernement. Il serait long et redondant de tous les citer, mais parmi tous ceux-là on retrouve Nicolas Namias, Mathieu Pigasse, François Villeroy de Galhau, Frédéric Oudéa, Pierre Mariani, Henri de Castries... et bien sûr Emmanuel Macron. D'ailleurs, la banque Rothschild a toujours veillé à avoir un pion au sein du gouvernement français pour protéger ses intérêts : Georges Pompidou (1969-1974), Jean-Charles Naouri (1982-1986), François Pérol (2007- 2009), Emmanuel Macron (2014-...).[248]

La France, n'est pas la seule touchée ; cette collusion d'intérêts existe au sein de toute l'Union européenne :

> Au niveau européen aussi, les résistances sont fortes. Mais quelques avancées sont à noter grâce à l'action des ONG luttant contre les paradis fiscaux. Une directive européenne votée au printemps 2013 impose aux banques, dans la foulée de la loi bancaire française, des obligations du même ordre à partir du 1er janvier 2015. Cela permettrait une plus grande transparence et une meilleure lutte contre l'évasion fiscale. Mais la commission européenne a commandé un audit au cabinet PricewaterhouseCoopers (PwC)[249], pour évaluer, voire réviser le dispositif. « Ce cabinet d'audit a déjà annoncé par le passé son opposition à la publicité de telles informations,

[247] *Ibid.*, p. 35
[248] Détails et liste exhaustive dans *Rothschild, une banque au pouvoir*, de Martine Orange, éditions Albin Michel, 2012.
[249] NDA : Pour rappel, ce cabinet est celui au cœur du scandale du LuxLeaks, concernant l'évasion fiscale de 340 entreprises internationales.

notamment dans le cadre des consultations de l'OCDE, dénonce l'association Oxfam. Comment alors ne pas avoir de sérieux doutes quant aux conclusions du rapport à venir ? Il s'agit d'un cas flagrant de conflit d'intérêts alors que la Commission aurait pu faire cette évaluation elle-même de manière plus indépendante ».[250]

Il faut avoir conscience que lorsque l'Etat français emprunte auprès des banques, une partie des sommes empruntées va *in fine* :
- partir à l'étranger en raison de notre balance commerciale déficitaire (pour information, la balance commerciale française était déficitaire d'environ 50 milliards d'euros en 2015) ;
- monter au sommet de l'échelle sociale, où s'accumulent les bénéfices des grandes entreprises, puis s'envoler vers les paradis fiscaux (80 milliards d'euros par an) ;
- servir au remboursement des intérêts de la dette (environ 40 milliards d'euros par an).

Dans ces conditions, on est en droit de se poser la question suivante : comment l'Etat peut-il rembourser cet emprunt ? Il ne peut pas, et devra donc faire un nouvel emprunt pour rembourser le précédent, d'où l'augmentation perpétuelle de la dette. La dette ne finissant jamais de grimper, la politique d'austérité imposée pour rembourser cette dette ne finira, elle non plus, jamais.

Au grand bonheur des banques, évidemment, qui sont les seules à en tirer profit. Comme on va le voir, il est dommage que ces fortunes qu'elles amassent sur le dos de la dette publique ne leur servent même pas à relancer le secteur privé.

---

[250] *Le livre noir des banques*, Attac & Basta!, éditions Les liens qui libèrent, 2015, p. 228.

## 6.2.    La « financiarisation » de l'économie

*Je pense qu'on a le gros de la crise derrière nous.*

Christine Lagarde, BFM, août 2007

Une des premières grandes crises de l'histoire du capitalisme, qui est aussi la plus absurde, a été celle de 1929. Alors que nous sommes dans une économie en plein essor, avec des ressources suffisantes, une main-d'œuvre abondante et un taux de chômage faible, un vent de panique va s'emparer de Wall Street et faire chuter fortement le cours des actions en une matinée (le fameux Jeudi Noir du 24 octobre). Cette crise boursière va s'amplifier les jours suivants et entraîner avec elle l'effondrement brutal de l'économie des Etats-Unis, avec une production industrielle divisée par deux entre 1929 et 1933 et un taux de chômage multiplié par quatre, pour s'étendre finalement au reste du monde.

A l'origine de cette crise, le *call loan*, une mesure adoptée en 1926 qui permet à des investisseurs d'acheter des titres avec seulement 10% de couverture. Cette facilité boursière entraine une augmentation de la spéculation (entre mars 1926 et octobre 1929, le cours des actions augmente de 120%) mais également une chute de la production industrielle, puisque les capitaux, au lieu de financer l'économie réelle comme autrefois, se détournent vers la spéculation boursière. Les investisseurs s'aperçoivent que l'économie est en train de décliner alors que le cours de leurs actions augmente : c'est la panique, et les premières ventes massives d'actions entraînent l'effet domino que l'on connaît.

Franklin Delano Roosevelt, président des Etats-Unis élu fin 1932, va mettre en place une politique de relance de l'économie appelée « New Deal » ; parmi les premières mesures en place se trouve la séparation entre les banques de dépôt (dont les clients sont des particuliers) et les banques d'affaires (qui financent les entreprises sur le long terme), afin de mettre l'épargne populaire à l'abri des investissements risqués. Une assurance est créée pour garantir les fonds déposés dans les banques, et une commission de surveillance de la bourse doit limiter la spéculation boursière pour éviter le retour d'une crise du type de celle de 1929.

Ce sera effectivement le cas jusqu'en 2008, mais entre-temps le système bancaire aura bénéficié d'une vague de déréglementations visant à lui accorder les mêmes privilèges qu'avant 1929, et bien plus.

En 1966, la loi Debré annule la séparation entre banques de dépôt et banques d'affaires. En 1984, la loi Bérégovoy supprime la spécialisation des banques et ouvre la voie au modèle de banque universelle qui prédomine aujourd'hui. Le 1er novembre 2007 entre en application la directive européenne concernant les marchés d'instruments financiers, qui accroît la concurrence entre les bourses et facilite la spéculation.

Quel est le nouveau paysage financier mondial ? Alors qu'autrefois, les banques servaient avant tout à financer l'économie réelle en prêtant aux particuliers et aux entreprises, l'activité des banques s'est peu à peu décentrée sur les produits dérivés liés à la spéculation. Je recommande la lecture de l'ouvrage *Le livre noir des banques*, publié en 2015 par Attac et Basta! aux éditions Les liens qui libèrent, qui fournit un remarquable travail de synthèse sur le nouveau rôle des banques.

On apprend qu'entre 2000 et 2008, le PIB de l'Union européenne augmente ainsi de 12% tandis que la taille du système bancaire européen croît de 90%. Le total des actifs des banques européennes est passé de 25 000 milliards en 2001 à 43 000 milliards en 2008, soit 350% du PIB de l'Union européenne (400% du PIB national pour les banques françaises). Le montant notionnel des produits dérivés échangés de gré à gré[251] s'élève à 80 000 milliards de dollars en 1998 contre 700 000 milliards de dollars en 2012, soit dix fois le PIB mondial ! Sur ce montant, seulement 7% des transactions concernent des entreprises et des banques, tout le reste n'est que spéculation entre financiers. Au

---

[251] Les produits dérivés échangés de gré à gré sont des contrats passés directement entre l'acheteur et le vendeur pour se prémunir contre les risques d'une transaction financière. Leur nombre potentiellement illimité et en pleine expansion symbolise l'accélération de la spéculation.

final, une banque ne consacre plus que 25% de ses actifs pour des crédits aux ménages et aux entreprises, privant l'économie réelle de 75% du reste.

Si les banques se permettent autant de « jouer » avec l'argent des ménages, c'est parce qu'elles savent qu'elles seront gagnantes quoiqu'il arrive : soit elles gagnent et empochent les plus-values, soit elles perdent et sont renflouées par les Etats, selon le principe du « too big to fail » ou « trop grosses pour faire faillite ». En effet, un an après la nouvelle crise de 2008, le coût total du sauvetage des banques dans le monde s'évalue à 4 400 milliards de dollars selon le FMI. En France, en 2008, l'Etat mobilise 360 milliards d'euros pour aider les banques nationales.

Cet argent est donné aux banques sans contrepartie ou engagement de leur part, et les différents plans de secours n'ont fait qu'accroître les bénéfices des banques et de leurs actionnaires (11 milliards d'euros en France en 2009 et +30% de dividendes pour la Société Générale malgré l'affaire Kerviel) ainsi que leurs activités spéculatives. L'une d'entre elles est la spéculation sur les titres de dette nationale (espagnole, italienne, portugaise…) faisant ainsi grimper leur taux d'intérêt et donc alourdissant encore plus la dette de ces Etats (la différence partant de toute manière dans la poche des banques) déjà empêtrés dans des politiques d'austérité désastreuses. *Une étude de l'agence de notation Fitch montre que les seize grandes banques européennes ont accru leurs encours de prêts aux Etats d'environ 550 milliards d'euros (soit une croissance de 26% de leurs engagements) alors que, dans le même temps, elles réduisaient leurs crédits aux entreprises de 440 milliards d'euros (soit une baisse de 9% de leurs engagements à ce titre) ! Spéculer sur les dettes publiques est bien plus rentable que de financer l'économie.[252]*

Un autre type de spéculation est celle sur les matières premières (pétrole, zinc, charbon, cuivre…) et les denrées alimentaires de base (cacao, café, blé, maïs…). En gros, il s'agit d'acheter par avance d'énormes quantités de matière première, de les mettre en réserve pour faire monter les prix, et de les revendre quand le cours est au plus haut, permettant ainsi à la banque, qui ne détient pourtant aucun mètre carré d'entrepôt, d'empocher une confortable plus-value… au détriment de

---

[252] *Le livre noir des banques*, Attac & Basta!, éditions Les liens qui libèrent, 2015, p. 28.

celui qui achète. Le résultat ? Le prix du blé a doublé entre 2007 et 2008, mais aussi le riz, le soja, le maïs et par répercussion le pain, le lait… ont été également touchés, engendrant des centaines de morts, des famines et des émeutes dans plus d'une trentaine de pays en 2008. *Pendant l'année 2010, il s'échange sur les marchés huit fois la production mondiale de blé, seize fois la production de maïs et 43 fois la production de soja ! Entre 2010 et 2011, le prix du blé augmente de 70% à cause des prévisions de sécheresse, alors que la production mondiale de blé ne baisse que d'un petit 3% ! Une hausse sans commune mesure avec la réalité des stocks.*[253]

Les banques françaises, de par leur taille gigantesque (parmi les trente plus grandes banques mondiales, quatre sont françaises[254]) sont particulièrement aptes à la spéculation. En France, cinq banques (le Crédit Agricole, BNP Paribas, la Société Générale, le groupe BPCE et le Crédit Mutuel) se partagent 85% du marché national et pèsent dans leurs actifs quatre fois le PIB français[255]. Est-ce un avantage ? Dans son article intitulé *Le talon d'Achille des banques française*[256], Christophe Nijdam met évidence le risque que ces mastodontes font courir à l'économie en cas de faillite de l'un d'entre eux, d'autant que leurs activités hors bilan en produits dérivés (qui comptent notamment les opérations spéculatives) représentent 46 fois le PIB français pour les quatre plus grosses d'entre eux. En outre, cette internationalisation et ce décentrage de l'activité sur les produits dérivés les déconnectent complètement de l'économie réelle locale, fragilisant davantage le tissu économique français. A titre de comparaison, l'Allemagne, qui dans ses réglementations n'a pas fait le choix de la concentration bancaire, possède un système bancaire atomisé avec plus de 1 500 banques coopératives de proximité : les *Sparkassen*. Celles-ci sont de tailles trop modestes pour bénéficier d'un réseau international ou spéculer sur les salles de marché, et dépendent donc presque exclusivement du développement de leur économie locale, c'est-à-dire de la

---

[253] *Ibid.* p. 87.
[254] *Ces 30 banques géantes qui peuvent faire «sauter» le système*, le Figaro, 15 février 2016.
[255]*Ibid.* p. 35.
[256] Le Nouvel Economiste, 11 mars 2014.

santé des petites et moyennes entreprises de la région où elles se trouvent. Résultat : alors qu'en France seulement 60% des entreprises obtiennent la totalité du crédit sollicité, ce taux monte à 80% en Allemagne[257], avec comme conséquence un tissu industriel local bien plus dynamique qu'en France.

En bref, l'argent que nos banques auraient dû utiliser pour aider le secteur privé à se développer sert avant tout à la spéculation sur les marchés boursiers. Il y a un manque à gagner pour les entreprises, mais aussi pour les individus. En effet, on aurait tort de considérer ces petits jeux en bourse de la même manière que l'on considère son voisin lorsqu'il va jouer son argent au casino du coin, c'est-à-dire avec une vague indifférence. Si lui joue *son* argent dans un système à circuit fermé, les banques, en revanche, non seulement jouent avec *notre* argent, mais en plus dans une économie ouverte dont nous faisons nous-mêmes partie. Quand des banques gagnent de l'argent en bourse (et elles sont gagnantes la plupart du temps, c'est pour cela qu'elles s'y adonnent autant), ce qu'elles empochent n'est pas sorti de nulle part, et ne vient pas forcément de leurs consœurs moins chanceuses. Ce qu'elles empochent, c'est bien souvent de l'argent prélevé à l'économie réelle, c'est-à-dire *in fine* à notre porte-monnaie, que ce soit à travers l'augmentation du prix des denrées alimentaires et des matières premières, ou encore des biens immobiliers (quand il s'agit de spéculation foncière), ou bien à travers la crise des fonds de pension et des produits d'assurance-vie (crise des *subprimes)*.

La libéralisation bancaire de ces dernières décennies a transformé de manière profonde notre économie, la faisant passer d'une économie fondée sur le travail à une économie fondée sur le capital, d'une économie fondée sur l'investissement durable à une économie basée sur la rentabilité immédiate.

---

[257] *Ibid.* p. 158.

Susan Georges, économiste franco-américaine et Présidente d'honneur d'Attac France, dans son ouvrage intitulé *Les Usurpateurs : comment les entreprises transnationales prennent le pouvoir*, publié chez Seuil en 2014, présente les choses de la façon suivante :

> Dans les années 1970, les salaires représentaient environ 70% du produit intérieur brut (PIB), tandis que les 30% restants rémunéraient le capital sous forme de dividendes, de bénéfices et de rentes. Aujourd'hui, le capital ne draine pas moins de 40% du PIB.
>
> Cette évolution de la répartition des bénéfices entre capital et travail est lourde de conséquences. Si le PIB de l'Europe s'élève à 13 000 milliards d'euros, un recul de 10 points équivaut à un manque à gagner d'environ 1 300 milliards pour les salariés européens. La différence est empochée par le capital. Les grands actionnaires, qui se contentaient naguère de dividendes de 3 ou 4% par an, ne réclament pas moins de 10 à 12% aujourd'hui. La volonté de construire une entreprise solide, saine et durable, bien intégrée dans la communauté, a été remplacée par l'impératif de la « valeur actionnariale ». La plupart des décisions tendent ainsi à encourager les bénéfices à court terme, la liquidation des actifs et les licenciements.
>
> Si les travailleurs avaient conservé ces 10 points de pourcentage du PIB, [...] l'économie réelle bénéficierait de 1 300 milliards d'euros chaque année, dans la mesure où les salaires alimentent la consommation de biens et de services, voire financent les investissements à plus long terme, immobiliers par exemple. [...] On entend souvent que « le travail coûte trop cher ». Ne devrait-on pas en dire autant du capital ?

Toujours selon Susan Georges, dans *Leur crise, nos solutions,* environ 80% de l'investissement dans les pays développés va directement dans les produits financiers, ce qui laisse 20% pour l'économie réelle (celle qui fournit des emplois). D'ailleurs, plus une entreprise licencie, plus la valeur de ses actions grimpe en bourse, car en effet la corrélation est la même pour les dividendes. En 2011 par exemple, le Groupe PSA Peugeot Citroën verse pour 287 millions d'euros de dividendes à ses actionnaires plus un revenu total de 3,2 millions à son

Président Philippe Varin. L'année suivante, celui-ci entame la suppression de 11 200 emplois sur trois ans.[258] Il y a dans ce cas de figure un transfert d'argent des plus pauvres vers les plus riches, mais également une absurdité fondamentale de ce système : si toutes les entreprises licencient leurs salariés pour augmenter les dividendes de leurs actionnaires, qui reste pour acheter les biens produits par l'entreprise ?

C'est peut-être le point le plus étonnant d'entre tous : que ce soit à cause des délocalisations massives ou des décisions actionnariales, aucun de nos dirigeants politiques ne semble s'inquiéter de l'appauvrissement de ceux censés supporter notre système économique par la consommation.

---

[258] *La Violence des riches*, Michel Pinçon et Monique Pinçon-Charlot, Editions La Découverte, 2014.

## 6.3.    L'accroissement des inégalités

*Pendant l'essentiel de l'histoire de l'humanité, le fait majeur est que le taux de rendement du capital a toujours été au moins dix ou vingt fois supérieur au taux de croissance de la production et du revenu.*

Thomas Piketty *in Le capital au XXIᵉ siècle*

*Les pauvres, c'est fait pour être très pauvres, et les riches très riches.*

Don Salluste *in La Folie des Grandeurs*

Ne doutons pas de ce « proverbe » mémorable, lancé par Louis de Funès dans l'un de ses plus grands succès, car il pourrait être celui des banques tant elles contribuent par leur mécanisme à accroître les inégalités sociales.

En premier lieu, cela se fait – comme nous venons de le voir plus haut – à travers l'assistance à l'évasion fiscale. En effet, 600 milliards d'euros se cachent hors de nos frontières pour échapper à l'impôt[259], engendrant un manque à gagner de 80 milliards d'euros par an pour l'Etat français. Au niveau mondial, l'ONG Tax Justice Network évalue les avoirs cachés entre 17 000 et 26 500 milliards de dollars, soit entre un quart et un tiers du PIB mondial. Comme le souligne Thomas Piketty[260], à l'échelle mondiale, la balance des paiements devrait être à zéro. Or elle ne l'est pas, elle est systématiquement négative, c'est qui est théoriquement impossible puisque cela signifierait qu'une partie des actifs terrestres seraient détenus par une autre planète. L'argent caché dans les paradis fiscaux revient bien en France, mais par un autre

---

[259] *Ces 600 milliards qui manquent à la France*, Antoine Peillon, éditions du Seuil, 2012
[260] Thomas Piketty, *Le Capital au XXIe siècle*, éditions du Seuil, 2013.

canal moins officiel, et toujours dans la poche des plus riches. En théorie, cela devrait aboutir à un accroissement des inégalités... et c'est bien ce que l'on constate en pratique, puisque selon l'étude du McKinsey Global Institute intitulée *Plus pauvres que leurs parents ?* publiée en juillet 2016, on y apprend à la page 14 qu'en sept ans, entre 2005 et 2012, les revenus des 10% des Français les plus riches ont augmenté de 10%,[261] tandis que ceux des 10% des Français les plus pauvres baissaient de 20%. Même son de cloche chez Oxfam qui a constaté un accroissement spectaculaire des inégalités au niveau mondial : en 2010, les 388 personnes les plus riches possédaient autant que la moitié de l'humanité la plus pauvre ; en 2015, le patrimoine cumulé des 1 % les plus riches du monde avait dépassé celui des 99 % restants ; en 2017, ils ne sont plus que 8 individus à se partager 50% des richesses mondiales et 82% des richesses créées sont allées au 1% les plus riches. Parallèlement, la fortune des 2000 plus riches milliardaires du monde a progressé de 20% en seulement un an.[262]

Nombre de spécialistes occidentaux avaient été choqués d'apprendre que, durant la grande famine de 1996 en Corée du Nord, les importations de Cognac (considéré comme un produit de luxe) avaient augmenté de 780% par rapport à 1995[263], preuve flagrante que le pouvoir en place (seul habilité à en importer) s'enrichissait aux dépens de son peuple. Les gens ont pourtant été moins choqués quand, pendant les années qui ont suivi la crise de 2009, les automobiles Ferrari ont battu des records de ventes.[264] Idem pour les banques qui ont pu, malgré la crise, verser de confortables dividendes à leurs actionnaires et de faramineux bonus à leurs traders. En 2013, le magazine Challenge annonçait qu'en cette période de crise les 500 plus fortunés de France s'étaient enrichis de 25% en un an, cela va même à 300% pour les 10 premières fortunes. Le 27 juin 2017, ce même magazine annonce que, depuis 1996, le montant des dix plus grandes fortunes de France a été multiplié par 12 alors que le PIB français n'a même pas doublé entretemps. Pire encore : pendant la période de crise des Gilets jaunes sur

---

[261] Voire bien plus en réalité si l'on inclut justement les avoirs dissimulés dans les paradis fiscaux.
[262] Selon une étude d'UBS publiée le vendredi 26 octobre 2018.
[263] François Jean, *Corée du Nord : Un régime de famine*, Esprit, février 1999.
[264] *Les ventes de Ferrari battent des records malgré la crise*, Capital, février 2013.

la baisse du pouvoir d'achat, les plus grandes fortunes françaises se sont enrichies plus vite que le reste du monde, avec une augmentation record de 35% sur les 6 premiers mois de l'année 2019, soit 78 milliards de dollars de plus pour seulement 14 personnes.[265] Même dans les plus grandes périodes de misère, l'argent ne s'en va pas : il se répartit juste différemment des plus pauvres vers les plus riches.

Ce phénomène est d'ailleurs plus structurel qu'il n'y paraît. Une étude de l'OCDE publiée le 15 juin 2018 a mis en évidence les difficultés liées à l'ascension sociale et le fait que les plus riches conservent globalement leur privilège. Par exemple, aux Etats-Unis les grandes écoles sont si chères que les populations les plus modestes ne représentent que 6% de leurs effectifs. Les riches restent en haut de l'échelle tandis que les pauvres y grimpent difficilement. Michel Ruimy, économiste à la Banque de France, résume ce phénomène par cette phrase : *l'ascenseur social n'est pas en panne. Simplement, il ne descend pas jusqu'au rez-de-chaussée.*[266] Et tous ceux qui gagnent moins d'un million d'euros par an se trouvent au rez-de-chaussée.

Où est la justice dans tout ça ?

---

[265] *France's Richest People Get Richer Faster Than Everyone Else*, Bloomberg.com, Alexander Sazonov, 1er juillet 2019
[266] Décryptages sur Atlantico.fr, 16 juin 2018.

# 7.    La justice

*Selon que vous serez puissant ou misérable, les jugements de cour vous rendront blanc ou noir.*

Jean de la Fontaine

Malheureusement, il est devenu aussi difficile de croire en l'impartialité de la justice qu'en l'honnêteté de nos gouvernements. On se souvient de la condamnation de ce sans-abri de 18 ans, condamné par le tribunal de Cahors le 13 mai 2016 à deux mois de prison ferme pour avoir dérobé des pâtes, du riz et une boîte de sardines, alors même que la victime n'avait pas porté plainte. Ou encore celle de ce ressortissant marocain de 22 ans, au casier judiciaire vierge, qui a été condamné à trois mois de prison ferme pour avoir volé un fromage de chèvre.[267] Si on compare ces affaires à l'Affaire Elf, on a en face des hommes qui ont pu détourner des millions sans qu'aucun d'entre eux ne soit réellement inquiété par la justice, comme par exemple Loïk Le Floch-Prigent, le principal responsable de ce détournement de 300 millions d'euros, reconnu coupable mais exempté de prison pour « raisons de santé », comme tant d'autres.

En 2007, Jacques Chirac nomme, contre l'avis du Conseil supérieur de la magistrature, le juge Philippe Courroye au poste de procureur de la République à Nanterre (l'un des plus importants tribunaux

---

[267] *Prison ferme pour avoir volé un fromage*, Le Figaro, 22 novembre 2016.

de France). Celui-ci avait auparavant prononcé un non-lieu dans l'affaire des « frais de bouche »[268] du couple Chirac en 2003. Il récidive en 2010, en prononçant de nouveau un non-lieu dans l'affaire des emplois fictifs de la mairie de Paris. Par la suite, cet « ami »[269] de Nicolas Sarkozy – qui l'avait fait officier de l'Ordre national du mérite le 24 avril 2009 – va protéger le nouveau Président de la République dans l'Affaire Bettencourt[270].

Nommer soi-même son propre juge peut effectivement mettre nos dirigeants au-dessus des lois, mais il est parfois encore plus simple de changer ces dernières en sa propre faveur.

Le 31 août 2007, Nicolas Sarkozy – qui n'a jamais caché sa complicité avec les grosses fortunes du CAC40 – est intervenu devant l'université du MEDEF pour annoncer son intention d'interdire les dénonciations anonymes dans les affaires politico-financières ayant des conséquences pénales et fiscales, avec pour objectif de dépénaliser le droit des affaires et les abus de biens sociaux. Il a réussi puisque le pôle financier de Paris, qui avait ouvert 101 informations judiciaires en 2006, n'en revendiquait plus que 37 en 2010. Il faut se rendre compte de l'ampleur des dégâts : en juin 2012, 82 magistrats ont cosigné une tribune dans laquelle ils s'alarment de l'abandon de la lutte contre la grande délinquance financière. Selon Jacques Gazeaux, vice-président chargé de l'instruction à Nanterre, « il y a une volonté politique de ne pas attaquer les entreprises. Instruire une affaire financière passe pour une atteinte à la liberté d'entreprendre [...] Le nombre d'affaires sur les passations de marché est tombé à zéro. Un policier de l'Office central de répression de la grande délinquance financière me disait qu'il avait transmis une soixantaine de plaintes au parquet, il n'y

---

[268] Selon un rapport officiel de l'Inspection générale de la ville de Paris, 2,1 millions d'euros auraient été dépensés par le couple Chirac pour des frais alimentaires et de réception quand Jacques Chirac était maire de Paris, entre 1987 et 1995. Soit 4000 euros par jour en moyenne.
[269] Voir l'article du Monde du 12 octobre 2012 : *Philippe Courroye : "nos relations [avec M. Sarkozy] ne sont pas amicales, mais personnelles"*.
[270] *Ibid.*

a pas eu une seule ouverture d'information. L'abandon de la politique pénale financière est total ».[271]

Le mieux serait encore d'avoir un contrôle direct sur la justice. C'est ce qu'a fait Manuel Valls, par le biais du décret n° 2016-1675 du 5 décembre 2016, en plaçant la Cour de cassation – la plus haute juridiction française – sous le contrôle direct du gouvernement, alors qu'elle devait rester indépendante du pouvoir exécutif pour garantir son impartialité. Le Conseil d'Etat finira par censurer partiellement le décret et rendre son indépendance à la Cour de cassation en mars 2018, mais cela montre à quel point nos dirigeants politiques ne reculent devant rien pour mettre les tribunaux de leur côté.

Il est d'ailleurs devenu très difficile de dénoncer une injustice, quand on se retrouve à affronter seul les puissantes machineries des institutions ou des multinationales. Karim Ben Ali, l'intérimaire qui avait dénoncé les pratiques illégales d'ArcelorMittal concernant le déversement d'acides usagés au crassier de Marspich, a perdu son emploi (ainsi que ses frères, également employés par des sous-traitants d'ArcelorMittal), a subi des menaces et n'a bénéficié d'aucune protection financière ou policière de l'Etat, et s'est lui-même retrouvé sur le banc des accusés.[272] Il faut rappeler que, face à la précédente déferlante de révélations venues des lanceurs d'alertes (comme Irène Frachon qui a dénoncé le scandale du Médiator, Stéphanie Gibaud qui a dénoncé le système d'évasion fiscale mis en place par UBS France, Nicole Marie Meyer qui a signalé les malversations au sein du ministère des Affaires étrangères, Laura Pfeiffer, une inspectrice du travail qui a mis au jour la complicité entre sa hiérarchie et Téfal, Antoine Deltour qui est l'auteur de la fuite de plusieurs centaines d'accords fiscaux à l'origine du scandale LuxLeaks, etc.), le Sénat a décidé d'y mettre un frein le 3 novembre 2016 en restreignant la définition de lanceur d'alerte avec la loi Sapin 2. Il avait déjà imposé de nombreuses

---

[271] *Lutte contre la corruption : le cri d'alarme de 82 magistrats spécialisés*, Le Monde, 28 juin 2012.

[272] *La vie ruinée de Karim Ben Ali, lanceur d'alerte à ArcelorMittal*, L'Express, 5 mars 2019.

restrictions au statut de lanceur d'alerte en septembre (il doit s'agir d'une personne physique et non morale – donc pas un syndicat – et la personne doit être désintéressée, même si ses allégations sont vraies), mais désormais le lanceur d'alerte ne pourra pas révéler une menace à l'intérêt général (un préjudice potentiel) mais seulement un « préjudice grave » à l'intérêt général (avéré donc). Patrick Thiébart, du cabinet Jeantet, pourtant avocat côté employeurs, s'en est indigné dans des propos repris par l'Express : « cette fois-ci, ils sont vraiment allés trop loin, dénaturant complètement le texte… Pourquoi refuser la protection à des lanceurs d'alerte agissant en amont ? Imaginez, par exemple, un technicien de laboratoire dans une firme pharmaceutique qui aurait connaissance d'une formulation médicamenteuse pouvant causer un grave préjudice en termes de santé publique, concernant des produits en passe d'être mis sur le marché. Il ne pourrait pas bénéficier de la protection s'il décidait l'alerter les autorités sanitaires ! ».

La nature même du parquet pose également problème : en effet, statutairement, les parquets sont liés au ministère de la Justice. En Italie, *a contrario*, la réforme de 1989 a supprimé les juges d'instruction et instauré la totale indépendance des parquets. Résultat : rien ne relie plus la justice au politique. L'enquête sur l'amiante, menée rapidement par une vingtaine de magistrats, d'enquêteurs, d'assistants et d'experts choisis et dirigés par le procureur de Turin, a débouché sur deux procès d'assises, à l'issue desquels les victimes ont été reconnues et indemnisées, et les dirigeants des cinq usines Eternit condamnés à des peines criminelles. En France, les victimes attendent encore un procès concernant les mêmes usines, alors que les faits et les responsabilités sont similaires. C'est cette même indépendance qui a permis à la justice italienne de condamner un ancien ministre de la Santé à cinq ans de prison et 5,2 millions d'euros d'amende pour avoir reçu un pot-de-vin colossal de la part du laboratoire GSK en échange d'un décret rendant obligatoire la vaccination contre l'hépatite B. En

France, comme l'a montré l'affaire du sang contaminé, le non-lieu fait rage…[273]

L'affaire du sang contaminé avait en effet lancé en France ce nouveau concept de la justice : responsable, mais pas coupable. C'est ce qui prévaut en dernier recours lorsque les fautes de nos politiciens ne sont plus maquillables. Le 19 décembre 2016, concernant l'affaire de l'arbitrage favorable à Bernard Tapie dans son litige face au Crédit Lyonnais, arbitrage privé faisant l'objet d'une enquête pénale pour détournement de fonds publics et escroquerie, Christine Lagarde (alors ministre de l'Economie au moment des faits) a été reconnue coupable de négligence par la Cour de Justice de la République… mais dispensée de peine. La somme en jeu dépasse pourtant plus de 400 millions d'euros d'argent public…

Si les médias relaient volontiers ces scandales, il en est bien d'autres qui sont passés sous silence et l'on peut parfois déplorer l'étonnante naïveté – voire la franche partialité – avec laquelle ils couvrent certaines affaires.

---

[273] Michèle Rivasi, Serge Rader et Marie-Odile Bertella-Geffroy, *Le racket des laboratoires pharmaceutiques*, édition Les Petits Matins, 2015, page 204.

# 8.   L'asservissement des médias

*Les journalistes ne croient pas les mensonges des hommes politiques, mais ils les répètent ! C'est pire !*

Coluche

# 8.1.　　La non-indépendance de la presse

Ordinairement, dans une démocratie qui fonctionne, l'évasion fiscale (qui est à l'origine de toute la politique d'austérité européenne) et le pillage de l'Afrique (qui se chiffre en milliards d'euros volés chaque jour aux Africains) devraient régulièrement faire la une de tous les journaux et magazines, tant leur impact sur notre monde est immense. Or ce n'est pas le cas. On est en droit de se demander pourquoi les médias, dont c'est traditionnellement le rôle, ne nous avertissent pas (ou si peu) de ces scandales qui détruisent notre avenir ?

Il faut savoir que les propriétaires de nos titres de presse ne sont issus de milieux ni journalistique ni littéraire ; ce sont essentiellement des dirigeants de grosses entreprises industrielles. Pourquoi donc avoir investi dans un secteur en déclin qui, de plus, n'a rien à voir avec leur cœur de métier ? L'intérêt est que, même si financièrement l'investissement est à perte, contrôler la presse est un des meilleurs moyens de s'assurer la victoire de son favori aux élections présidentielles. Comme par exemple Serge Dassault, producteur d'avions militaires et d'affaires, qui possède avec Lagardère environ 70% des titres imprimés en France, qui entend bien « *faire passer un certain nombre d'idées saines. Par exemple, les idées de gauche sont des idées pas saines. Aujourd'hui, nous sommes en train de crever à cause des idées de gauche qui continuent* ».[274] Ou encore Claude Perdriel, propriétaire

---

[274] *Question directe,* France Inter, 10 décembre 2004.

du groupe de presse Perdriel (*Challenges, Sciences et Avenir, l'Histoire, Le Magazine littéraire…*), qui n'a pas caché son soutien à Emmanuel Macron lors de la campagne présidentielle de 2017[275]. Il a tout fait pour pousser son « favori » durant cette campagne, avec le succès que l'on connaît. Septembre 2016, *Challenges* accorde une pleine couverture à Emmanuel Macron, avec pour titre « *Et si c'était lui…* », et récidive avec deux unes supplémentaires en janvier puis en mars 2017. A la même date, *Sciences et Avenir* consacre une partie de sa couverture à « *Macron, débat avec Reeves, Villani, Kahn, Hermann, Ameisen* ». Le mois suivant, *L'Histoire* publie un hors-série avec « *Macron s'explique* » au sujet de l'Histoire de France. La Société des Journalistes (SDJ) de Challenges n'en peut plus et dénonce, via Acrimed, le parti-pris pro-Macron de leur direction (et Acrimed constatera effectivement qu'aucun autre candidat à la présidentielle n'a pu bénéficier de la couverture médiatique offerte à Macron).

Ce désir de contrôler la presse pour mieux placer ses pions auprès du gouvernement explique cette frénésie de rachats de journaux réalisée par les grands hommes d'affaires. Au total, ils ne sont qu'une petite douzaine à se partager plus de 90% des médias français (radios, quotidiens, magazines, télévision) : Martin Bouygues, Xavier Niel, Serge Dassault, Bernard Arnault, Vincent Bolloré, Pierre Bergé, Patrick Drahi, Claude Perdriel, François Pinault, Matthieu Pigasse et Arnaud Lagardère. A eux seuls, ils détiennent Le Nouvel Observateur, le Figaro, Libération, L'Express, Le Monde, Télérama, Courrier international, Midi libre, le Parisien, les Echos, Challenges… plus des dizaines de titres de presse régionale, plus des chaînes de télé, des radios, etc.

Enoncer une information à laquelle tout le monde peut avoir accès (comme la dernière provocation publique d'un politicien), ou qui n'ap-

---

[275] Comme en témoigne son interview par Léa Salamé sur France Inter le 17 octobre 2016.

porte rien de concret à la société (comme la dernière bévue de la starlette à la mode), n'est pas du journalisme mais du racolage : on écrit juste pour attirer les lecteurs vers les publicités. La « vraie » mission du journaliste, c'est de dévoiler une information importante à laquelle personne n'aurait eu accès – ou difficilement - sans son travail, qu'il s'agisse d'un travail d'investigation, d'analyse ou de décryptage. Ce travail s'accompagne souvent d'une prise de risque pour le journaliste ou le journal en question. Dans *Les nouveaux chiens de garde*[276], Serge Halimi définit ainsi la mission du journaliste : rendre intéressant ce qui est important, et non pas important ce qui est intéressant.

Tous ces journaux qui défendent une ligne éditoriale de type néolibéral proche du pouvoir en place[277], et qui veillent en premier lieu à défendre les intérêts de leurs actionnaires et de leurs annonceurs, ne constituent pas une presse réellement indépendante. C'est d'ailleurs la raison pour laquelle les grosses révélations se cantonnent désormais à deux principaux journaux : *Le Canard enchaîné* et, dans une moindre mesure, *Mediapart* ; ce sont les seuls à pratiquer encore du journalisme d'investigation indépendant. En termes d'indépendance éditoriale, on peut également rajouter *La Croix*, *L'Humanité*, et des journaux en ligne tels que *Bastamag*, *Reporterre*, etc.

Ce qui reste le plus grave dans cette histoire, c'est que les multinationales ne se contentent pas seulement de contrôler une partie de la presse : ils veillent aussi à museler l'autre partie. Vincent Bolloré a intenté successivement deux procès à des médias : l'un à l'encontre de France Inter qui avait fait un reportage dénonçant l'exploitation de la misère en Afrique, l'autre à l'encontre de Bastamag qui avait écrit un article sur l'accaparement des terres en Afrique et en Asie (des paysans cambodgiens ont d'ailleurs porté plainte en juillet 2015 contre le groupe Bolloré devant le Tribunal de grande instance de Nanterre pour violation des droits de l'Homme et du droit de l'environnement. Au Sierra Leone, six leaders de communautés locales en conflit avec la

---

[276] Serge Halimi, *Les nouveaux chiens de garde*, éditions Raisons d'Agir, 2005.
[277] Lire à ce sujet l'ouvrage d'Aude Lancelin : *Le Monde libre*, éditions Les Liens qui Libèrent, 2016.

filiale locale de la Socfin ont été incarcérés). C'est d'ailleurs ce même Bolloré qui est à l'origine de la disparition des *Guignols de l'info*, sur la chaîne qu'il a rachetée, qui était – avant sa réforme récente – une des rares émissions satiriques sur la politique. A son sujet, le journaliste François Bonnet (qui a travaillé avec lui) dira : « Vincent Bolloré ne fait pas du journalisme, ce n'est pas son métier. Il ne sait pas ce qu'est un journal. Son obsession est de ne pas se fâcher avec ses pairs, ses amis, les gens avec qui il est en affaires. Par ailleurs, on connaît les orientations politiques de Bolloré. Le journal est à sa main et il fait ce qu'il veut. Il suffit de regarder les unes des gratuits de Bolloré qui sont des photos publicitaires du gouvernement. »

Un cas emblématique de la manipulation des médias est celui de la couverture des manifestations contre la Loi Travail (loi El Khomri) en 2016. A la base, on a affaire à des manifestations contre une loi qui ramène la France des années en arrière au niveau social, et des revendications de la part de citoyens indignés de voir les problèmes s'accumuler sans qu'aucun de nos dirigeants ne s'en préoccupe. On aurait pu s'attendre à ce que les membres de notre gouvernement descendent, pour une fois à leur tour, dans la rue pour écouter nos doléances. Il n'en a rien été : non seulement ils ont fermé leurs portes et leurs oreilles, mais ils ont également demandé aux médias de ne pas encourager le mouvement. La première victime : Aude Lancelin, alors directrice adjointe de la rédaction de l'Obs, accusée de passer des articles trop à gauche. *Elle l'affirme, sources à l'appui : en plein épisode « Nuit debout », le Président* [de la République] *aurait prié la vitrine éditoriale de la social-démocratie française de faire taire, elle aussi, ses frondeurs.*[278]

Les médias, au lieu de laisser la parole aux manifestants ou essayer d'analyser les raisons de ce ras-le-bol collectif, ont donc mis en avant :
- les problèmes engendrés dans les transports et pour les riverains,
- les violences des casseurs,
- l'essoufflement supposé ou réel du mouvement,

---

[278] Politis, numéro du 27 octobre 2016.

- la nécessité de réformer le Code du travail.

Et ont passé sous silence (ou quasiment) :

- les revendications des manifestants,

- les violences policières, qui n'avaient jamais été aussi nombreuses.

Un montage des unes de journaux de l'époque, réalisé par Acrimed et disponible sur leur site[279], met d'ailleurs en évidence le déni de ce mouvement citoyen. On y voit des titres tels que *Les manifestants indésirables*, *Les usagers du train vont en baver*, *Les manifestations dérapent*, *Qui sont les casseurs ?*, *L'Euro* [2016 de football] *survivra-t-il aux grèves ?*, *Les surenchères syndicales ternissent le début de l'Euro*, *Euro 2016 : va-t-on enfin pouvoir s'amuser ?*... Le 17 juin 2016, le Figaro publiait *Et si la CGT remboursait les dégradations avec sa cagnotte de 450.000 euros ?*. C'est curieux, le Figaro ne demande jamais cela pour les autres manifestations... Le 20 juin 2016, le Point publiait *Les secrets inavouables des cheminots français*, avec en prélude : « La SNCF est un monde à part dont nul ne parvient à cartographier les avantages et les privilèges. C'est à désespérer ! ».

Les grands privilégiés de notre système, ce sont pourtant, avant tout, ces multimillionnaires qui ne paient pas un centime d'impôts...

Nos instances dirigeantes, de droite comme de gauche, au lieu de se mettre à l'écoute, n'ont exprimé que leur mépris face à cette initiative citoyenne et ont au contraire tout fait pour la détruire, dans un scénario à plusieurs temps.

Premier temps : les policiers chargés d'encadrer les manifestations ont eu pour consigne de laisser passer les casseurs, et les médias pour consigne de se focaliser sur ces casseurs et non sur les manifestants.

Deuxième temps : le gouvernement a utilisé ce risque de débordements pour justifier et intensifier la répression policière. On n'a jamais vu autant de vidéos amateurs témoignant de ces violences postées sur

---

[279] *Loi Travail : retour sur le décoiffant pluralisme des « Unes » de la presse écrite* sur www.acrimed.org.

Facebook qui, à l'instar des pays en développement, est devenu d'un coup le principal organe d'expression « libre ». Face à cette répression, une grogne contre les violences policières (bien légitime) s'est installée.

Troisième temps : le gouvernement en profite alors pour brouiller le message : faire croire que tous ces manifestants sont en réalités justes opposés à la police et aux valeurs républicaines qu'elle représente. Il va alors demander aux policiers d'organiser une contre-manifestation contre la « haine anti-flics », faisant passer, par analogie, les partisans de Nuit debout pour des anarchistes violents et dangereux.

Le pire, c'est que ça a marché ! Et les manifestants ont commencé à perdre des points de sympathie parmi les électeurs, en particulier les plus de 65 ans qui ne s'informent que par le JT de France 2 ou TF1, et qui n'ont donc eu le droit qu'à la version manipulée de la teneur des évènements.

Pour clarifier la chose, voici en intégralité l'interview d'Alexandre Langlois, gardien de la paix au renseignement territorial, secrétaire général de la CGT police, parue dans L'Humanité.

**Maud Vergnol (L'Humanité) : Comment analysez-vous les violences policières qui ont marqué les dernières manifestations contre la loi El Khomri ?**

**Alexandre Langlois :** Tout est mis en place pour que les manifestations dégénèrent. Côté renseignement, on constate depuis une dizaine d'années une double évolution, avec des manifestants beaucoup plus pacifiques qu'avant, mais des casseurs toujours plus violents, organisés de manière quasi paramilitaire. Certains de ces groupes sont identifiés avant qu'ils intègrent les manifestations. Mais aucune consigne n'est donnée pour les interpeller en amont.

**Maud Vergnol : Vous parlez d'une « volonté délibérée » que les manifestations dégénèrent. Comment cela se traduit-il pour vous, sur le terrain ?**

**Alexandre Langlois :** Prenons l'exemple du 9 avril. En fin de journée, nous savons qu'un groupe de casseurs dangereux vient d'arriver gare du Nord pour aller perturber Nuit debout, à République. Une compagnie de CRS se trouve sur leur passage, prête à intervenir. Mais l'ordre leur est donné par la préfecture de se pousser dans une rue adjacente ! Les collègues leur signalent l'imminence de l'arrivée du groupe de casseurs. Mais ordre leur est confirmé de les laisser gagner place de la République, avec les conséquences que l'on connaît ! Par contre, quand il s'est agi d'aller protéger le domicile privé de Manuel Valls, ce soir-là, cette fois les ordres ont été clairs…

**Maud Vergnol : Au-delà des casseurs, comment expliquez-vous les ruptures de cortèges, l'usage systématique de gaz lacrymogènes, voire les brutalités policières gratuites ?**

**Alexandre Langlois :** C'est important de rappeler que, dans les manifestations, tous les collègues sur le terrain n'interviennent que sur ordre. Si certaines, comme le 1er mai, se terminent en « souricière » place de la Nation, c'est que l'ordre en a été donné. Le message qui est passé, c'est « casseurs venez, vous pourrez agir en toute impunité, et manifestants ne venez plus avec vos enfants, car c'est dangereux pour vous ». Et à la fin de la journée, les médias ne parlent que des violences, et surtout plus des raisons pour lesquelles les citoyens manifestent. Le pouvoir politique instrumentalise la police, qui sert de bouc émissaire. Cela permet au gouvernement de faire diversion.

**Maud Vergnol : Comment les policiers vivent-ils cette situation ?**

**Alexandre Langlois** : Nous sommes épuisés. Les collègues souffrent d'une perte de sens de leur métier. Aujourd'hui, on leur demande du rendement statistique et d'exécuter des ordres qu'ils jugent incompréhensibles ou injustes. La police est déshumanisée. On compte un suicide en moyenne par semaine dans notre profession. À la CGT police, nous défendons l'idée d'une force publique à l'usage du peuple, celle de la Déclaration des droits de l'homme de 1789, une « force pour l'avantage de tous, et non pour l'utilité particulière de ceux auxquels elle est confiée ».

Cela va même parfois plus loin quand ce sont les policiers eux-mêmes qui se changent en casseurs pour envenimer la situation et discréditer le mouvement. En 1979 à Paris, un casseur pris en flagrant délit est mis hors d'état de nuire par le service d'ordre de la CGT. Il s'agissait en fait d'un policier nommé Gérard Le Xuan, qui portait sur lui son arme de service, son brassard et sa carte de police, et qui aurait agi « sur ordre ». En 2007, au sommet de Montebello au Canada, des agents de la sûreté du Québec se sont déguisés en casseurs et se sont infiltrés parmi les manifestants altermondialistes (alors filmés, la vidéo fera le tour du monde). Toujours la même année, pour le sommet du G8 à Rostock en Allemagne, la police a été accusée d'avoir été particulièrement provocatrice à l'égard des manifestants, alors que la manifestation s'était déroulée sans heurt jusqu'à leur intervention. Plus récemment, lors des manifestations des Gilets jaunes à Paris le 2 décembre 2018, de nombreuses vidéos et de nombreux témoignages relayés sur Facebook font état de policiers déguisés en casseurs qui remettent brièvement leur brassard pour passer les contrôles de police. Au sujet des manifestations des Gilets Jaunes, Alexandre Langlois a d'ailleurs dénoncé une fois encore les ordres venus du haut commandement de la police (c'est-à-dire du ministère de l'Intérieur), qui demande aux policiers sur place de les exécuter en faisant fi de toute analyse critique du terrain au préalable. Par exemple, on leur dit d'aller jeter des grenades lacrymogènes sur des manifestants, *qu'ils soient pacifiques ou non*, ou encore on leur fait boucler entièrement la place de l'Etoile à Paris, n'offrant aucune issue de sortie aux manifestants ce qui est totalement contre-productif. « Quand on voit comment sont gérées les manifestations Gilets jaunes par notre hiérarchie, nous sommes plus utilisés comme une force répressive que comme une force de gardien de la paix. »[280]

---

[280] Interview pour Media TV, 18 janvier 2019.

Quand le rôle des policiers n'est plus de servir la justice mais de protéger des maîtres, alors il n'y a plus de démocratie. Et dans ce système asservi à la classe dirigeante, les médias trop indépendants peuvent devenir des ennemis.

C'est ainsi qu'à Paris, le 26 mai dernier, comme l'a souligné le SNJ-CGT dans un communiqué, « *cinq photographes des agences et titres de l'AFP, Panoramic, Hexagone, L'Humanité et Politis, journalistes et porteurs de brassards de presse ont été victimes de tirs tendus, coups de matraques et poursuites par les forces de police présentes* ». Plus grave encore, le même jour, un jeune photographe, Romain Dussaux, a été grièvement blessé par l'explosion d'une grenade de désencerclement : il a passé plus d'une semaine dans le coma et pourrait souffrir de séquelles neurologiques.

À Rennes, le 2 juin, plusieurs journalistes ont également été délibérément pris-e-s pour cibles par les forces de police malgré les éléments permettant de les identifier (casques portant la mention « presse », brassards, etc.). Les violences ont été telles que le Défenseur des droits a été saisi de l'affaire par le Club de la presse de Bretagne, tandis que le préfet a dû faire face à une colère collective des journalistes lors de la conférence de presse qu'il a tenue le lendemain des événements.

Suite à ces nouvelles violences, le SNJ, le SNJ-CGT et la Fédération internationale des journalistes (FIJ) ont publié le vendredi 3 juin un communiqué commun dans lequel ils dénoncent le fait que « *les journalistes sont devenus des cibles privilégiées, pour une partie importante des forces de l'ordre, coupables depuis début mars de nombreuses exactions, dans le cadre des manifestations contre la loi travail* ».

Il s'agit d'un extrait de l'article *Violences contre les journalistes, silence dans les grands médias* publié par Acrimed sur leur site. Acrimed est un observatoire des médias qui répertorie et analyse toutes les connivences qu'il peut exister entre les médias et le pouvoir. Il suffit de passer dix minutes sur leur site pour se rendre compte de l'ampleur des dégâts. Par exemple, le 20 décembre 2018, Bernard Arnault décide de renflouer son journal *Le Parisien* à hauteur de 80 millions d'euros. Celui-ci étant le principal couvreur du mouvement des

Gilets jaunes à Paris, Acrimed se propose de faire le lendemain une compilation de leurs unes, toutes présentant des images de chaos urbain, dont voici quelques titres :

25/11/2018 - *Gilets jaunes : quand la violence l'emporte*

02/12/2018 - *Gilets jaunes : la dangereuse escalade* (avec une interview de Stanislas Guerini, nouveau patron de LREM – le parti d'Emmanuel Macron)

07/12/2018 - *Gilets jaunes à Paris : un samedi à très hauts risques* avec en sous-titre *Les rassemblements prévus inquiètent les autorités qui craignent des drames entre les forces de l'ordre et manifestants.*

09/12/2018 - *Le rappel à l'ordre* et en sous-titre *Gilets jaunes : près de 1 400 personnes interpellées, moins de blessés et de dégâts que la semaine dernière... En adoptant une stratégie offensive, la police a stoppé l'escalade de la violence.*

*Etc.*

C'est quand même curieux que les unes du Parisien se focalisent toujours sur la violence des Gilets jaunes, et jamais sur les raisons de leur mécontentement ni sur les manifestations qui se sont déroulées pacifiquement (et il y en a eu). C'est dommage également que le gouvernement, à l'instar des manifestations de Nuit debout, n'ait pas fait preuve de plus d'écoute et qu'il ait plutôt préféré utiliser son argent pour diffuser de la « propagande » anti-Gilets jaunes sur Facebook, dont j'ai été la cible d'ailleurs :

Pour ceux qui en douteraient, le mouvement des « Jeunes Français Libres et Responsables » n'existe pas, et la page Facebook en question a été supprimée peu de jours après avoir été créée.

Sinon, pour ceux moins habitués à Internet et qui préfèrent le papier, je recommande la lecture du livre – désormais classique - *Les nouveaux chiens de garde* de Serge Halimi[281], qui dresse un constant non moins effarant du paysage médiatique français. Le livre commence d'ailleurs par l'anecdote suivante, toujours d'actualité, hélas !

---

[281] Editions Raisons d'Agir, 2005.

*En 1994, pour la centième de l'émission « Transit », la chaîne franco-allemande Arte décide de marquer le coup en faisant une interview conjointe de François Mitterrand et Helmut Kohl. Jérôme Clément, alors Président de la chaîne, décide de leur soumettre une liste des journalistes susceptibles de les interroger. En Allemagne, ce procédé choqua et le Süddeutsche Zeitung précisa que « négocier avec la Chancellerie pour choisir un journaliste heurtait les règles de l'indépendance du journalisme en Allemagne ». Mais M. Clément expliqua avec une louable franchise : « En France, il est tout à fait normal de discuter avec l'Elysée du choix du journaliste qui pose les questions. Les relations que ceux-ci entretiennent avec le pouvoir politique, mais également le monde culturel, sont beaucoup plus étroites. »*

Comme le souligne Acrimed sur son site, notre président actuel, Emmanuel Macron, ne déroge pas à la règle. Dès son premier déplacement à l'étranger, en mai 2017, il a diffusé une liste très restreinte des journalistes autorisés à l'accompagner.[282]

En août 2017, Bruno Roger-Petit, journaliste multimédia et chroniqueur macroniste officiel à L'Obs durant la campagne présidentielle, est nommé porte-parole de l'Élysée.

En mars 2018, Bertrand Delais, documentariste et soutien de Macron de la première heure, est nommé président de La Chaîne parlementaire (LCP).

En avril 2018, Sybile Veil, sa camarade de promotion à l'ENA, est nommée présidente de Radio France.

A quand une vraie interview du Président de la république sur France2 ou TF1, réalisée par un vrai spécialiste qui va dans le vif du sujet ? Nos politiciens au pouvoir ont sans cesse affaire à des précautionneux qui leur posent à pas feutrés des questions validées en amont, sur des sujets dont nous n'avons rien à faire.

---

[282] *L'Élysée veut choisir les journalistes qui suivent les déplacements d'Emmanuel Macron*, Le Lab politique, Europe1, 18 mai 2017.

## 8.2.    L'abrutissement des journaux

*Passer une émission culturelle sur une chaîne com-*
*merciale à 20h30, c'est un crime économique ! C'est*
*quand même à l'État d'apporter la culture, pas aux in-*
*dustriels !*

Patrick Le Lay, *Libération*, 9 septembre 1987

Nous sommes le lundi 14 mars 2016, JT de 20h sur France 2, 30ᵉ minute. David Pujadas en appelle à la fierté nationale : « la France est devenue un des leaders mondiaux dans la transformation du caoutchouc ! » avant d'enchaîner sur un reportage digne d'un film d'entreprise, qui nous montre le parcours du caoutchouc d'un bout à l'autre de la filière, faisant une jolie publicité pour les pneus Michelin et les bottes Aigle.

Si cette information n'était qu'inutile, ce serait déjà lamentable en soi ; mais le plus choquant, c'est même la désinformation qu'elle contient. En effet, au milieu du reportage, on s'attarde un instant sur l'origine de ce caoutchouc, celle qui donne justement à la France son rang si particulier, et pour cela on fait un détour par les plantations d'hévéas de la Province du Kompong Cham au Cambodge, où l'on nous montre des ouvriers pratiquant la saignée dans les arbres pour y recueillir le latex. Or ces plantations se trouvent sur des terres accaparées, qui ont fait l'objet d'irrégularités dans le processus d'approbation des concessions et d'expulsions forcées[283], privant les Bunongs (le peuple autochtone) de leur moyen de subsistance traditionnel en plus de leur territoire. D'ailleurs, des paysans cambodgiens ont porté plainte en juillet 2015 contre le groupe Bolloré – propriétaire de ces terres via la société Socfinal (domiciliée au Luxembourg) – devant le Tribunal de grande instance de Nanterre pour violation des droits de l'Homme et

---

[283] *Cambodge Terrains défrichés, droits piétinés*, fidh.org, octobre 2011.

du droit de l'environnement. Pourquoi ce reportage n'en fait-il pas mention ? Où est l'éthique du journal dans tout ça ?

David Pujadas passe ensuite sur un autre reportage, et enchaîne – avec toujours cette même expression sérieuse – sur « *un mystère qui n'a jamais réellement trouvé d'explication : la disparition des abeilles* ». Il est probablement le seul journaliste au monde à n'avoir jamais trouvé réellement d'explication à ce mystère, car les insecticides ont été directement mis en cause, et particulièrement les néonicotinoïdes qui ont fait l'objet d'une restriction de l'Union européenne en 2013.

Mercredi 29 mars 2017, JT National 12/13 de France 3, 4ᵉ minute, Emilie Tran Nguyen nous parle du Brexit et de l'activation de l'article 50 du traité de Lisbonne. Ce choix pour le Royaume-Uni de quitter l'Union européenne part d'une décision approuvée par sa population à 51,89% lors d'un référendum national. Pourtant, le ton est sinistre, sentencieux, on parle de divorce, d'inconnu. On nous présente des témoignages de Londoniens désespérés (« C'est une triste journée », « C'est un pari risqué », « C'est un désastre ») ; on nous commente d'une voix peinée la difficulté à mettre fin à 43 ans de complicité entre l'Union européenne et le Royaume-Uni. La présentatrice en rajoute ensuite une couche en mentionnant le lourd travail que cela représente, puis on enchaîne sur le drame d'un de ces fonctionnaires britanniques en poste à Bruxelles qui se lamente en français : il se sentait chez lui, il aimait vivre dans un pays francophone et il n'a pas envie de rentrer dans sa patrie d'origine qui, selon ses termes, « *est en train de se suicider* ». Le reportage aura duré 4 minutes ; durant ces 4 minutes, aucun temps de parole n'a été accordé à l'un de ces 17,4 millions d'Anglais qui ont voté *pour* le Brexit.

Il y a deux choses choquantes dans ce reportage. La première, c'est le parti pris : on peut comprendre que l'équipe de France 3 ait préféré ne pas épouser le point de vue des Anglais, à savoir celui en faveur du Brexit, mais elle pouvait au moins rester neutre. J'ai rencontré des Anglais qui étaient fiers de « pouvoir retrouver leur indépendance » et – avant même l'idée du Brexit – qui nous plaignaient, nous Français, d'être passés à l'euro car ils assimilaient le passage à la monnaie unique à une flambée des prix. Qui a tort et qui a raison ? Je ne sais pas, mais si un journal public veut donner une réponse, alors qu'il se lance dans une analyse factuelle et exhaustive. Sinon, qu'il s'abstienne et présente les opinions des deux camps ! D'ailleurs, la deuxième chose choquante, c'est cette omniprésence du sondage d'opinion (biaisé, qui plus est!). De nos jours, quel que soit le journal, le travail d'investigation et d'analyse qu'on est en droit d'attendre d'un journaliste est de plus en plus remplacé par le sondage d'opinion. En gros, pour tout évènement, le journaliste n'analyse plus les raisons profondes ou méconnues, les implications cachées ou inattendues ; il descend simplement sur le trottoir avec un micro, demande aux gens ce qu'ils en pensent, et nous présente les réponses de ceux qui pensent comme lui. Quelle est la valeur ajoutée d'un tel journal ?

Toujours concernant le Brexit, Jean-Marc Sylvestre, qui fut chroniqueur à la Cinq, France 3, TF1, LCI et iTélé, décoré par Nicolas Sarkozy en 2004, en remet une couche dans son article paru le 24 juillet 2017 sur Atlantico : *L'hypothèse d'une démission de Theresa May n'est plus exclue alors que la Grande-Bretagne est au bord du chaos. Theresa May est partie en vacances complètement épuisée et déprimée en laissant la Grande-Bretagne dans la plus grande incertitude quant à l'issue des négociations sur le Brexit.* Le ton n'est pas neutre. Jean-Marc Sylvestre n'a jamais caché ses penchants libéraux. Il a d'ailleurs confié à VSD, le 20 janvier 2015 : « *Le libéralisme n'est pas une construction intellectuelle comme le marxisme : le monde a été créé ainsi. [...] C'est le meilleur système.* » Sauf que le système des premières tribus primitives se fondait avant tout sur l'entraide...

Quand, en 1962 aux Etats-Unis, Rachel Carson publie *Silent Spring (Printemps silencieux)*, un livre qui avertit des dangers du pesticide DDT sur la faune et la flore, elle ne s'attendait pas à des critiques aussi véhémentes à son encontre. La presse scientifique acquise aux entreprises agrochimistes, impuissants à l'attaquer sur le contenu de son ouvrage, s'attaque à Rachel Carson elle-même : on l'accuse d'être hystérique, communiste, on trouve cela étrange qu'elle ne soit pas mariée à son âge, et on remet même en cause sa qualité de scientifique. Ce sont les procédures habituellement utilisées pour « noyer » le message d'un auteur alors qu'il a raison sur le fond (le DDT sera d'ailleurs finalement interdit aux Etats-Unis en 1972).

Qu'en est-il cinquante ans après ? Par exemple, le 2 février Monique Pinçon-Charlot est invitée à l'émission *C l'hebdo* sur France 5 pour présenter son nouveau livre *Emmanuel Macron, le président des ultra-riches*[284] où elle parle notamment de la suppression de l'impôt sur la fortune et de la baisse « déguisée » de la taxation sur les revenus du capital. Il ne reste plus que 17 minutes d'antenne et Monique Pinçon-Charlot doit seule faire face aux attaques de cinq détracteurs : Nicolas Domenach et Maurice Szafran (respectivement chroniqueur et éditorialiste politiques à Challenges, ayant tout juste publiés un livre d'entretiens avec Emmanuel Macron[285]), Jean-Michel Apathie (journaliste dont la proximité avec le pouvoir en place est régulièrement critiquée par Acrimed et les autres médias), Emilie Tran Nguyen (dont on a vu plus haut le parti pris) et Éva Roque (qui se contentera de reposer la question de Maurice Szafran). L'interview pour présenter son livre prend la tournure d'un procès à son encontre, où chacun lui coupe la parole et l'apostrophe à tour de rôle, remettant en cause son statut de sociologue et détournant les sujets de fond de son livre. Au final, selon l'analyse faite par Acrimed et disponible sur son site, sur les 17 minutes d'interview elle n'aura eu que 5 minutes de temps de parole (pour une bonne part en première moitié de débat) et une de ses

---

[284] Monique Pinçon-Charlot et Michel Pinçon, *Le Président des ultra-riches. Chronique du mépris de classe dans la politique d'Emmanuel Macron*, éditions Zones, janvier 2019.

[285] L'Acrimed précise sur son site à leur sujet *que ces derniers ont été épinglés pour leur régulière connivence avec le pouvoir politique, et Maurice Szafran a été tout particulièrement visé par la société des journalistes de son propre hebdomadaire, qui déplorait lors de la campagne présidentielle de 2017 « [s]es interventions multiples et déplacées auprès de la direction et de l'équipe web, suite à la parution d'un article critique à l'égard de Macron [...]. Interventions relayant le coup de téléphone d'un communicant de Macron. »*

réponses aura même été coupée au montage.[286] Ce n'est pas très fair-play pour une émission soi-disant journalistique, qui plus est relevant du service public.

Ces exemples n'en sont que quelques-uns parmi d'autres, et Serge Halimi, dans son ouvrage *Les Nouveaux Chiens de Garde*, avait déjà mis en lumière le décalage énorme entre le soutien de la quasi-totalité des médias au Traité de Maastricht et l'opinion publique qui l'avait rejeté avec 54,65% des voix. Acrimed souligne d'ailleurs régulièrement le manque de neutralité de nos médias.

On peut se demander quelle est la véritable vocation des journaux télévisés. [287] Que ce soit clair, la mission principale du journal télévisé de TF1 ou de France2 n'est en aucun cas de nous informer : elle est de préparer notre cerveau afin qu'il soit le plus réceptif possible aux publicités qui s'ensuivent. L'ancien PDG de TF1, Patrick Le Lay, l'a défini en ces termes restés célèbres : « A la base, le métier de TF1, c'est d'aider Coca-Cola, par exemple, à vendre son produit (...). Or pour qu'un message publicitaire soit perçu, il faut que le cerveau du téléspectateur soit disponible. Nos émissions ont pour vocation de le rendre disponible : c'est-à-dire de le divertir, de le détendre pour le préparer entre deux messages. Ce que nous vendons à Coca-Cola, c'est du temps de cerveau humain disponible. »[288]

Pour ce, il y a deux règles de base :
- endormir notre esprit critique en évitant au maximum de nous faire réfléchir, et c'est pourquoi les sujets ne sont jamais abordés en profondeur (pas de véritable analyse, pas de recul, etc.) ;

---

[286] Comme le confirme Monique Pinçon-Charlot sur le site de l'Acrimed. Voici la réponse censurée : « *Je disais donc qu'aujourd'hui le monde de la presse et celui de la politique sont parfaitement interconnectés et donnais d'ailleurs l'exemple du cercle "Le siècle", avec ses dîners mensuels qui réunissent, dans la sociabilité mondaine, journalistes et politiques afin d'affiner la défense des intérêts de l'oligarchie. À ce moment-là Jean-Michel Aphatie fait comprendre qu'il est bien placé pour dire qu'il ne se passe rien de tel lors de ces dîners, et je lui réponds : "C'est toujours la même chose, circulez, il n'y a rien à voir..." Et là je ne peux pas aller plus loin, je suis de nouveau coupée par une des personnes présentes sur le plateau.* »
[287] Voir à ce sujet sur YouTube la vidéo intitulée *Le journaliste (David Pujadas)*.
[288] *Les dirigeants face au changement*, Paris, éditions du Huitième Jour, 2004, p. 92.

- le conditionner aux publicités à venir, et c'est pourquoi en général un tiers du journal est consacré à des sujets gentillets ou franchement consuméristes comme la préparation du foie gras à l'approche de Noël, le début des soldes, les vacances à la mer à l'approche de l'été, à la montagne à l'approche de l'hiver, à l'achat des fournitures scolaires à l'approche de la rentrée, à l'achat des cadeaux à l'approche de Noël, etc.

En Italie, la publicité déguisée pendant un journal télévisé est interdite. En France, c'est parfois la moitié du journal. TF1 a d'ailleurs franchi un pas supplémentaire en demandant au CSA de pouvoir interrompre ses JT par de la publicité (ce qu'elle a obtenu[289] mais pas encore mis en œuvre à l'heure où ces lignes sont écrites).

---

[289] *TF1 autorisée à diffuser des publicités pendant ses JT dès 2018*, Le Parisien, 19 juillet 2017.

## 8.3.    Le pouvoir de la presse durant les campagnes électorales

*Je ne crains pas le suffrage universel : les gens voteront comme on leur dira.*

Alexis de Tocqueville

Difficile d'ignorer le rôle extrêmement puissant des médias dans une élection : plus on parle de vous (en bien ou en mal), et plus vous avez de chance d'être élu. En d'autres termes, votre image séduit parfois plus que vos idées, comme on a pu le voir avec Emmanuel Macron, omniprésent dans les médias et populaire avant même qu'il ait annoncé son programme.

Un véritable « cas d'école » de l'importance des médias est celui du Front National, et ses rivaux en ont retenu la leçon. En effet, à ses premières élections de 1973 jusqu'en 1983, le Front national tournait systématiquement autour de 1% des voix dans les urnes. De 1983 à 1984, il va passer brusquement de 0,11% des voix à 10,95%, soit une multiplication par cent. Comment un tel « miracle » en seulement un an est-il possible ?

Au début des années 1980, Jean-Marie Le Pen a adressé une lettre à François Mitterrand pour se plaindre du manque d'équité du temps de parole entre partis politiques dans les médias. Ce dernier, par pur souci démocratique[290], a alors facilité les apparitions du leader du

---

[290] C'est la version officielle. En réalité, Mitterrand a fait d'une pierre deux coups. D'une part, il savait que le Front national rognerait des voix sur ses adversaires de droite et c'est pourquoi il l'a financé à hauteur de 5 millions de francs (Gérard Davet et Fabrice Lhomme, *French Corruption*, Editions Stock, 2013) et fait passer le système des législatives d'un scrutin majoritaire à un scrutin proportionnel, où on répartit les sièges en fonction du nombre de voix obtenues (le pari a été gagnant puisqu'avec 9,65% des voix aux Législatives de 1986, le Front National a pu rentrer à l'Assemblée nationale pour la première fois de son histoire avec 35 députés « volés à la droite »). D'autre part, le Front National a constitué un réservoir de main-d'œuvre utile pour la Françafrique. En effet, en 1985 le FN crée un service d'ordre appelé le DPS (Département Protection et Sécurité). Dirigé par un ex-OAS, le colonel Jean Fort, celui-ci va recruter environ 1500 hommes parmi des anciens policiers, militaires et mercenaires (il sera ensuite

Front national dans les médias nationaux, d'où sa première apparition à l'Heure de vérité le 13 février 1984 sur Antenne 2. C'est cette médiatisation, à quelques mois seulement des Européennes, qui lui valut ce taux de 10,95% impensable un an auparavant.

Aux Etats-Unis, une étude a mis en évidence le lien quasi parfait entre le nombre de mentions radio et télévisées et le résultat des votes dans le cadre du Caucus de l'Iowa.[291] En France, une étude basée sur les données du CSA et les résultats aux élections met elle aussi en avant le lien entre la présence médiatique et la victoire des candidats.[292]

Dans l'arsenal médiatique, il reste évidemment les sondages politiques, omniprésents à l'approche d'élections ou lors de grandes réformes. S'ils sont plutôt fiables à l'approche de la date du vote, ils le sont en revanche bien moins en début de campagne. Leur mission ne consiste alors pas à informer les électeurs, mais à les *orienter*. Notamment en nous rappelant – à tort ! – que voter pour tel ou tel petit candidat ne servira à rien puisque les favoris ont déjà une grande longueur d'avance. Ce qui incite les indécis à voter finalement pour les favoris, d'où un nouveau sondage qui confirme leur leadership, etc. Pourquoi à tort ? D'une part, cela biaise, au fond, le jeu démocratique en rappelant à chacun son devoir de conformisme (ce n'est pas pour rien que dans *tous* leurs discours, les candidats favoris en appellent au rassemblement), et d'autre part, parce que, de la manière dont elle est présentée, l'information est fausse. Quand on nous dit que 23% des Français vont voter pour tel ou tel candidat, cela ne signifie pas que 23% des personnes interrogées ont répondu cela. Il faut en effet retirer de l'échantillon initial :

- ceux qui n'ont pas voulu répondre ;
- ceux qui ont répondu qu'ils allaient s'abstenir ;

remplacé en 1993 par Bernard Courcelle, le « garde du corps » d'Anne Pingeot, la maîtresse de François Mitterrand). Ce sont ces hommes du DPS qui, plus tard, constitueront le vivier des mercenaires français lors d'interventions militaires non-officielles en Afrique. (François-Xavier Verschave, *Noir Silence*, Editions Les Arènes, 2000).

[291] *Number Of Television And Radio Mentions Correctly Predicted The Iowa Caucus Finish*, http://www.mediaite.com, 4 janvier 2012.

[292] *L'effrayante corrélation entre temps de parole et résultats aux élections*, 18 août 2014, www.notre-epoque.fr.

- ceux qui ont répondu qu'ils n'étaient pas encore sûrs de leur choix ;

Par exemple, concernant le sondage sur la primaire de droite réalisé par Ipsos-Sopra Steria du 11 au 22 mars 2016, sur les 20 319 personnes choisies, seules 1 282 étaient certaines d'aller voter à la primaire.[293] Du côté de BVA Opinion, même son de cloche : « Pour avoir 700 votants, il faut interroger 10 000 personnes. C'est une logistique lourde pour un institut de sondage » souligne son directeur d'étude Erwan Lestrohan le 8 avril 2016 sur lepoint.fr. Cela vous donne une idée de l'ordre de grandeur entre le pourcentage affiché et celui bien réel. Comme le dit le journaliste Pierre Weil : « les opinions sont d'intensité variable, la plupart des gens répondant à des questions dont, au fond, ils se moquent éperdument. »[294]

Toujours en début de campagne, certains sondages peuvent être « étrangement » interprétés. Par exemple, le 20 décembre 2016, l'institut d'études Odoxa publie les résultats de son dernier sondage. Quand on regarde l'étude en détail (disponible sur le site d'Odoxa), on s'aperçoit qu'il s'agit d'un échantillon de 995 personnes interrogées par Internet les 14 et 15 décembre 2016, dans lequel Emmanuel Macron est soutenu par 9% des uns et rejeté par 31% des autres. Il est celui qui a la balance la plus favorable, mais le résultat n'en demeure pas moins médiocre. Et pourtant, *tous* les journaux ont titré « Macron, nouvelle personnalité politique préférée des Français »[295] Comment peut-on en arriver unanimement à cette conclusion ? Face à un tel résultat, l'interprétation aurait dû être bien plus critique, du genre : « Les Français se défient des politiciens ». Donald Trump a lui aussi utilisé les sondages afin d'entrer dans le jeu politique. Tout au début de sa campagne en 2015, il avait fait truquer les sondages en ligne à son avantage dans le but d'améliorer sa visibilité.[296] Si avant même le début d'une campagne, les sondages vous annoncent favori, cela attire

---

[293] Ce sondage a d'ailleurs fait chou blanc puisqu'il annonçait Juppé gagnant avec 42% d'intentions de vote contre 8% pour Fillon, alors que c'est ce dernier qui l'a emporté.

[294] *Quand les sondeurs et leurs commanditaires critiquent les sondages*, Acrimed.org.

[295] L'Express, Huffington Post, La Tribune, Les Echos, RTL, etc.

[296] *L'ex-avocat de Trump a payé pour truquer des sondages avant la présidentielle*, L'Obs, 18 janvier 2019.

les médias et l'attention du public, ce qui renforce votre visibilité et vous met *de facto* en situation de favori.

Comme le rappelle l'Assemblée Nationale dans un de ses communiqués de presse[297], *la France est championne du monde des sondages et nos dirigeants dépensent chaque jour des sommes colossales pour connaître notre « opinion ».* Tout comme le lobbying, le sondage politique est devenu un business à part entière, qui continue à exister puisqu'il rapporte les gains espérés.

---

[297] De novembre 2016 pour *Sondages : influence et pouvoirs*. Citation précédée de « Fiabilité des intentions de votes, risques de connivences avec les médias, possibilité de questions biaisées, les sondages sont la cible des politiques et des commentateurs. »

## 8.4. Le pouvoir des mots

*Quand les politiques nous pissent dessus, les médias
nous disent qu'il pleut*

Dicton populaire

Ecrit par George Orwell en 1949, le roman d'anticipation intitulé *1984* présente une société totalitaire où le pouvoir en place a modifié le vocabulaire et créé de nouveaux adages afin de mieux soumettre le peuple à son idéologie. Certains mots nouveaux prennent ainsi un double sens, contradictoire selon le contexte, et d'autres se voient affublés d'une connotation péjorative, le but étant d'affaiblir la capacité de discernement des gens qui les utilisent. Par exemple, les relations sexuelles entre époux, en vue simplement d'une procréation, sont appelées « goodsex », et toutes les autres formes « sexcrime ». Le mot « blackwhite » a une connotation positive lorsqu'il est appliqué à un membre du parti au pouvoir, mais négative quand appliqué à ses ennemis. Le mot « crimethink » englobe toutes les valeurs non prônées par le parti (liberté, égalité, etc.). Des slogans tels que « la liberté, c'est l'esclavage », « la guerre, c'est la paix » ou « l'ignorance, c'est la force » sont également disséminés parmi la population.

Où en est-on aujourd'hui ? Aux Etats-Unis, deux partis seulement se partagent le pouvoir depuis plus d'un siècle[298] : les démocrates et les républicains. Là-bas, les démocrates sont appelés *conservatives*, mot qui signifie aussi « conservateur », et les républicains sont appelés *liberals,* mot qui signifie aussi « libéral ». Intellectuellement, vous avez donc le choix entre soit ne rien changer, soit aller vers toujours plus de libéralisme. A noter qu'aux Etats-Unis les *liberals* désignent

---

[298] Soit seulement un parti de plus que dans une dictature, mais cela ne semble nullement choquer les citoyens de ce pays.

les personnes dites « de gauche ». Etant donné que le parti communiste est interdit, il devient difficile de se positionner véritablement à gauche.

En France, nous avons plusieurs partis, mais quand on parle d'une loi facilitant les licenciements, on utilise le mot « flexibilité de l'emploi ». Quand on parle d'un mode d'échange économique non équitable, on met en avant le terme de « libre-échange ». Quand le patronat souhaite une baisse des salaires, il utilise le terme de « compétitivité », tout en occultant le fait qu'une hausse de la compétitivité d'une entreprise peut aussi se traduire par une baisse des dividendes... Le mot « populisme », à connotation péjorative, est prêté à tous ceux qui défendent leurs intérêts locaux avant les principes du néo-libéralisme. La « dérégulation des marchés financiers » couvre en réalité la belle part faite à la spéculation, dont les gains profitent aux traders et non à l'économie réelle. Le mot « progressiste » désigne surtout ceux qui sont en faveur des réformes libérales, comme si les aspirants à un monde plus équitable étaient contre le progrès. Le mot « pro-européen » désigne ceux qui sont en faveur de l'Union européenne et de ses décisions, alors qu'on peut en réalité être en faveur d'une Europe unie sans approuver pour autant les décisions de Bruxelles.

Les industriels s'y mettent également. Concernant l'exploitation du gaz de schiste, obtenue par fracturation hydraulique, une étude de l'université de Louisiane a montré qu'elle était mieux acceptée lorsqu'on l'abordait par le terme « d'injection à haute pression » (*high-pressure injection*) plutôt que par celui, plus dur, de *fracking* habituellement utilisé. Ce à quoi le journaliste Colby Cosh a ironiquement proposé « massage de la roche »,[299] terme repris ensuite par Christophe de Margerie, alors PDG de Total[300].

Comme le souligne Anna Bednik, le choix des mots est très important pour donner l'image la plus positive possible à une industrie, et ce d'autant plus si dans les faits le résultat sera exactement à l'opposé :

---

[299] *It's not 'fracking!' We call it 'deep earth massage'*, Colby Cosh, Maclean's, 4 juillet 2012.
[300] *Gaz de schiste : ne dites plus "fracturation", mais "massage de la roche"*, Denis Cosnard, Le Monde, 22 janvier 2013. Gérard Mestrallet, PDG de GDF-Suez, propose également le terme de « stimulation de la roche ».

Aucune industrie extractive ne se passe de produits toxiques, aucune n'embellit les paysages, ne rend l'air plus pur ni l'eau plus cristalline. Les extractivistes le savent bien, mais il est rare de voir une entreprise affirmer publiquement qu'elle compte détruire un territoire pour enrichir ses actionnaires. Il est tout aussi rare d'entendre un homme ou une femme d'Etat se dire prêt à cautionner de pareils objectifs. [...] La mine de Yanacocha, au Pérou, une des plus grandes mines d'or du monde, devait déjà, lors du lancement des travaux en 1993, être la première « mine écologique » du pays. Dix-neuf ans plus tard, le résultat est sans appel : plusieurs lacs asséchés, une consommation d'eau exubérante, le tarissement des rivières, de très nombreux cas de pollution aux substances toxiques (notamment au cyanure), des maladies professionnelles liées à la manipulation de mercure, etc.[301]

Dans la manipulation des mots, le pire exemple, et sans doute l'un des plus vieux, est celui des « dictatures communistes ». Durant toute ma jeunesse, à force de toujours entendre ces deux mots ensemble, j'ai fini par croire sincèrement que l'un n'allait pas sans l'autre et que la dictature était un trait propre au communisme. Ce n'est que bien plus tard que j'ai réalisé qu'il existait aussi des dictatures capitalistes, et qu'elles étaient en réalité bien plus nombreuses que les dictatures communistes, mais avec cette différence que, pour les premières, les médias les appellent simplement « dictatures ». Le résultat est implacable : demandez à un quidam de citer quelques célèbres dictatures communistes (anciennes ou existantes), il va rapidement les lister sur le bout des doigts : la Corée du Nord, la Chine, la Russie, Cuba, l'Albanie, le Cambodge... et va même peut-être mentionner ces « 100 millions de morts[302] » dont les médias se sont fait l'écho. Si on l'interroge ensuite sur les dictatures capitalistes, il aura soudain plus de mal. Et pourtant, on pourrait citer :
- l'Indonésie de Soeharto qui, avec la complicité de l'Occident, a fait plusieurs centaines de milliers de morts ;
- le Chili de Pinochet qui a fait plusieurs milliers de morts, avec l'approbation des Etats-Unis ;

---

[301] Anna Bednik, *Extractivisme*, Le Passer clandestin, 2016, p. 265.
[302] Chiffre tiré du *Livre noir du communisme*, dont certains des auteurs reconnaissent qu'il a été très largement surestimé.

- le Brésil de Castello Branco, en faveur d'un néolibéralisme à tous crins, qui a accentué la misère et causé la mort de millions de personnes ;
Quasiment tous les pays d'Afrique sont capitalistes, et quasiment tous fonctionnent comme des dictatures ; parmi les plus meurtrières d'entre elles on trouve :
- Le Zimbabwé de Robert Mugabe, dont l'espérance de vie du pays est passée de 62 à 36 ans sous son régime.
- Le Libéria de Charles Taylor ; ce dernier, responsable de la mort de plusieurs centaines de milliers de personnes, est accusé de crimes contre l'humanité pour extermination, assassinats, viols, esclavage sexuel, et conscription d'enfants soldats.
- La Centrafrique de Jean-Bedel Bokassa, qui réprima dans le sang les manifestations de lycéens.
- Le Zaïre de Mobutu, lequel a mené un train de vie pharaonique tandis que son pays s'enfonçait dans la misère.

Une liste exhaustive de toutes les dictatures capitalistes serait longue ; on pourrait y ajouter la Thaïlande, Singapour, l'Arabie Saoudite, la Chine (qui depuis est devenue une économie de marché, comme la Russie), etc.

On ne peut d'ailleurs compter les victimes du communisme sans en faire autant pour celles du capitalisme : guerres coloniales et néo-coloniales, guerres pour s'emparer des richesses, famines dues à la spéculation et à la répartition trop inégale des richesses, répression des émeutes ouvrières, manque de soins dû à la privatisation de la santé, etc. ; ce n'est plus 100 millions de mort qu'il faut dénombrer, mais au moins le double.

Si le choix des mots a son influence sur la pensée populaire, celui des phrases en a tout autant. Il est difficile, par exemple, de se faire une opinion claire sur un sujet quand la question est mal posée, voire orientée. Je laisse le soin au lecteur de juger par lui-même, avec ces quelques citations, dont les trois premières sont de Claire Chazal, qui fut présentatrice du JT de TF1 de 1991 à 2015, avec un salaire mensuel ayant progressé *grosso modo* de 22 000 à 120 000 euros (peu avant son éviction) :

Question à Bernard Kouchner :
*Puisque vous avez parlé de protection sociale, est-ce que vous n'êtes pas d'accord pour dire qu'il y a des privilèges que la France ne peut plus se permettre ?[303]*

Question à François Hollande :
*Mais, est-ce qu'aujourd'hui, un pays comme la France, ou même comme les autres pays européens, ont les moyens de cette protection sociale, à l'extrême ? C'est vrai que c'est une tradition dans notre pays, c'est vrai, depuis toujours. Mais est-ce qu'aujourd'hui, on a les moyens ?[304]*

Question à Dominique de Villepin :
*Vous parliez tout à l'heure du CNE[305]. Pourquoi, au fond, ne pas avoir prolongé ce CNE qui avait été ... assez bien accepté, même très bien accepté et qui était d'ailleurs souhaité par le MEDEF. Il demandait une prolongation, une extension à toutes les entreprises ? C'était assez simple finalement.[306]*

Toujours dans le registre des questions mal posées, la palme revient sans doute à la commission européenne en 2013, avec son sondage en ligne sur les gaz de schiste. Comme le soulignent Anna Bednik et l'association *Agir pour l'Environnement*, « il est très difficile de marquer son refus catégorique de voir les gaz et huiles de schiste exploités en Europe vu la manière dont certaines questions sont orientées ». On nous demande par exemple si l'acceptation par le grand public est un défi majeur, significatif ou modeste. Que doit-on répondre si l'on est résolument contre les gaz de schiste ? Si l'on répond *défi majeur*, cela

---

[303] Claire Chazal, citée par Serge Halimi dans Les nouveaux chiens de garde, Raisons d'agir, 2005, p. 96.
[304] Claire Chazal, JT de TF1, 18 mars 2006
[305] Contrat Nouvel Embauche, qui était un type de CDI réservé aux entreprises de 20 salariés maximum, avec une période d'essai de deux ans.
[306] Claire Chazal, JT de TF1, 12 mars 2006. Durant l'intégralité de son interview, disponible sur le site de l'ACRIMED, Claire Chazal ne fera référence qu'au MEDEF et prendra plusieurs fois leur point de vue, sans jamais mentionner les autres syndicats (CGT, CFDT, CFTC, CGE, FO...) qui, eux, n'avaient pas du tout accepté le CNE et demandé son abrogation dès 2005 (ils ont fini par l'obtenir en 2008).

pourrait sous-entendre que l'acceptation pour le grand public est importante pour nous. Si l'on répond *modeste*, cela pourrait sous-entendre que l'on pense que le public accepte les gaz de schiste. Une série de questions est d'ailleurs axée sur les actions à prendre pour développer l'exploitation du gaz de schiste, où il est impossible d'exprimer clairement son refus. Par exemple à la question : *clarifier la législation européenne*, vous ne pouvez répondre que par *oui* ou par *non*. S'il y a une majorité de oui, on pourra conclure qu'en clarifiant cette législation le gaz de schiste pourra être exploité. S'il y a une majorité de non, on pourra conclure qu'il n'est pas nécessaire de clarifier la législation pour exploiter le gaz de schiste.[307]

Dernier exemple : le 1er février 2014, un sondage BVA pour i-Télé et le Parisien annonce qu'une majorité de Français approuvent les propositions chocs de la CGPME (organisation patronale française, aujourd'hui CPME) sur les mesures de réduction des droits des chômeurs. Quand on regarde le sondage de plus près, non seulement les questions semblent avoir été taillées sur mesure en faveur de la CPME, mais même les réponses sont interprétées en sa faveur : « *Un total de 34% des personnes interrogées jugent "prioritaire" une réforme de l'indemnisation chômage, tandis que 48% la qualifient d'"importante mais pas prioritaire" et 18% de "secondaire".* ». Au vu de ces chiffres, on pourrait tout aussi annoncer aussi que 66% des Français ne jugent pas ces réformes prioritaires…

Le monde tel que les médias (et les politiques au pouvoir) nous le présentent ressemble à s'y méprendre à celui de Pangloss – dans *Candide* de Voltaire – qui à chaque abomination rencontrée répète inlassablement que « tout va pour le mieux dans le meilleur des mondes », sauf que la Providence y est remplacée par le Libéralisme. Par exemple, la crise économique a commencé au début des années 1980, précisément en même temps que la vague de libéralisation économique et financière. Quiconque devrait y soupçonner un lien, mais les

---

[307] Pour voir le décryptage proposé par Agir pour l'environnement : urlz.fr/8zy8. Liste complète des questions et commentaires également disponibles sur http://nongazdeschisteinfos.over-blog.com/article-gds-schistes-bitumineux-et-hydrates-de-methane-116288854.html

médias, par un étrange syllogisme, nous font croire que le libéralisme n'est pas une cause de la crise mais son remède.

> Un autre exemple de l'uniformité, au milieu de la diversité des médias de communication, a été l'interprétation qu'ont faite ces médias du problème social le plus important en Espagne, à savoir le chômage. La grande majorité de la caste médiatique – à quelques exceptions près – a attribué ce chômage à la rigidité du marché du travail espagnol, ainsi qu'à l'accroissement excessif des salaires et de la protection sociale qui, sous-entendu, ont inhibé l'investissement et la création d'emploi de la part de la classe entrepreneuriale de notre pays. Cette interprétation du chômage fut reproduite ad nauseam dans les médias de persuasion, et plus particulièrement dans ceux proches du capital financier, dont les porte-voix ont été les plus insistants dans la propagation de cet évangile, annuellement bénie par les centres de l'orthodoxie financière, la banque d'Espagne, le FMI et l'équipe économique de l'OCDE.[308]

En effet, selon les médias nous subissons la crise car nous n'acceptons pas des salaires plus bas et une protection sociale moins forte. C'est un non-sens : on ne peut pas obtenir une Europe plus prospère en faisant des Européens plus pauvres. D'autant que depuis 1950, le progrès technique a permis de multiplier par cinq la productivité ; nous serions donc en droit d'en demander autant au niveau du progrès social. Comme on l'a vu précédemment, les actionnaires, eux, ont bien réclamé et obtenu une hausse de leurs dividendes.[309] En réalité, partout dans le monde ce sont précisément ces réformes libérales qui ont été à l'origine de la dégradation du niveau de vie de la majeure partie de la population, et non l'inverse.

Le Mexique est un cas d'école en la matière, puisqu'il a suivi les prescriptions néolibérales du FMI et de la Banque mondiale dans les années 80, puis intégré l'Accord de libre-échange nord-américain (ALENA) en 1994. Qu'est-ce que cela a donné ? Au niveau agricole,

---

[308] Vicenç Navarro, sociologue, *Bienestar insuficiente, democracia incompleta : sobre lo que no se habla en nuestro país*, Anagrama, Madrid, 2002, p. 138
[309] A lire sur ce sujet l'article du Figaro économie : *Les salaires augmentent moins vite que la productivité dans les pays riches*, Isabelle de Foucaud, 5 décembre 2014.

le Mexique s'est tourné vers la production intensive et l'exportation d'aliments destinés au bétail, ce qui l'a contraint à importer des Etats-Unis les denrées agricoles destinées à la consommation humaine. Ces dernières étant subventionnées, elles se sont retrouvées moins chères que les produits locaux, ce qui a causé la ruine d'environ cinq millions d'agriculteurs mexicains.

Au niveau industriel, il y a eu une très forte baisse des salaires (la part de la main-d'œuvre dans le PIB, qui avait augmenté jusque dans le milieu des années 1970, a chuté de plus d'un tiers) accompagnée par une dégradation des droits sociaux. Les usines aux Etats-Unis ont licencié leurs employés pour s'installer au Mexique et embaucher de la main-d'œuvre locale à un coût dix fois inférieur (les salaires mexicains sont aujourd'hui inférieurs à ceux de la Chine).

L'effet combiné de la chute des salaires depuis 1994 et de la faillite de nombreux agriculteurs a contribué à augmenter d'une part la pauvreté (pour atteindre 60 millions de personnes sous le seuil de pauvreté aujourd'hui) et d'autre part l'émigration vers les Etats-Unis (tirant à la baisse les salaires dans ce pays). Aujourd'hui, le Mexique est un des pays les plus inégalitaires au monde (il n'a jamais compté autant de pauvres et de milliardaires) et, pour beaucoup d'analystes, au bord de l'explosion sociale. Les réformes néolibérales n'auront donc rien apporté en plus de vingt ans. Pour l'économiste Mark Weisbrot, les vingt-trois années qui ont suivi la signature de l'ALENA se sont soldées par un échec économique défiant toute comparaison historique ou internationale.[310]

Maintenant que l'on a fait un point sur le fonctionnement de notre monde, il faut se poser la question suivante : si les ressources que nous utilisons se renouvellent moins vite que ce que nous consommons ; si notre développement économique détruit notre santé et notre planète au lieu de les protéger ; si l'argent que nous empruntons aux banques ne sert en définitive qu'à aggraver les politiques d'austérité ; si un quart des recettes fiscales de l'Etat disparait chaque année à l'étranger dans les paradis fiscaux, l'obligeant à revoir ses politiques sociales à

---

[310] Lire l'article *The Threats, Real and Imagined, of Mexico's Election* de Mark Weisbrot paru le 9 mars 2018 dans le NYR Daily, ou encore l'essai de Noam Chomsky intitulé *Le profit avant l'homme* publié en 2003 chez Fayard.

la baisse ; si les décisions prises par les actionnaires-spéculateurs ne visent jamais qu'à accroître leurs dividendes à court terme au détriment de la survie à long terme de l'entreprise ; si les décisions politiques sont systématiquement prises par des lobbies qui protègent leurs intérêts au détriment des nôtres ; si notre politique de pillage des ressources de l'Afrique et du Moyen-Orient entretient et accroit sans cesse un flux d'immigration qui rend impossible toute politique de réduction du chômage ; alors peut-être est-il temps de réfléchir à un nouveau système ?

# 9. Des solutions pourtant si simples ?

Mer à perte de vue. Imaginez que vous êtes sur un bateau en train de couler. Vous essayez de trouver la cause de l'incident pendant que vos amis, à l'aide de seaux, rejettent l'eau par-dessus bord pour gagner du temps. Vous vous mettez à inspecter minutieusement chaque recoin, à la recherche d'hypothétiques trous à colmater, l'urgence vous oppresse tant vous sentez le navire s'enfoncer et, tandis que vous traversez la salle des machines, vous réalisez avec effroi que ce n'est pas réellement que le bateau coule, mais *qu'il a été conçu pour vous entraîner vers le fond*. Vos seaux d'eau n'y changeront rien.

## 9.1. Les fausses solutions

*Car le mal est plus grand. Le système lui-même est truqué.*

Julia Cagé, *Le prix de la démocratie*

*Il ne s'agit pas d'une dérive mais d'une organisation cohérente et raisonnée.*

Eva Joly, *La force qui nous manque*

*Le système politique et les avantages indus qu'il comporte [...] est un système qu'ils ont eux-mêmes mis en place et qu'ils défendent bec et ongles, refusant tout changement qui risquerait de remettre en cause leurs privilèges.*

Philippe Pascot, *Pilleurs d'Etat*

### 9.1.1. Si chacun de nous fait un effort, nous pouvons y arriver

En France comme dans les autres pays occidentaux, les gouvernements, via différentes campagnes de communication, essaient de nous sensibiliser à notre empreinte environnementale : il faut trier nos déchets, privilégier les douches courtes au lieu des bains, acheter des produits plus naturels, prendre les transports en commun au lieu de la voiture, acheter des produits moins énergivores, etc. Ces messages nous font sentir notre part de responsabilité dans le chaos à venir, et nous permettent de penser que si nous nous y mettons tous ensemble – et à cette condition seulement –, alors nous pourrons sauver notre planète. « Chacun de nous est une cause du changement climatique, mais nous pouvons tous changer cela à travers les choses que l'on achète, l'électricité que l'on utilise, les voitures que l'on conduit ; nous pouvons faire des choix qui porteront à zéro nos émissions carbone individuelles. »[311]

C'est une gageure, qui en plus de nous faire croire que nous pourrions changer les choses ainsi, nous fait culpabiliser sur notre mode de vie personnel et notre incapacité à convaincre sept milliards de personnes.

J'invite le lecteur à se rendre sur YouTube ou au lien ci-dessous[312] et à visionner le film de onze minutes intitulé « Oubliez les douches courtes ». Ce court-métrage imagine ce qu'il se passerait si chaque citoyen états-unien adoptait à l'extrême les consignes préconisées, mais je vais le reproduire avec les chiffres disponibles pour la France.

Parmi les premières mesures, imaginons que nous décidions tous en France, non seulement d'arrêter les bains, mais aussi les douches, c'est-à-dire de ne plus nous laver pour diminuer la consommation d'eau. Sachant qu'en France 48% de l'eau consommée l'est pour l'agriculture, 22% pour l'énergie, 6% pour l'industrie et 24% pour l'eau à usage domestique, et que parmi cette eau un peu plus d'un tiers est destiné à l'hygiène corporelle, cela signifie que si l'on arrêtait de se laver, on diminuerait notre consommation d'eau de... 10%[313]. C'est bien, mais beaucoup trop peu quand on se souvient que les nappes phréatiques du monde sont exploitées 3,5 fois plus rapidement qu'elles ne se régénèrent. Sans compter que les efforts sont vraiment très inégalitaires : si un individu consomme en moyenne de 60 à 80 litres d'eau par jour pour se laver, un terrain de golf consomme entre 220 000 et 550 000 litres d'eau par jour pour son entretien[314], et une

---

[311] Extrait du film *Une vérité qui dérange*, 2006, discours de conclusion du film d'Al Gore et de Davis Guggenheim, traduit de l'anglais.

[312] http://partage-le.com/2015/03/oubliez-les-douches-courtes-derrick-jensen/.

[313] Chiffres tirés du Centre d'information sur l'eau disponibles sur www.cieau.com.

[314] Chiffres de l'Association française des personnels d'entretien des terrains de golf disponibles sur www.agref.org.

piscine privée nécessite de 50 000 à 80 000 litres d'eau rien que pour le remplissage. Nos dirigeants, qui bien souvent jouent au golf et possèdent une piscine privée, ont bon dos de nous demander de réduire le temps de nos douches.

Passons aux déchets, et imaginons là encore que nous allions au-delà des espérances en optant pour une action citoyenne zéro déchet (on ne jette absolument plus rien, on recycle tout). Sachant que 41% des déchets en France viennent des mines et BTP, 43% de l'agriculture, 10% des entreprises et 2% des collectivités, si chez soi l'on ne produisait plus aucun déchet on diminuerait les rejets de… 4%[315]. Hélas ! bien trop peu pour enrayer la pollution de nos sols !

Passons aux émissions de $CO_2$ et imaginons à présent que nous cessions d'utiliser notre voiture. Sachant que les transports représentent 27,6% des émissions de gaz à effet de serre (GES), dont 92% pour le secteur routier, composé à 56,7% par des véhicules particuliers, nous réduirions donc les GES de… 14,4%[316]. Pour rappel, il est préconisé par l'Union européenne que nous devrions atteindre une réduction de 80% des GES d'ici 2050.[317] Malheureusement encore, nous en sommes loin !

Passons enfin à notre facture énergétique. On nous parle souvent de transition vers des solutions moins énergivores, comme les ampoules à LED, les appareils électroménagers de classe A ou A+, les voitures hybrides qui consomment moins d'essence… et tout nous est présenté comme *la* solution pour diminuer la consommation énergétique de la planète. Il est tout à fait logique de vouloir des appareils qui *individuellement* consomment moins pour *globalement* consommer moins, mais dans l'histoire du monde c'est le phénomène inverse qui s'est passé : malgré des siècles de progrès techniques, la consommation énergétique mondiale n'a cessé de croître. Pourquoi ? Parce

---

[315] Chiffres tirés du site de l'Ademe (http://www.ademe.fr).
[316] http://www.developpement-durable.gouv.fr.
[317] Feuille de route disponible sur https://ec.europa.eu.

que dès qu'une technologie devient moins énergivore, cela la rend moins chère, ce qui l'aide à se répandre plus rapidement à travers la population, ce qui augmente au final la facture globale. Ce phénomène a été mis en évidence par William Stanley Jevons en 1865 : les progrès de la machine à vapeur, introduits par James Watt, ont permis à cette dernière de consommer moins de charbon mais ont démocratisé son usage, ce qui *in fine* a augmenté la consommation de charbon de l'Angleterre. D'ailleurs, par la suite le charbon n'a pas vu sa consommation diminuer avec l'arrivée du pétrole, pas plus que le pétrole n'a vu sa consommation diminuer avec l'arrivée de l'uranium, pas plus que l'uranium n'a vu sa consommation diminuer avec l'arrivée des terres rares. Dans l'histoire de l'humanité, toutes les nouvelles sources d'énergies découvertes, censées être plus performantes, n'ont fait que s'ajouter à celles déjà existantes au lieu de les remplacer.

Enfin, il faut également avoir conscience que ces nouvelles technologies ne sont propres qu'en apparence. En réalité, elles servent surtout à déplacer la pollution de l'Occident vers le reste du monde, de manière plus violente encore. Les éoliennes requièrent, pour leur fabrication, du néodyme et du dysprosium ; les panneaux photovoltaïques requièrent du gallium, de l'indium et du sélénium ; les véhicules hybrides nécessitent lithium, cobalt, nickel et manganèse, etc. Tout cela impliquant une augmentation de la consommation de cuivre, ainsi que des matériaux liés à l'électronique : or, étain, argent, platine, palladium, mercure, colbalt, antimoine, baryum, béryllium, cadmium, hafnium, indium, etc.[318] Au final, la transition vers les technologies dites « plus vertes » accroît la pression sur l'exploitation des matières premières et des terres rares, elle-même source de conflits sanglants et de désastres environnementaux violents, vu que la raréfaction nous pousse à les chercher toujours plus loin et toujours moins proprement (plus la concentration d'un métal dans la terre est faible, et plus on a recours à des technologies dangereuses et polluantes).[319]

---

[318] Anna Bednik, *Extractivisme*, Le Passager clandestin, 2019, p. 140.
[319] Anna Bednik, Extractivisme, Le Passager clandestin, 2019, p. 162.

En résumé, ce n'est pas qu'il ne faut rien faire, mais il faut bien comprendre que nos petits tris sélectifs, notre lutte quotidienne contre le gaspillage, nos efforts pour moins polluer, sont utiles mais ne suffiront pas à eux seuls à sauver la planète. Chaque année, des espèces disparaissent, des ressources sont gaspillées, des terrains sont pollués et des enfants et adultes succombent à des travaux pénibles sans que nous puissions revenir en arrière. Pour chaque année que nous passons à détruire le monde aujourd'hui, ce seront vingt années de plus pour nos enfants à le reconstruire. Nous ne pouvons plus nous contenter du discours des petites rivières qui font les grands fleuves car, cette fois, il y a une échéance. Nous connaissons à peu près tous l'histoire du colibri de Pierre Rabhi[320]. Même petits, nous devons faire notre part, mais les plus gros doivent aussi faire la leur, sans quoi les colibris que nous sommes n'y arriveront pas, fussions-nous des millions. Et dans notre monde, les plus gros ce sont les pouvoirs publics et les entreprises.

Une étude publiée par The Guardian révèle que seulement 90 entreprises sont à l'origine des deux tiers des gaz à effet de serre depuis le début de la révolution industrielle.[321] Sans l'aide des gouvernements, sans la coopération (contrainte ou non) des multinationales, nos actions individuelles, fussent-elles nombreuses, n'auront jamais assez de poids pour faire pencher la balance du bon côté. Il faut que nos dirigeants interviennent et légifèrent dans ce sens, qu'ils coopèrent entre eux pour de vrai, et non lors d'un simulacre comme celui de la COP21. Les pays riches sont les principaux émetteurs de gaz à effet de serre et ce sont ceux qui détiennent les capitaux. C'est à nos gouvernements de montrer l'exemple, et le reste du monde ne pourra que suivre. Je voudrais citer le professeur Atiq Rhaman, fondateur du *Bangladesh*

---

[320] *Un jour, il y eut un immense incendie de forêt. Tous les animaux terrifiés, atterrés, observaient impuissants le désastre. Seul le petit colibri s'activait, allant chercher quelques gouttes avec son bec pour les jeter sur le feu. Après un moment, le tatou, agacé par cette agitation dérisoire, lui dit : "Colibri ! Tu n'es pas fou ? Ce n'est pas avec ces gouttes d'eau que tu vas éteindre le feu ! " Et le colibri lui répondit : "Je le sais, mais je fais ma part."*

[321] *Just 90 companies caused two-thirds of man-made global warming emissions*, The Guardian, 20 novembre 2013.

*Centre for Advanced Studies*, qui lutte contre le réchauffement climatique, dont le Bangladesh est l'une des premières victimes à cause de la montée des eaux : « *Nous devons nous-mêmes réduire nos émissions [de CO$_2$], c'est un devoir moral. Mais, dans le même temps, si le reste du monde ne fait rien, il y aura une catastrophe humanitaire majeure. Qui portera alors la responsabilité ?* »[322]

Dans le même esprit que le « prenez des douches courtes » qui veut nous faire croire que le 1% d'économie réalisée mettra fin à la crise de l'eau, il y a le greenwashing permanent des multinationales, qui tentent de nous persuader qu'elles sont en train de sauver la planète dès lors qu'elles font un seul geste pour l'environnement.

On retrouve par exemple McDonald's qui avait annoncé en fanfare qu'ils utilisaient du carton recyclé pour leurs emballages, en passant sous silence bien sûr l'élevage intensif, l'évasion fiscale, l'augmentation de l'obésité, etc.

Toujours sur l'emballage, il y a Skip qui a mis en avant sa démarche pro-environnementale dans une publicité où un enfant explique que sa lessive trois fois plus concentrée nécessite donc trois fois moins d'emballage et trois fois moins de camions pour la transporter. Ils n'ont bien sûr pas demandé à cet enfant de lire la composition chimique de cette lessive trois fois plus concentrée.

Dans le registre des enfants, il y a la publicité d'Audi pour son nouveau 4×4 Q7 TDI ©Clean Diesel qui émet 234 à 304 g de CO$_2$ par km, soit 90 grammes de plus que la moyenne du parc automobile en 2009, mais qui – parce qu'il baisse ses émissions d'oxyde d'azote – indiquait dans sa publicité : « Difficultés respiratoires, hyperréactivité des bronches, bronchiolites infantiles, on continue à ne rien faire où on se décide à agir ? » Un slogan aux allures pharmaceutiques, comme si acheter un 4x4 allait préserver nos enfants d'une pneumonie.

Pour rester sur l'essence, on peut aussi visionner les publicités du groupe Total, qui avec leur suite d'images louant la nature feraient penser à un parti écolo, alors que ce même groupe veut réaliser des

---

[322] Extrait du monde Diplomatique *Manière de voir* n°144 – Janvier 2016.

forages pétroliers très controversés au large de l'Amazonie et de la Guyane.

Les absurdités vont parfois encore plus loin : le circuit automobile de Haute-Saintonge en Charente-Maritime a été présenté par les pouvoirs publics comme une perle du développement durable. Raser une forêt, y mettre à la place des véhicules ultra-polluants, et les faire tourner en boucle juste pour le plaisir, devient aujourd'hui une bonne action pour l'environnement.

A grands renforts de communication et de jeux de mots, les dirigeants publics et privés n'hésitent pas à détruire la planète d'un côté en criant de l'autre qu'ils la sauvent. Comme l'a rappelé Greta Thunberg lors de son discours à l'Assemblée nationale, le 23 juillet 2019, *« le plus grand danger, ce n'est pas d'être inactif, c'est lorsque les entreprises et les politiques font semblant d'agir alors que rien n'est fait »*. Et l'hypocrisie va encore plus loin quand ils font appel à notre générosité. Je vais jeter un pavé dans la mare : le Téléthon. Ses origines sont nobles tout comme l'objectif qu'il défend : « Développer des thérapies pour guérir les maladies rares et faire progresser la médecine »[323]. Nous culpabilisons devant ces enfants malades, dont il nous semble que le sort est étroitement lié à l'étendue de notre générosité, et ce sont ainsi, chaque année, environ 90 millions d'euros de dons qui sont récoltés auprès de nous, simples citoyens volontaires et émus. Pourtant, en face, l'industrie pharmaceutique dépense plus de 110 000 millions d'euros par an (vous avez bien lu) pour autre chose que le développement et la production de médicaments : marketing, communication, merchandising, publicité et lobbying.[324] C'est également l'industrie la plus rentable du monde avec une moyenne de 20% du chiffre d'affaires[325] pour un investissement en recherche limité réellement à 5%.[326] Si ces entreprises accordaient ne serait-ce que 1% de leurs dépenses marketing au développement des thérapies pour les

---

[323] http://www.afm-telethon.fr/guerir.
[324] Michèle Rivasi, Serge Rader et Marie-Odile Bertella-Geffroy, *Le racket des laboratoires pharmaceutiques*, édition Les Petits Matins, 2015, p. 213.
[325] *Ibid.*, p. 23.
[326] *Ibid.*, p. 15.

maladies rares, elles fourniraient à elles seules plus d'un milliard d'euros. Dans le même ordre d'esprit, les Restos du Cœur, à l'origine et au but tout aussi nobles, ont collecté 86 millions d'euros de dons et legs durant leur campagne 2015-2016, alors que l'évasion fiscale des plus riches est mille fois supérieure. Cela veut dire que si les Restos du Cœur obtenaient des plus riches à peine 1% de ce qu'ils volent aux impôts, ils obtiendraient 800 millions d'euros.

Est-ce bien normal que ce soit toujours à nous, les classes les plus modestes, de nous sacrifier pour aider les pauvres, les malades, l'environnement, etc. alors qu'il suffirait que nos dirigeants lèvent le petit doigt pour résoudre ces problèmes de manière bien plus efficace ? Les doctrines libérales nous disent que l'on ne doit pas tout attendre de l'Etat. Disent-elles également aux riches qu'ils ne doivent pas tout attendre de nous ?

### 9.1.2.     Le retour de la croissance économique

Invariablement, la croissance est présentée par nos gouvernements successifs comme l'objectif suprême à atteindre, le seul salut possible pour réduire le chômage et les inégalités économiques. Nous ne sommes actuellement qu'à un taux de croissance autour de 1% du PIB, alors qu'il était de 4% à la fin des années 1980 et 8% en 1960. Il faut savoir d'une part que, comme le souligne Thomas Piketty[327], la croissance des « trente glorieuses » a été une exception dans l'histoire, due au « rattrapage » de l'Europe sur les Etats-Unis. Au cours de ces derniers siècles, elle a plutôt tourné autour de 1% à 1,5% et durant des millénaires elle a plafonné à 0,1%. D'autre part, nous sommes dans un monde fini, ce qui exclut de fait une croissance infinie. Pour l'illustrer, Thomas Piketty nous rappelle quelques notions de mathématiques fort instructives. Tout d'abord, rappelons-nous que les gouvernements,

---

[327] Dans son ouvrage *Le capital au XXIe siècle*, Editions du Seuil, 2013

mais aussi les organismes financiers mondiaux, réclament des taux de croissance économique de l'ordre de 3% à 4% pour mettre fin à la crise actuelle. Cette augmentation de la production des richesses implique une augmentation de la consommation, qui peut se réaliser soit grâce à une augmentation de la population (nous sommes plus nombreux à consommer), soit grâce à une augmentation de la consommation par habitant (chacun consomme davantage). Dans les faits, les deux effets sont souvent conjugués.

Il faut savoir tout d'abord que l'humanité a connu entre l'an 0 et l'an 1700 un taux de 0,1% de croissance annuelle de la production et de la population mondiale.[328] Pour donner une idée, 0,1% de croissance annuelle, c'est multiplier la population ou la production par 2,72 en mille ans (par exemple, on passe de 100 millions d'habitants en l'an 0 à 272 millions d'habitants en l'an 1000). Mais un taux de 1% de croissance annuelle, ce n'est pas une croissance *juste* un peu plus forte : c'est en fait énorme ! C'est multiplier en cent ans par 2,7 et en mille ans par... 20 959!

| Années | Multiplication | Années | Multiplication | Années | Multiplication |
|---|---|---|---|---|---|
| 1 | 1,010 | 10 | 1,105 | 200 | 7,316 |
| 2 | 1,020 | 20 | 1,220 | 300 | 19,79 |
| 3 | 1,030 | 30 | 1,348 | 400 | 53,5 |
| 4 | 1,041 | 40 | 1,489 | 500 | 145 |
| 5 | 1,051 | 50 | 1,645 | 600 | 392 |
| 6 | 1,062 | 60 | 1,817 | 700 | 1 059 |
| 7 | 1,072 | 70 | 2,007 | 800 | 2 865 |
| 8 | 1,083 | 80 | 2,217 | 900 | 7 749 |
| 9 | 1,094 | 90 | 2,449 | 1000 | 20 959 |
| 10 | 1,105 | 100 | 2,705 | 1100 | 56 691 |

*Tableau de simulation d'un taux de croissance annuel de 1%*

Cela veut dire que si à partir d'aujourd'hui notre production ou notre population continue à croître de 1% par an, elle sera 20 959 fois plus grande dans un millénaire. Est-ce possible que la planète accueille

[328] Thomas Piketty, *Le capital au XXIe siècle*, Editions du Seuil, 2013.

155 000 milliards d'habitants en l'an 3000 contre 7,4 milliards aujourd'hui ? Sachant que sur la planète les terres émergées représentent 149 400 000 km$^2$, cela signifierait une concentration de 1,04 million d'habitants au km$^2$ sur toute la surface du globe, sans compter que toutes les terres émergées ne sont pas habitables décemment (déserts, haute montagne, glaciers, etc.) et qu'il faut en réserver un minimum à l'agriculture. Le cas échéant, est-ce possible que l'on consomme 20 959 fois plus de richesses par habitant ? Sachant qu'une journée ne fait que 24 heures, même si on ne faisait que consommer sans dormir ni travailler ce ne serait clairement pas suffisant… Et même si c'était possible, cela signifierait devoir produire 20 959 fois plus qu'avant. En termes de ressources terrestres, c'est également impossible sachant que la plupart d'entre elles ont déjà atteint ou vont atteindre leur pic de production.

Et ça va très vite. Si l'on prend l'hypothèse d'une croissance un peu plus soutenue, à 2,5% par an, cela revient à multiplier par 11,8 en cent ans, et au bout d'un millénaire par… 52 949 930 179 ! N'importe qui peut se rendre compte que c'est tout simplement impensable à l'échelle de la Terre ![329] Cette croissance que l'on nous brandit comme une carotte au bout d'une corde est complètement impossible à long terme, et donc pas la bonne solution.

A court terme en revanche (sur quelques décennies), serait-elle la bonne solution ? Cela pourrait-il résoudre nos problèmes actuels ? Thomas Piketty, dans son ouvrage *Le Capital au XXIe siècle*, a analysé l'évolution des inégalités en France depuis 1791, et sa conclusion – basée sur des chiffres concrets – est sans appel : les réductions des inégalités n'ont *jamais* été le fruit de la croissance économique. Au contraire, les inégalités ont tendance à s'accroître avec cette dernière. Historiquement, il n'y a eu que deux types d'évènements qui les ont diminuées : les guerres et les révolutions (pacifiques ou non). Ainsi, alors que les inégalités économiques n'ont fait que croître entre 1791

---

[329] Et si on prend comme taux de croissance les 5% recommandés, cela revient à multiplier par 131 en à peine un siècle ; avec 10%, on multiplierait par 13 780.

et aujourd'hui, les seules baisses significatives constatées l'ont été (par ordre chronologique) :

- durant la guerre de 1914-1918,
- en 1936, avec l'arrivée du Front populaire au pouvoir,
- durant la guerre de 1939-1945,
- en mai 1968, où le SMIC est augmenté de 20% et indexé partiellement sur le salaire moyen jusqu'en 1983 (et après 1983 la hausse des inégalités reprendra).

Aux Etats-Unis, la situation sur les inégalités est encore pire. Non seulement les 1% les plus riches concentrent bien plus de richesses qu'en France, mais de 1977 à 2007, ils ont absorbé 60% de la croissance totale du revenu national.[330] Pour bien vous représenter ce que cela signifie, imaginez une salle des fêtes avec 100 convives. Chacun a son repas dans son assiette et l'on apporte le dessert. Un premier convive se lève et se sert quasiment les deux tiers du gâteau. Les 99 convives restants n'ont plus qu'un tiers à se partager. Dans une vraie salle des fêtes, il est fort probable qu'une dispute aurait éclaté, mais aux Etats-Unis il est stupéfiant de constater qu'aucun de ces 99 citoyens ne se soit rebellé. [331]

Thomas Piketty s'intéresse également à l'importance du capital dans nos sociétés, en le rapportant aux flux de revenus. Un niveau de capital important est le signe d'une société de rentiers, où un nombre non négligeable de personnes (les « capitalistes » à juste titre) n'ont plus besoin de travailler pour vivre, car elles tirent leur revenu des travailleurs. Il constate qu'avant la Révolution française, le capital national équivalait à près de 7 années de revenu national. Après le choc des deux guerres mondiales, il ne valait plus que 3 années de revenu national. C'est l'époque où le travail comptait avant tout, et où même les plus riches ne pouvaient plus se permettre de rester oisifs. La valeur du capital n'a cessé ensuite de remonter pour atteindre 5 années en

---

[330] *Ibid.* p. 469.
[331] A tous ceux qui voudraient comprendre pourquoi, je recommande vivement la lecture de *Tout peut changer* de Naomi Klein, où l'on voit l'influence considérable des lobbies sur l'opinion populaire.

2000 et plus de 6 années en 2010. Il ne fait aucun nous allons bientôt revenir à un niveau similaire à celui de la Révolution française.

Puisque, à la lumière de notre passé, seule une guerre ou une révolution peut aboutir à une plus juste répartition des revenus, il nous faudra donc faire la révolution si nous voulons éviter la guerre.

## 9.2.    Les vraies solutions

La Terre est belle, tous les pays du monde ont leurs charmes et la France ne fait pas exception. Nous avons des lacs, des montagnes, des champs, des forêts, des vergers, des vignes, des vallées, des rivières... nous avons cette chance de vivre dans un pays relativement verdoyant, avec des paysages variés où la nature est encore assez présente, et pourtant nous n'en profitons pas. La modernisation de l'agriculture, au sortir de la Seconde Guerre mondiale, a poussé les paysans vers la ville et achevé la dernière vague d'urbanisation de la population. En 2007, nous étions devenus 47,9 millions d'habitants à vivre dans les villes, autrement dit 77,5% de la population à se partager 22% du territoire, soit 400 habitants au km².[332] Il y a une absurdité dans cette situation, car nous laissons des campagnes sous-peuplées alors que nous sommes de plus en plus de citadins à vouloir y vivre.[333]

Dans cette crise moderne du capitalisme, nous avons d'un côté des entreprises qui voudraient augmenter leurs ventes et de l'autre des chômeurs qui voudraient augmenter leurs achats. La solution satisfaisante pour tous serait que ces entreprises embauchent tout simplement ces chômeurs, mais pour les raisons évoquées plus haut, la distorsion dans les mécanismes du libre-échange mondial fait qu'elles préfèrent embaucher à moindre coût des salariés qui n'achètent pas leurs produits, d'où ce déséquilibre permanent.

Au niveau de l'urbanisation du territoire, il y a ce même déséquilibre absurde. Nous avons d'un côté des campagnes qui se plaignent de leur désertification, et d'un autre des citadins qui ne demandent qu'à s'y installer. Si nous mettions fin à cette délocalisation, contreproductive économiquement et polluante énergétiquement, l'emploi

---

[332] Chiffres tirés de la publication Insee Première N° 1364 - août 2011.
[333] Près de 70 % selon un sondage Ifop d'octobre 2014 pour la région Auvergne, 65 % selon un sondage CSA de juillet 2015 pour l'Observatoire du bonheur, 64% selon un sondage de l'institut BVA de septembre 2015.

redeviendrait local, ce qui ramènerait la population active des banlieues surpeuplées vers ces villages abandonnés. Au final, tout le monde y gagnerait, et les gens se sentiraient bien plus heureux. Si nos politiciens laissent la situation s'aggraver comme ils l'ont fait jusqu'à présent, peut-être qu'un jour nous aurons 99% de la population concentrée sur 1% du territoire. Essayons d'imaginer le cauchemar que ce serait... est-ce vraiment cela que nous voulons ?

Aujourd'hui, nous baignons à tel point dans l'absurdité de notre système qu'il nous semble normal. Cela ne choque personne qu'il y ait dans nos aliments des édulcorants déclarés pourtant cancérogènes par le passé ; que l'on fasse pousser nos fruits et légumes avec des produits qu'il faut épandre muni d'une combinaison étanche sous peine d'intoxication mortelle ; que l'on nourrisse les herbivores avec de la farine de viande ; que l'on nourrisse les poissons avec de la farine de viande ; que l'on commence à nourrir également nos légumes avec de la farine de viande ; que l'on autorise la vente d'œufs de poules qui ne voient *jamais* la lumière du jour, cloîtrées dans un hangar nauséabond, et qui passent la totalité de leur existence dans une cage sur une surface penchée plus petite qu'une feuille A4 ; que le gouvernement, qui crie à qui veut l'entendre que ses caisses sont vides, offre chaque année un crédit d'impôt de près de 20 milliards d'euros aux entreprises (le CICE) pour soi-disant préserver l'emploi alors qu'il sait pertinemment qu'elles s'en servent juste pour rémunérer davantage leurs actionnaires ; que la plupart des lois que votent nos élus sont des copier-coller des propositions faites par les lobbies, et que toutes les mesures suggérées pour mettre fin à l'évasion fiscale soient systématiquement rejetées alors que c'est la clé du problème ; que les gens se ruent sur des smartphones hors de prix dont les conditions de production lamentables auraient été déclarées illégales en France, et que l'on érige en héros le patron qui a inventé cela ; que l'Afrique soit le continent le plus pauvre du monde alors qu'il est celui qui détient le plus de richesses, et que la France le pille tout en déclarant l'aider ; que la justice soit plus tolérante avec ceux qui détournent des millions qu'avec ceux qui volent deux cents euros, et qu'elle mette systématiquement des années à agir sauf quand c'est un membre du gouvernement qui en a besoin ; que toutes les solutions pour sortir de l'impasse soient franchement très bien connues de tous les économistes et autres spécialistes mais que nos gouvernements successifs continuent sciemment à ne rien faire, tout en nous faisant croire que le problème vient de nous parce que nous sommes des fainéants trop payés…

Ce qui nous semble normal aujourd'hui ne le sera plus pour les générations futures, tout comme nous jugeons aujourd'hui la Traite des Noirs comme une horreur, ou le fait de ne pas se laver pour se protéger des maladies complètement stupide, alors que tout cela ne choquait nullement au XVIIe siècle. Dans mon roman d'anticipation *Les Enfants de Calliope*[334], j'ai essayé d'imaginer ce que serait notre monde en 2704, en décrivant de manière réaliste cette société du futur, et me posant la question que malheureusement aucun politicien ne se pose : quel prix nos enfants auront-ils à payer pour pouvoir survivre ? Comment nos lointains descendants jugeront-ils notre lenteur à avoir changé les choses ?

Il est temps pour l'humanité de prendre conscience d'elle-même. Il est temps qu'elle se demande dans quel monde elle préfère vivre, et qu'elle choisisse enfin son destin.

Il devient urgent de mettre la préservation de notre environnement au cœur de nos décisions. C'est à notre économie de s'adapter à la planète, car la planète ne pourra s'adapter à notre économie. Il faut bannir tous les produits toxiques de l'agriculture, et toutes les études ont montré qu'on ne va pas affamer la planète en produisant bio. Des fruits et légumes qui poussent sans agrotoxiques ont l'avantage d'être plus sains et plus nutritifs pour les consommateurs, moins nocifs pour les agriculteurs et les riverains des récoltes, moins ravageurs pour nos écosystèmes et non polluants pour nos nappes phréatiques. Il faut interdire tous les produits ne serait-ce que soupçonnés d'être cancérogènes : alimentation, produits de beauté, produits d'entretien, etc. Il

---

[334] Nats Editions, 2014.

faut abandonner le pétrole, le charbon, l'uranium… au profit d'énergies renouvelables et non polluantes. Pour qu'un système soit réellement viable et envisageable, il faut qu'il soit pérenne sur le long terme. Cela ferait rire n'importe quel politicien si on lui demandait que les décisions qu'il prend soient encore viables dans mille ans. Pourtant, ça ne nous aurait pas fait rire aujourd'hui si les seigneurs du Moyen Âge avaient décidé de polluer durablement le sol, de sorte que nous vivions dans la famine aujourd'hui. Et nos enfants du futur, ça ne les fera sûrement pas rire de savoir qu'à notre époque personne n'a pensé à eux, et que nous avons fondé notre système économique sur un épuisement total des ressources (pétrole, gaz, eaux souterraines, poissons, etc.) et une pollution quasi irréversible de la planète (microbilles de plastique, métaux lourds, etc.). Le meilleur moyen de faire face au chaos qui s'annonce (crise économique, pénurie pétrolière, réchauffement climatique, etc.) serait de redistribuer les grandes surfaces agricoles (actuellement en agriculture chimique) à tous les foyers désireux de posséder leur propre potager bio. Après une période de mise en friche pour laisser la vie y revenir, ces terres seraient découpées en damiers dont les cases feraient environ un hectare de surface (cent mètres par cent mètres). Les cases blanches seraient laissées à l'état sauvage afin de permettre à la biodiversité de s'exprimer, tandis que chaque case noire accueillerait un foyer (au sein d'une maison passive[335]), qui cultiverait la terre de manière biologique. Une partie de la production servirait à se nourrir, et l'autre pourrait être revendue sur des marchés ou troquée avec les voisins. Evidemment, l'Etat dispenserait à ces familles une formation à la permaculture et à l'agroécologie, et il y aurait des conseils de village afin de coordonner une rotation des cultures et des élevages entre les foyers (afin de ne pas toujours puiser les mêmes ressources du sol). Les places laissées vacantes dans les grandes villes serviraient à créer des potagers urbains, de sorte que même en cas de crise grave personne n'ait à subir de famine. Ce serait au final le moyen le plus rapide de faire baisser les

---

[335] Une maison passive est une maison conçue pour ne consommer naturellement que très peu d'énergie.

émissions de $CO_2$, de lutter contre la pollution et le cancer, de repeupler les campagnes tout en désengorgeant les villes, et de rendre les citoyens parés à une crise grave de l'énergie.

En ce qui concerne le problème de l'eau, qui est à la fois la ressource la plus précieuse de notre planète et la plus gaspillée, sa raréfaction en France comme partout dans le monde n'est pas due aux gens qui prennent des douches trop longues – comme le soutiennent nos politiques – mais à l'agriculture chimique intensive qui conduit à son utilisation abusive.[336] En effet, les sols – rendus morts par les biocides et tassés par le passage des tracteurs – deviennent aussi durs que du béton. Lors des pluies abondantes, l'eau – au lieu d'être stockée dans la terre – se transforme en inondations qui accentuent l'érosion des sols. Quand surviennent les premières sécheresses en été, les récoltes souffrent davantage car, d'une part, les sols n'ont pas pu emmagasiner assez d'eau pendant les périodes de pluie, et d'autre part, les semences industrielles, renouvelées chaque année, n'ont pas eu le temps de s'adapter au climat. L'agriculteur n'a plus d'autre choix que d'arroser ou d'irriguer encore davantage ses champs alors que c'est en été que les pénuries d'eau sont les plus fréquentes. En passant d'une agriculture chimique destructrice à une agriculture biologique respectueuse de son terroir, on obtiendrait des sols plus vivants, donc plus aérés, donc capables d'absorber de plus grandes quantités d'eau durant les fortes pluies, et donc capable d'en restituer davantage à la plante durant les périodes de sécheresse (sans compter qu'avec un mode d'ensemencement traditionnel, la plante s'accommodera peu à peu au terroir et deviendra moins gourmande en eau).

Il faut mettre fin à cet accroissement spectaculaire des inégalités économiques, pas forcément en taxant les plus riches à outrance car ça ne ferait qu'accroitre la fraude fiscale, mais en plafonnant le salaire des dirigeants par rapport au salaire moyen des salariés, dans un rapport de 1 pour 20 maximum (comme dans le service public) voire de

---

[336] Pour rappel, au niveau mondial l'agriculture représente 70% de la consommation d'eau.

1 pour 12 comme cela a été proposé en Suisse. Pour rappel, en France en moyenne un patron gagne 104 fois plus que les salariés (contre 48 fois au Danemark et 354 fois aux Etats-Unis)[337]. Rien ne justifie un écart aussi démesuré, d'autant qu'il ne cesse de s'accroître depuis les années 1970 alors même que le niveau d'éducation et de productivité des salariés augmente. La principale raison de cette différence, comme le souligne Thomas Piketty, est que, dans une large mesure, le dirigeant peut fixer son salaire alors que le salarié fixe rarement le sien. En ces temps de chômage élevé, il y a une pression vers le bas de la rémunération des salariés qui n'est aucunement liée à leur productivité réelle. L'ordre de grandeur des salaires dépend au final plus de la situation du pays que du mérite des salariés. Par exemple, pour exactement le *même* travail, un salarié luxembourgeois est payé en moyenne deux fois plus qu'un salarié français.

Il faut par ailleurs plafonner le montant des dividendes par rapport aux évolutions de salaires, et empêcher également que les actionnaires recourent aux licenciements à seule fin d'augmenter leurs dividendes. Il faudrait dans cet esprit s'inspirer du modèle allemand de la cogestion, où la loi oblige qu'il y ait autant de représentants des salariés que des actionnaires dans les conseils d'administration des entreprises de plus de 2000 salariés. Les représentants des salariés y disposent des mêmes pouvoirs que les représentants des actionnaires : nomination, révocation des membres du directoire (pour 5 ans), contrôle de sa gestion et autorisation de certaines opérations, dont certaines décisions stratégiques. Dans les petites structures de plus de cinq salariés, ces représentants des salariés forment un conseil d'établissement à pied d'égalité avec l'employeur pour adopter des mesures. Si l'employeur adopte une mesure sans l'accord du comité d'établissement, celle-ci sera sans effet.

Il ne faut autoriser l'importation de produits que s'ils sont fabriqués dans les mêmes conditions (au minimum) qu'en France, que ce soit au

---

[337] *Le grand écart des rémunérations entre salariés et patrons à travers le monde*, Le Figaro, 25 novembre 2013

niveau des salaires, de la sécurité et des normes environnementales. Quel est le sens d'interdire à nos agriculteurs l'utilisation de certains pesticides alors que l'on autorise l'importation des fruits et légumes qui en contiennent ? Quel est le sens d'interdire à nos entreprises d'abuser de leurs salariés mais d'autoriser l'importation de produits fabriqués dans des conditions abusives ? Cela crée juste une distorsion du marché qui en définitive ne profite ni au consommateur ni au salarié. Il faut imposer un certificat que les usines installées à l'étranger devraient obtenir pour avoir le droit de vendre en France. Ce certificat serait basé sur une analyse du produit, un audit de l'usine et un examen des conditions de travail des salariés. Il impliquerait non seulement que le produit soit sain, mais aussi qu'il soit fabriqué avec les mêmes contraintes salariales et environnementales qu'en France. Comme expliqué plus haut, ce ne serait aucunement une discrimination envers les entreprises implantées à l'étranger, puisqu'elles seraient en réalité traitées à égalité avec celles implantées en France. Le coût de ce certificat serait proportionnel au chiffre d'affaires (à hauteur de 0,1%) et appliqué également aux entreprises françaises pour plus d'équité si nécessaire. A terme, d'autres pays d'Europe, comme ceux du Nord par exemple, pourraient réclamer le même certificat pour leurs importations, et ainsi en faire baisser le poids de son coût. Evidemment, il serait nécessaire d'épargner dans un premier temps les secteurs vitaux où la délocalisation en France est impossible (mines, etc.) afin de laisser le temps à certaines structures d'effectuer les ajustements nécessaires. La France représentant un marché de plus de 60 millions de consommateurs, aucun entrepreneur ne serait assez fou pour le dédaigner, surtout si ses concurrents se sont retirés.

Il faut harmoniser les politiques fiscales des pays de l'Union européenne, car actuellement nous sommes en train de disputer un tournoi de football où les équipes peuvent librement choisir la taille de leurs buts. La France en a sûrement opté pour de standards (7,32 x 2,44 mètres), tandis que le Luxembourg et l'Irlande ont opté pour des cages à lapin. Dans ces conditions, comment gagner le match ? Pour revenir à la fiscalité, cela explique pourquoi toutes les multinationales préfèrent payer leurs impôts au Luxembourg ou en Irlande plutôt qu'en France, en Italie ou en Allemagne, ce qui constitue évidemment un énorme manque à gagner pour ces derniers. Mais ce n'est pas *fair-play*. Si on joue au même jeu, on doit jouer avec les mêmes règles. Et personne ne serait gagnant – citoyens comme gouvernements – si on se lançait dans une course au plus faible taux d'imposition. Il est vital d'adopter des taux d'imposition identiques. Il est vital également de ne plus permettre aux entreprises de compenser leurs bénéfices par des pertes artificielles afin d'échapper à l'impôt, du genre royalties exorbitantes à la maison-mère, ou encore filiale à perte dans un paradis fiscal… L'impôt sur les bénéfices des sociétés, qu'il s'agisse de boulangeries ou de chaînes de fast-food, devrait en outre avoir une part locale plus importante qu'aujourd'hui, afin d'être à égalité avec les petits artisans.

Il faut rétablir un financement public équitable de la démocratie, en reprenant les propositions de Julia Cagé, afin que les politiques mises en œuvre ne soient plus exclusivement au service des plus riches. Cela passe par un financement public plus important qui diminue le poids de l'argent privé (et donc des intérêts des plus riches) dans les partis. Sa proposition de 7 euros par citoyen, qu'ils peuvent allouer comme bon leur semble, me paraît tout à fait raisonnable. Et que le lecteur allergique à la politique se rassure : cela reste une goutte d'eau dans les dépenses de l'Etat, tout en permettant enfin aux citoyens d'être mieux représentés.

Il faut réduire les dépenses de la Sécurité sociale, non pas en limitant les remboursements, mais en plafonnant le prix de certains médicaments qui, comme on l'a vu, profitent du système et sont abusivement élevés par rapport à leur coût, leur utilité ou tout simplement par rapport aux autres pays européens.

Il faut que la France cesse de piller l'Afrique. Nos entreprises implantées en Afrique font des bénéfices faramineux qui ne profitent en rien aux populations locales. La France doit permettre aux Africains de choisir leur propre monnaie. Elle doit cesser son ingérence dans les élections et cesser de placer ses pions pro-colonialistes. Elle doit cesser de soutenir politiquement et militairement les dictateurs qu'elle a mis au pouvoir et dont le peuple ne veut plus. Enfin, et c'est la moindre des choses face aux immenses dégâts qu'elle a causés depuis ces derniers siècles, elle doit accompagner ces pays nouvellement libres dans leur transition économique et politique afin qu'ils puissent, en l'espace de quelques décennies, rattraper leur retard de développement.[338] La première des choses à faire serait de veiller à ce que les entreprises étrangères paient des impôts et que cet impôt profite réellement au peuple par le biais d'infrastructures pérennes créatrices de développement (hôpitaux, écoles, universités, routes, transports, télécoms, etc.). Elle doit ensuite s'assurer que les conditions pour l'émergence de concurrences locales soient réunies, et que le cadre législatif soit transparent, stable et équitable. Le jour où les citoyens de ces pays seront aussi riches que nous, ce ne sera pas une perte pour la France, car elle y gagnera des partenaires économiques au même titre que les autres pays européens. Elle aura aussi mis un terme à ce drame de l'émigration forcée, qui est actuellement une tragédie pour les deux camps.

Il faut empêcher les banques de spéculer avec l'argent des particuliers. Cette activité de spéculation n'est ni éthique ni productive en soi, et s'apparente davantage à un casino où elles jouent avec notre argent. Elles prennent d'autant plus de risques que l'Etat couvrira (toujours avec notre argent) les pertes éventuelles. Libre à celles qui veulent jouer en bourse de le faire, mais elles doivent être séparées des autres banques, celles qui basent leur activité et leurs revenus sur les prêts aux particuliers et aux entreprises de la région. C'est la condition nécessaire si nous voulons qu'elles contribuent de nouveau au développement du tissu économique local.

---

[338] Ce dernier point peut sembler choquant, mais il ne faut pas se faire d'illusion : si la France abandonnait d'un seul coup ses ex-colonies africaines avant qu'elles ne se développent, ces dernières deviendraient la proie idéale pour d'autres puissances étrangères et tout redeviendrait comme avant.

Il faut également arrêter avec cette charge de la dette qui nous coûte plus de 40 milliards d'euros par an et qui est un pur cadeau fait aux banques, dont les membres du pouvoir ont toujours été proches. Si vous vous demandez encore ce qu'est la charge de la dette, je vais la résumer en quelques lignes. L'Etat a besoin d'argent, il va voir son banquier, celui-ci lui fait un chèque qu'il devra rembourser, et lui facture ce service plusieurs milliards d'euros. C'est juste un jeu d'écritures qui n'a pas pris plus d'une heure de travail, mais qui est rémunéré une fortune que l'on paie en fermant des hôpitaux, des écoles, des casernes de pompiers, etc.

Il faut arrêter avec cette logique économique qui demande toujours plus de croissance, alors que c'est irréalisable à long terme. Il faut opter pour un système qui permette le partage des richesses et la création d'emploi y compris à croissance nulle. Et vu la raréfaction de nos ressources, il faut également se préparer à affronter une décroissance qui – dans l'état actuel de gaspillage – ne serait pas une mauvaise chose pour la planète. Cela passe par une imposition plus équitable, une plus juste distribution des revenus, et un système économique basé sur le recyclage davantage que sur le gaspillage, basé sur des produits pérennes plutôt que sur des produits jetables. Pour cela, l'Etat doit imposer plus de transparence et de normes de qualité. Comment se fait-il par exemple que nos machines à laver n'aient plus que deux ans de garantie là où celles de nos parents duraient vingt ans ? Pourquoi l'Etat ne fait-il rien contre l'obsolescence programmée ? Pourquoi n'impose-t-il pas que les pièces soient plus facilement remplaçables et recyclables ?

Du côté des indicateurs aussi les choses doivent changer. Il faut arrêter de systématiquement rapporter la grandeur d'un pays à son PIB, ou son dynamisme à la croissance de celui-ci. Cet indicateur comptabilise en effet, selon l'expression de Serge Latouche, les maux et les remèdes.[339] Une usine qui pollue va entraîner une hausse du PIB de par les produits qu'elle vend, mais aussi de par les cancers qu'elle engendre et qu'il faut soigner, et de par les coûteuses mesures de dépollution mises en œuvre. Une ressource qui s'épuise devient plus rare, mais aussi plus cher, ce qui fait paradoxalement augmenter le PIB à mesure que la ressource diminue.

Pour ma part, je ne mesure pas le degré de développement d'une civilisation à sa richesse monétaire ou à sa puissance militaire, mais à l'assistance qu'elle continue à porter à ses membres les plus fragiles (enfants, vieillards, handicapés, malades...). Il faudrait abandonner le PIB et ces traditionnels indicateurs de performance par d'autres plus représentatifs du véritable bien-être de la population. Remplacez par exemple le montant du PIB par celui des émissions de $CO_2$, l'évolution moyenne des revenus par celle des inégalités de revenu, le volume de la consommation d'appareils électroménagers par celui des antidépresseurs... vous aurez au final un palmarès très différent, et bien plus révélateur du mal-être d'un pays. On peut aussi s'inspirer du Bhoutan, qui a remplacé le PIB par le BNB (Bonheur national brut) comme critère de réussite, qui repose sur quatre piliers : un développement économique et social durable et équitable, la préservation et la promotion

---

[339] A propos du PIB, le sénateur Robert Kennedy (le frère de John) dira, dans un discours prononcé le 18 mars 1968 : « Notre PIB prend en compte la publicité pour le tabac et les courses des ambulances qui ramassent les blessés sur nos routes. Il comptabilise les systèmes de sécurité que nous installons pour protéger nos habitations et le coût des prisons où nous enfermons ceux qui réussissent à les forcer. Il intègre la destruction de nos forêts de séquoias ainsi que leur remplacement par un urbanisme tentaculaire et chaotique. Il comprend la production du napalm, des armes nucléaires et des voitures blindées de la police destinées à réprimer des émeutes dans nos villes. Il comptabilise la fabrication du fusil Whitman et du couteau Speck, ainsi que les programmes de télévision qui glorifient la violence dans le but de vendre les jouets correspondant à nos enfants... En revanche, le PIB ne tient pas compte de la santé de nos enfants, de la qualité de leur instruction, ni de la gaieté de leurs jeux. Il ne mesure pas la beauté de notre poésie ou la solidité de nos mariages. Il ne songe pas à évaluer la qualité de nos débats politiques ou l'intégrité de nos représentants. Il ne prend pas en considération notre courage, notre sagesse ou notre culture. Il ne dit rien de notre sens de la compassion ou du dévouement envers notre pays. En un mot, le PIB mesure tout, sauf ce qui fait que la vie vaut la peine d'être vécue ».

des traditions culturelles bhoutanaises, la sauvegarde de l'environnement et une bonne gouvernance.

Passons enfin au bilan financier. La politique économique actuelle prônée par nos politiciens est une politique « d'austérité » qui vise à couper dans toutes les dépenses publiques (retraites, santé, éducation, justice, etc.). Celle-ci est très destructrice pour notre tissu social, mais ils la justifient par la nécessité d'équilibrer notre budget. Au vu de tous les conflits d'intérêts que nous avons passés en revue, il est venu le temps de ne plus les croire sur parole et de vérifier par nous-mêmes les comptes officiels de la République. En d'autres termes, quand on arrive à un point où l'on ne peut plus faire confiance à nos élus, il faut prendre soi-même les choses en mains. Examinons par exemple le budget voté pour 2016, en milliards d'euros :

| Charges nettes de l'Etat | 313,3 Md€ |
|---|---|
| Recettes nettes de l'Etat | 239,6 Md€ |
| Solde du budget de l'Etat | -73,7 Md€ |

Je ne suis pas rentré dans le détail des charges et des recettes de l'Etat afin de ne pas alourdir la lecture, d'autant que ce serait ici inutile. A présent, voyons ce que cela donnerait si nous appliquions les mesures vues haut :

| Annulation de la charge de la dette | +44 Md€ |
|---|---|
| Fin de l'évasion fiscale | +80 Md€ |
| Alignement du prix des médicaments | +10 Md€ |
| Abandon du CICE | +20 Md€ |
| Nouveau solde du budget de l'Etat | +80,3 Md€ |

Avec un bénéfice de 80,3 milliards d'euros, cette politique d'austérité ne serait qu'un mauvais souvenir et nous pourrions retrouver la qualité de service public que nous avons perdue depuis longtemps. Nous aurions également de vrais fonds pour la « transition écologique » et construire le monde de demain.

273

## 9.3.    Un peu de pessimisme

> *Tant qu'on arrivera plus facilement à remplir des stades payants que des bibliothèques gratuites, je demeurerai pessimiste sur l'avenir du monde.*

Anonyme

> *Quand les nazis sont venus chercher les communistes, je n'ai pas protesté parce que je ne suis pas communiste.*
> *Quand ils sont venus chercher les Juifs, je n'ai pas protesté parce que je ne suis pas Juif.*
> *Quand ils sont venus chercher les syndicalistes, je n'ai pas protesté parce que je ne suis pas syndicaliste.*
> *Quand ils sont venus chercher les catholiques, je n'ai pas protesté parce que je ne suis pas catholique.*
> *Et lorsqu'ils sont venus me chercher, il n'y avait plus personne pour protester.*

Martin Niemöller, arrêté en 1937 et envoyé<br>au camp de concentration de Sachsenhausen

## 9.3.1.    Les facteurs socio-psychologiques

Les dernières manifestations en date (Nuit debout, Gilets jaunes, réforme des retraites…) mises à part, j'ai parfois le sentiment que les médias – ou plutôt les dirigeants qui les emploient – ont gagné la guerre et ont réussi à éteindre l'esprit critique et le feu revanchard qui nous caractérisaient autrefois. Pendant notre journée de travail, nous accumulons fatigue, stress, soucis… si bien qu'une fois celle-ci terminée, nous nous empressons de simplement nous vider la tête, que ce soit devant une série à la mode, un film d'action, une émission de télé-réalité, un jeu télé abrutissant… tout ce qui n'appelle plus notre cerveau à un ultime effort. Gavés d'informations inutiles ou trompeuses, nous en oublions notre faculté de juger et, pire encore, notre faculté d'agir. Les médias nous maintiennent dans cette idée que la crise est là parce nous en avons trop profité, que le chômage demeure parce que nous sommes trop payés, que les caisses de l'Etat sont vides parce que nous en avons abusé, que lutter pour la défense de la nature c'est détruire des emplois, que s'opposer aux réformes néolibérales c'est aller à l'encontre du progrès, que défendre son terroir c'est être populiste, et que vouloir plus de justice sociale c'est être communiste. Notre esprit, enfermé dans ce ruban de Möbius intellectuel, ne voit pas d'alternative possible. D'ailleurs, la plupart des gens pensent se trouver en fait du bon côté de la barrière. Ils pensent que les politiques qui profitent aux riches les concernent également, sans s'imaginer une seconde que, pour ces riches qui nous gouvernent, un salaire inférieur à 20 000 euros nets par mois c'est un salaire de pauvre. Les politiques occidentales actuelles ne profitent qu'à ceux qui ont un revenu assez élevé pour pratiquer l'évasion fiscale et échapper à l'impôt, c'est-à-dire un revenu annuel qui dépasse au moins le demi-million d'euros. En clair, à chaque élection, plus de la moitié des Français vont voter pour défendre les 0,01% d'entre eux sans que cela les choque.

C'est vrai, aussi étrange que cela puisse paraître, les gens ne votent pas pour le dirigeant qui les protègerait le mieux. J'ai découvert, à travers le livre de Julia Cagé, qu'il existait une foule d'études sur ce sujet[340]. D'après les résultats de sa synthèse, cela pourrait être dû à des facteurs culturels et identitaires. Les partis très à droite ont besoin du financement des 0,01% plus riches pour exister mais du vote des 50% plus pauvres pour gagner les élections. Comme ils savent que leur politique va desservir les électeurs de cette moitié, ils tentent de les séduire en les amenant sur le terrain des valeurs morales, partant du postulat qu'un pauvre peu éduqué aura une mentalité plus « rurale », donc plus conservatrice, et qu'il sera plus motivé à gagner cette bataille sachant qu'il est conscient qu'il a déjà perdu celle de l'argent. Ainsi aux Etats-Unis, dans l'exemple qui est donné, ces partis ultralibéraux vont s'afficher contre l'avortement, contre le mariage homosexuel, contre l'islam, contre l'immigration, etc. et vont leur dire de se méfier des

---

[340] Lire le chapitre *Mais pourquoi les citoyens votent-ils contre leurs propres intérêts ?* Julia Cagé, *Le prix de la démocratie,* Fayard, 2018, p. 266.

intellectuels de gauche, qui sont en général plus progressistes. Le citoyen « moyen » est d'autant plus sensible à ces discours qu'il se sent souvent délaissé par les grands débats nationaux, qui insistent davantage sur les efforts à faire envers les homosexuels, les Noirs, les femmes, les handicapés, les immigrés, etc. En outre, ces partis se servent souvent d'un tour de passe-passe rhétorique, qui consiste à faire croire que si le pouvoir d'achat des classes moyennes diminue c'est à cause des plus pauvres (dont les immigrés), alors que dans les chiffres c'est bien vers les plus riches que l'argent est détourné. Par exemple, la Louisiane vote massivement pour le TEA Party (dont l'acronyme signifie *taxed enough already* [déjà suffisamment imposés]), un parti très conservateur hostile aux impôts et financé entre autres par les milliardaires David et Charles Koch ainsi que par des entreprises comme Verizon, AT&T ou Philip Morris (à travers le groupe de défense d'intérêts FreedomWorks). Or dans cet Etat, l'intégralité de la faible croissance économique a été capturée par les 1% les plus riches entre 2009 et 2013.[341] Mais les membres du TEA Party y entretiennent l'idée que si les classes les moins nanties sont dans cette triste situation, c'est à cause du gouvernement qui s'en met plein les poches. Ils préconisent donc une baisse des impôts pour mettre fin au « gaspillage », baisse saluée par des électeurs qui ne réalisent pas qu'elle induira une baisse des prestations que l'Etat prenait en charge pour eux (écoles publiques, hôpitaux publics, transports publics, services de police, justice, allocations diverses, retraites, etc.), prestations qui concernent en général 99% des habitants d'un pays mais pas ses 1% qui ont suffisamment d'argent pour recourir exclusivement à des services privés. Et au final, cela crée un cercle vicieux qui conduit à la situation actuelle. D'ailleurs, il est intéressant de rappeler que les 17 membres du cabinet du gouvernement mis en place par Trump après sa victoire gagnaient autant que les 109 millions de citoyens états-uniens les plus pauvres. Le gouvernement Macron quant à lui comptait 12 millionnaires parmi ses 32 membres. Leurs préoccupations à ces ultra-riches sont-elles vraiment les mêmes que celles des citoyens qu'ils gouvernent ?

---

[341] *Ibid.* p. 272

J'aimerais ajouter qu'il y a peut-être des facteurs psychologiques inconscients derrière ce phénomène. J'ai parlé plus haut du phénomène des souris, qui se battent entre elles dès lors qu'elles ont affaire à un ennemi invisible contre lequel elles ne peuvent lutter. Quand votre pouvoir d'achat baisse, mais que vous n'avez personne devant vous à qui en imputer la faute, vous ne pouvez vous en prendre qu'à la souris la plus proche de vous, autrement dit votre voisin, votre conjoint, vos collègues, ou tous ces hommes et ces femmes que vous croisez chaque jour et qui vous renvoient à la figure votre propre misère, mais pas au dirigeant qui habite dans un quartier où vous ne mettrez jamais les pieds. Toujours dans les causes psychologiques, il y aurait peut-être un peu du syndrome du « bad boy » là-dedans. Quand certaines femmes choisissent de sortir avec des hommes qui ont un air mauvais, en se disant qu'ils seront plus aptes à les protéger, en se persuadant naïvement *« qu'il sera méchant avec les autres sauf avec moi »*, elles n'imaginent pas tout de suite qu'elles seront en fait les premières victimes de cette violence contenue. Dans le même esprit, de nombreux Latino-Américains qui ont soutenu Donald Trump lors de son élection, sont tombés des nues quand ils ont fait les frais de ses premières réformes[342]. Cela a été sûrement la même déception chez tous les étudiants qui ont voté Emmanuel Macron, et ce sera probablement la même déception chez tous ces immigrés naturalisés Français qui votent Marine Le Pen, si elle est un jour élue.

Mais, si l'on devait se pencher davantage sur les facteurs psycho-sociologiques d'une défaite annoncée, le phénomène des décisions absurdes est encore plus emblématique. Dans son ouvrage justement intitulé *Les décisions absurdes*[343], Christian Morel nous présente un cas réel, tragique et insensé, où des pilotes se retrouvent face à deux questions cruciales :
- Le train d'atterrissage est-il bien sorti ?
- Quand pourrons-nous faire atterrir cet avion ?
Ils ont tellement débattu sur la première question (plus urgente) qu'ils en ont oublié la deuxième (plus importante), et que l'avion s'est

---

[342] Comme cette femme qui a voté Trump et dont le mari a ensuite été expulsé au Mexique. (Le Parisien, 26 mars 2017)
[343] Christian Morel, *Les décisions absurdes*, éditions Gallimard, 2012.

écrasé à cause du manque de carburant. Christian Morel poursuit avec une étude réalisée aux Etats-Unis : au jeu de pile ou face, on propose à un joueur de gagner 200 dollars si la pièce tombe sur pile et de perdre 100 dollars si la pièce tombe sur face. C'est le joueur qui lance la pièce. Sans forcément avoir de bonnes notions en probabilités, on comprend vite que c'est un jeu qui est à long terme favorable au joueur, et l'on constate effectivement que, *quel que soit le résultat du premier lancer*, les joueurs ont tendance à toujours rejouer une seconde fois. Mais curieusement, ils refusent de rejouer cette seconde fois si on ne leur communique pas le résultat du premier lancer. Ce qui est absurde quand on sait que de toute manière ils vont rejouer et que cette décision ne dépend donc pas du premier lancer. On observe là une « inquiétude irrationnelle ». En clair, l'être humain a beaucoup de mal à résoudre un deuxième problème si le premier n'est pas réglé, alors même que la résolution du premier problème n'aurait pas eu de véritable influence sur le second.

Pourquoi parler de ça ? Chaque année de nouvelles espèces disparaissent, chaque année un nouveau record de chaleur est enregistré, chaque année un accident industriel détruit un pan de la nature, chaque année les pics de pollution atmosphérique sont dépassés, chaque année le cancer gagne encore du terrain... et pourtant le thème de la préservation de notre planète a été le grand absent des dernières élections présidentielles en France et aux Etats-Unis. Pourquoi ? Parce qu'entre la relance économique, perçue comme très urgente et importante, et la survie de notre planète (et donc la nôtre), perçue comme légèrement moins urgente mais par contre vitale, les gens votent en priorité pour l'économie et occultent complètement la planète (comme ces pilotes d'avion qui, à force de débattre encore et encore sur le train d'atterrissage, ont laissé l'avion s'écraser, faisant 10 morts et 24 blessés). Et cela risque de se reproduire à chaque élection, vu que le problème n'est pas près d'être réglé. Avec cette ironie du sort tragique, que c'est en essayant justement de préserver notre environnement que nous aurions relancé l'économie.

## 9.3.2.    Les facteurs structurels

En plus de ces « petits défauts » de nos comportements individuels qui n'invitent pas forcément à l'optimisme, je crains parfois que nous ne soyons bien plus près du mur que nous le pensons, trop près pour pouvoir encore s'arrêter à temps.

Par exemple, j'ai du mal à comprendre comment l'Etat pourrait réellement réussir à financer la transition écologique tant il a sciemment coupé ses sources de recettes. Et je ne parle pas des recettes fiscales, dont il néglige volontairement les plus belles branches et qu'il pourrait récupérer s'il s'en donnait la peine, je parle de toutes les sources de revenu auxquelles il n'a désormais plus accès. Depuis le milieu des années 1980, nos politiciens se sont appliqués à vendre le patrimoine public et les services les plus rentables au secteur privé. Cela a sûrement enrichi leurs petits camarades de l'ENA, mais a grandement appauvri les recettes de l'Etat. Nos élus disent aujourd'hui que le service public ne rapporte pas, qu'il perd trop d'argent, mais ils ont vendu (en totalité ou en partie) les autoroutes, les télécoms, les parkings, les banques, l'énergie... tous les secteurs les plus rentables qui engrangent aujourd'hui des milliards de bénéfices et qui ne pourront plus concourir à équilibrer le budget de l'Etat. A l'heure où ces lignes sont écrites, les députés ont voté les projets de privatisation de la Française des Jeux et Aéroports de Paris[344], deux autres secteurs ultra-rentables eux aussi, avec un bénéfice de 181 millions d'euros en 2017 pour la première et 610 millions d'euros en 2018 pour le second. Où est la logique ?

Et tandis que l'Etat – le seul qui ait le moyen d'agir à l'échelle planétaire – se tire une balle dans le pied, l'humanité fonce dans le mur à une vitesse vertigineuse. En effet, nous vivons dans un monde fini dont les maux connaissent une croissance exponentielle, à l'image de notre population et du graphique ci-dessous qui, je l'espère, ne va pas

---

[344] Un recueil pour réclamer un référendum d'initiative partagée a été ouvert à ce sujet, soutenu par 75% des Français (selon un sondage YouGov), et signé par 480 000 personnes en à peine 3 semaines, mais le gouvernement – qui reste dans le déni de démocratie – a ensuite arbitrairement bloqué l'accès au compteur.

me faire perdre la moitié de mes lecteurs, comme le craignait Stephen Hawking en publiant *Une brève histoire du temps*.

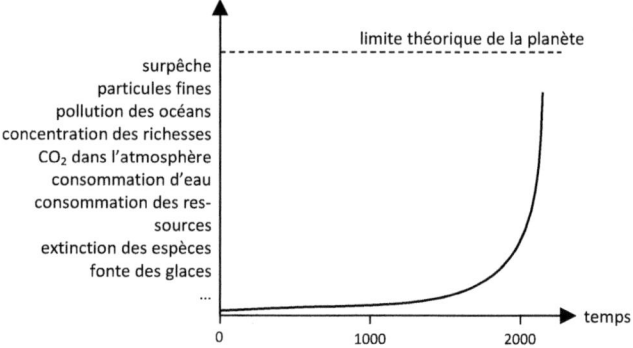

La liste à gauche n'est pas exhaustive, tant cette courbe peut s'appliquer à nombre de problèmes actuels. Tous les maux de la planète, restés plutôt stables jusqu'au XIXe siècle, se sont mis à exploser depuis, à une vitesse et une ampleur jamais vues auparavant, alors même que nous sommes en train d'atteindre les points de non-retour (nous en avons déjà franchis certains). Dans ces conditions, il est difficile de ne pas imaginer une issue tragique. C'est un peu comme si une voiture fonçant dans un mur se mettait tout d'un coup à accélérer puissamment à l'approche de l'impact... la force d'inertie est telle que freiner à la dernière dixième de seconde n'éviterait en rien un choc mortel.

Beaucoup de gens font confiance aux progrès de la science pour nous sortir de cette impasse ; mais la science ne peut pas faire de miracles, et s'en remettre à cette seule supposition pour avoir la vie sauve est plus que hasardeux. Ils oublient que jamais dans l'histoire nous n'avons connu une telle situation, avec d'un côté une population de plus de sept milliards de bouches à nourrir, dont les besoins augmentent de manière exponentielle, et de l'autre des ressources qui s'épuisent inexorablement. Par exemple, une grande partie de nos nappes phréatiques vont bientôt être à sec ; que se passera-t-il quand elles le seront complètement ? Assistera-t-on à une guerre de l'eau ? Ou se battra-t-on avant pour le pétrole ? ou pour les terres rares ? Les poissons ont presque tous disparu des rivages, nos bateaux sont à présent obligés d'aller pêcher au milieu des océans, à un rythme insoutenable qui ne permet pas le renouvellement des réserves. Que se passera-t-il le jour où le dernier poisson sera pêché ?

Une étude publiée en janvier 2019 a souligné que l'accélération de la fonte des glaces avait été sous-estimée et que l'Antarctique était bien plus touché que ce que l'on pensait.[345] Le niveau des océans pourrait augmenter bien plus vite que prévu, à hauteur de plusieurs dizaines de mètres. Qui accueillera tous ces réfugiés climatiques ? Comment pourra-t-on gérer le chaos annoncé ?

Il est intéressant de noter que les « élites » ne notre planète, celles qui sont tout en haut de la pyramide sociale et qui savent bien comment se prennent les décisions, ont d'ores et déjà prévu une sortie de secours. Les milliardaires investissent de plus en plus dans les îles autour de la Nouvelle-Zélande, qui ont la particularité d'être assez hautes pour échapper à une montée des eaux, et assez lointaines pour échapper à une révolte populaire ou une guerre nucléaire. Rien qu'en 2016, 13 000 riches américains y ont demandé un permis de construire. Parmi les milliardaires qui ont investi là-bas, on trouve Peter Thiel (fondateur de PayPal), le réalisateur James Cameron ou encore Mark Zuckerberg qui possède une ferme bio autonome de 27 hectares. Selon le fondateur de LinkedIn, Reid Hoffman, « *plus de 50 % des milliardaires de la Silicon Valley ont pris, d'une manière ou d'une autre, une assurance contre l'apocalypse* ».[346] Plus près d'ici, Yves Cochet, ministre de l'Aménagement du territoire et de l'Environnement sous Jospin, a investi dans une ferme autonome de 7 hectares en prévision « *d'un effondrement général systémique et global du monde vers les années 2025-2030* » où l'eau, l'électricité, l'essence et la nourriture viendraient à manquer.[347]

On comprend mieux l'indifférence de nos dirigeants à vouloir nous sauver du chaos, puisqu'ils savent déjà qu'eux en réchapperont. Qui pourra le faire alors ? Ceux qui veulent changer le système ont peu souvent la parole dans les médias, ou alors le mauvais rôle… Ils n'ont

---

[345] *En Antarctique, la glace disparaît plus vite que prévu*, Sciences et Avenir, 15 janvier 2019.
[346] *Nouvelle-Zélande, là où fleurissent les bunkers de milliardaires*, L'Humanité, 16 avril 2019.
[347] *Yves Cochet, ex-ministre de l'Environnement prêt pour l'effondrement* sur https://www.brut.media/fr, 9 juillet 2019.

pas les soutiens financiers nécessaires, et ont par ailleurs un travail à assumer et une famille dont personne ne s'occupera à leur place. *« Nuit debout » n'aura finalement duré que quelques nuits en France. Tout comme, au fond, le mouvement « Occupy Wall Street » un peu partout dans le monde. Les « 99% » aux Etats-Unis n'auront que peu de temps occupé le devant de la scène. Avant de ? Avant de retourner vaquer à leurs occupations... Ou plutôt de retourner gagner leur vie, car, à l'exception de ceux qu'on appelle à raison les professionnels de la politique – puisque la politique est pour eux une profession qu'ils sont payés pour exercer –, les citoyens sont tenus de travailler pour vivre. Et se retrouve ainsi exclus* de fait *de la vie politique.*[348]

Et même si cela restait possible, il faudrait que l'on *puisse* élire le candidat tant attendu... *Ceux qui ne bougent pas ne sentent par leurs chaînes,* disait Rosa Luxembourg. Quand je vois comment l'Etat français a agi en Afrique, je me prends parfois à douter de la véritable teneur de notre démocratie. Il a fait assassiner les candidats indépendantistes, soutenu financièrement et médiatiquement les pro-Français, truqué les élections à son avantage, et quand cela ne suffisait pas il est intervenu militairement pour déloger les présidents récalcitrants... Beaucoup de gens en Afrique n'ont pas conscience que leurs candidats sont filtrés *à la base.* Ils ne s'étonnent plus qu'aucun programme ne soit réellement indépendantiste et ont de la France l'image idéalisée que leurs médias leur donnent. Qu'en est-il ici ? Sommes-nous vraiment en démocratie ? Ou bien nos candidats sont-ils, comme là-bas, filtrés à la base ? Depuis 1945, il n'y a jamais eu de candidats *réellement* opposés aux élites en place et *réellement* susceptibles de gagner les élections présidentielles. Sauf peut-être Coluche, mais il a justement reçu des menaces et a retiré sa candidature.[349] Qu'en serait-il aujourd'hui si un candidat réellement opposé au système (banques, lobbys, évasion fiscale...) avait ses chances de gagner au deuxième tour ? Pourrait-il arriver vivant jusqu'au jour du vote sans un service d'ordre

---

[348] Julia Cagé, *Le prix de la démocratie,* éditions Fayard, 2018, p. 215.

[349] Dans une de ses lettres publiée pour la première fois par le monde en mars 2019, il explique également qu'il aurait eu du mal à atteindre les 500 signatures règlementaires pour se présenter puisque les partis de droite et de gauche ont interdit à leurs maires respectifs de lui en accorder. Il rajoute aussi : *J'arrête. Je ne suis plus candidat. Je suis interdit à la radio, à la télé, tous ceux qui ont essayé de me soutenir se sont fait virer, la grande presse fait le silence.*

impressionnant ? On a vu à travers l'affaire Benalla que Macron se servait de la police comme d'une milice privée à son service, et d'ailleurs quand Mediapart a diffusé des enregistrements mettant en évidence la culpabilité de Benalla, le Parquet de Paris a ordonné une enquête à la demande de Matignon sur… Mediapart ! Motif : «atteinte à l'intimité de la vie privée ». Des magistrats ont même débarqué dans les locaux de Mediapart afin de procéder à une perquisition, au mépris de la liberté de la presse et du secret des sources. Jusqu'où nos présidents vont-ils quand ils leur confient leurs « basses besognes » ?

Imaginons alors que, faute d'élection équitable, nous en venions à une véritable révolution. Quels moyens les politiciens en place déploieront-ils? Aurons-nous davantage à faire à la prise de la Bastille ou à Tian'Anmen ? Lors des manifestations des Gilets jaunes, les journaux du monde entier ont fustigé la violence de riposte du gouvernement qui, par exemple, est le seul en Europe à utiliser la grenade GLI-F4, qui contient 25 grammes de TNT et qui a provoqué depuis le début du mouvement (à l'heure où ces lignes sont écrites) cinq mains arrachées, un œil endommagé et un pied blessé. Ou encore l'utilisation du fusil LBD40, une arme très puissante qui a fait des dizaines de blessés depuis les manifestations des Gilets jaunes, et que la France est l'un des rares pays européens à utiliser.[350] Dans son édition du 7 février 2019, Le Point révèle que 150 Gilets jaunes ont été mis sur écoute par le gouvernement. Peu de temps avant, le 30 janvier, le Canard enchaîné avait révélé les consignes abusives données aux forces de l'ordre envers les Gilets jaunes : *Ainsi, au chapitre "suites judiciaires", la possibilité d'être relâché après une arrestation n'existe pas ! Même si les policiers pincent quelqu'un par erreur, il faut, précise froidement le courriel, "de préférence maintenir" l'inscription au fichier TAJ (pour "traitement des antécédents judiciaires"), "même lorsque les faits ne sont pas constitués".* Cette réponse, disproportionnée face à quelques milliers de manifestants qui veulent juste faire entendre leurs revendications, nous laisse penser que le jour où ils seront des millions,

---

[350] Et il y a réellement du souci à se faire, car d'après un article paru le 12 juin 2019 dans Bastamag (*Le ministère de l'Intérieur commande en masse des munitions pour fusils d'assaut et des grenades de désencerclement*), le gouvernement serait en train de faire de grosses provisions pour les années à venir.

avec véritablement l'intention d'en découdre, l'Etat nous enverra l'armée avec aussi peu d'hésitation que la Chine l'a fait en 1989.

Dans ces conditions, comment pourra-t-on un jour changer le système ?

## 9.4.   Un peu d'optimisme

*Ne doutez jamais qu'un petit groupe d'individus éclairés et engagés puisse changer le monde. En fait, c'est toujours comme cela que ça s'est passé.*

Margaret Mead

*Le monde appartient aux optimistes, les pessimistes ne sont que des spectateurs.*

François Guizot

Un sondage, piloté par la sociologue Anne Muxel et publié fin 2016, nous révèle que 99% des jeunes de 18 à 34 pensent que les hommes politiques sont corrompus, 87 % n'ont pas confiance dans les responsables politiques et les médias, et 62 % déclarent pouvoir « participer demain ou dans les prochains mois à un grand mouvement de révolte ». Par ailleurs en 2018, plus de vingt mille étudiants, pour beaucoup issus des grandes écoles, ont signé un "manifeste pour un réveil écologique" témoignant de leur refus de travailler pour des entreprises polluantes.

Ces résultats encourageants nous montrent que les nouvelles générations ne sont pas aussi apathiques et dociles que ce que l'on voudrait nous faire croire, et sûrement pas aussi matérialistes non plus.

En effet, dans un autre sondage réalisé par Opinionway en 2016, seuls 24% des jeunes placent les clés de leur réussite dans le fait de gagner beaucoup d'argent, contre 62% dans le fait de réaliser « une carrière professionnelle épanouissante » et 60% dans le fait d'avoir « une famille heureuse ».

Ce « non-matérialisme » n'est d'ailleurs pas l'apanage des jeunes. Globalement, nos « vraies » motivations, celles qui nous rendent heureuses, ne sont jamais guidées par l'argent, et ce dernier a plutôt tendance à les détruire qu'à les accroître. Si une dame âgée tombait dans la rue et que vous l'aidiez à se relever, accepteriez-vous l'argent qu'elle vous tendrait ou vous en offusqueriez-vous ?

Dans son ouvrage *Les stratégies absurdes*[351], Maya Beauvallet met en évidence ce trait de notre âme, à travers les résultats de plusieurs études sur ce sujet. Par exemple, le don du sang est rémunéré aux Etats-Unis et gratuit en Grande-Bretagne, mais c'est pourtant dans ce dernier pays qu'il en manque le moins. Dans une autre étude, on a proposé à des groupes de bénévoles de les rémunérer afin qu'ils fournissent plus d'heures de travail : ce geste a eu l'effet inverse de celui escompté car ils ont réduit leurs heures de travail. Autre exemple : dans le cadre d'un projet d'enfouissement des déchets nucléaires, on a demandé aux habitants d'une ville de Suisse – après les avoir sensibilisés à la cause – s'ils étaient prêts à les accueillir sur leur territoire. Environ 50,8% étaient pour, et 44,9% étaient contre. Pour faire pencher la balance encore plus en faveur du « oui », le gouvernement s'est dit prêt à leur reverser en compensation des indemnités individuelles comprises entre 2 175 et 6 525 dollars par année. Le taux de personnes favorables est passé de 50,8% à... 24,6%. Nous n'agissons pas pour l'argent ; nous en avons besoin pour survivre dans ce système, mais à la base ce sont nos passions et l'altruisme qui guident nos principales actions. D'ailleurs, contrairement à ce que l'on voudrait parfois nous faire croire, ce n'est pas le libéralisme qui est à la base de nos sociétés, mais l'entraide. En d'autres termes : si à cinquante ans tu portes encore une Rolex au poignet, c'est que tu n'as rien compris à la vie...

Il y a en France de plus en plus de mouvements contestataires (Nuit debout, Gilets jaunes, grèves contre la réforme des retraites...), ce qui est le signe que les gens en ont marre mais aussi qu'ils sont moins crédules envers le pouvoir politique. Grâce aux nouveaux moyens de communication, il peut être possible de se fédérer en contre-pouvoir et de mener la plus belle révolution qui soit : en gagnant une élection. Les obstacles sont, comme on l'a vu, très nombreux, mais l'histoire a

---

[351] Maya Beauvallet, *Les stratégies absurdes*, Editions du Seuil, 2009.

montré que certains combats qui semblaient impossibles ont finalement pu être gagnés grâce à la détermination de quelques-uns.

# Conclusion

Rencontrant moi-même des difficultés à appréhender un si grand mécanisme aux imbrications complexes et nombreuses, c'est la lecture d'*Une brève histoire du temps* de Stephen Hawking qui m'a en partie inspiré l'écriture de ce livre. Il avait su vulgariser les lois de notre univers afin de les rendre compréhensibles à des novices tels que moi, et c'est dans ce même esprit que j'ai voulu expliquer les lois qui régissent notre système économique actuel. C'est pourquoi cet essai ne doit pas être pris comme la photographie impossible d'un monde en mouvement mais comme le schéma logique de son mode de fonctionnement. Je n'ai d'ailleurs rien inventé dans cet ouvrage : il n'est que le fruit d'études diverses et éparses, que j'ai rassemblées et que j'ai dû ordonner comme un grand puzzle, bien trop grand pour tenir sur une simple feuille ou dans un long discours.

On pourra me reprocher de m'être davantage attardé sur le cas de la France, peut-être comme un manque de patriotisme ou un signe de complaisance envers les autres pays, mais parler de tous les pays du monde m'aurait contraint à multiplier par vingt le volume de ce livre et le temps passé à l'écrire. Et puis, disons-le tout net, j'ai balayé devant ma porte. Conformément au vieil adage qui recommande de régler d'abord ses propres problèmes avant d'aller fourrer son nez dans ceux des autres, je me suis concentré sur mon pays. Je laisse aux auteurs des autres contrées le soin de dévoiler ce qui ne tourne pas rond par chez eux, un peu comme Naomi Klein l'a fait envers le Canada et l'Amérique du Nord en général dans *Tout peut changer*.

Mais la tâche n'a pas été simple non plus. Je redoutais un manque d'informations, en particulier sur certains sujets sensibles, et finalement, ça a été le contraire. J'en ai eu tellement à ma disposition que le plus pénible est progressivement devenu le douloureux travail de tri. Au premier tiers de mon projet, je me suis d'ailleurs rendu compte que j'étais parti pour faire deux mille pages… mais, conscient de ne pas avoir le même talent que J. R. R. Tolkien, je me suis décidé à tout reprendre en résumant davantage, afin de ne pas faire fuir mes lecteurs les plus impatients.

J'ai rencontré également une autre difficulté, encore plus inattendue. J'ai écrit ce livre essentiellement durant la nuit, entre minuit et quatre heures du matin mais, hélas ! je ne peux pas dire qu'une fois au lit je trouvais facilement le sommeil, tant ce que j'apprenais me secouait. Il m'est arrivé plusieurs fois au cours de mes lectures d'être si horrifié et révolté que j'en refermais le livre de dégoût. C'est uniquement ma soif de savoir qui me poussait à chaque fois à reprendre la lecture, mais j'ai préféré taire les faits les plus dérangeants de peur de faire fuir mes lecteurs les plus sensibles ou les plus sceptiques. Cela a été le cas de nombreuses fois pour l'histoire de l'esclavage ou de la Françafrique. Je n'ai par exemple pas abordé, par pudeur pour les jeunes lecteurs, les cas d'esclavage sexuel ou pédosexuel. Je n'ai pas non plus relaté dans le détail les assassinats des divers dirigeants africains au cours des cinquante dernières années. D'une part, cela aurait été trop long, tant ils sont tristement nombreux, mais aussi très glauques pour ce genre d'essai. Certains m'ont marqué plus que d'autres. Pour n'en citer que quelques-uns, il y a : l'assassinat de Sylvanus Olympio, premier président de la République du Togo, traqué dans la nuit dans sa résidence par des mercenaires français, tandis que le gouvernement français avait déjà fait annoncer sa mort à la radio ; l'assassinat à Paris de la militante Dulcie September, qui a eu le malheur de s'intéresser d'un peu trop près au trafic d'armes entre la France et l'Afrique du Sud de l'Apartheid ; l'empoisonnement de l'indépendantiste Félix Moumié à Genève par William Bechtel, qui s'était fait passer pour un journaliste et avait glissé du thallium dans le verre du leader camerounais. Il sera arrêté à Bruxelles puis extradé en Suisse, mais la France mettra tant de pression qu'il sera acquitté... acquitté comme tous les autres français qui ont assassiné des dirigeants africains. Quand vous lisez toutes ces affaires en détail, vous avez vraiment le sentiment que notre pays est dirigé par une poignée d'assassins sans scrupules. Les méthodes des lobbies ont aussi parfois de quoi faire vomir. Stauber et Rampton citent par exemple ce groupe industriel, qui – par l'intermédiaire d'une agence – a infiltré un cercle de militants écologistes et poussé la plus fragile (psychologiquement) d'entre eux à aller poser une bombe, en lui fournissant méthode et moyens. Ils l'ont dénoncée à la police et à la presse juste avant les faits. Le but ? Montrer au monde que les écolos sont en réalité de dangereux terroristes en puissance. Il y a aussi Richard Doll : le professeur de l'université d'Oxford dont les travaux ont constitué une référence internationale dans le monde scientifique durant toute la seconde moitié du XXe siècle. Il a minimisé l'impact cancérogène de l'amiante et du nucléaire, affirmé que le plomb dans l'essence des véhicules n'était pas dangereux, et que l'agent orange de Monsanto était « tout au plus faiblement cancérogène en expérimentation sur les animaux », ce qui permit à cette dernière de gagner un procès. Ce n'est qu'après sa mort en 2005 qu'on a connu les sommes faramineuses (allant jusqu'à 1200 euros par jour) qu'il touchait d'industriels comme Monsanto ou Dow Chemicals. Combien d'honnêtes journalistes, auteurs et scientifiques ont vu leurs travaux, parfois le travail de toute une vie, dénigrés à cause de cet homme ? Et combien existe-t-il encore de Richard Doll dans le monde aujourd'hui ? Quand vous lisez le pire du pire vous n'avez qu'une envie : refermer le livre. Et c'est ça que j'ai voulu épargner au lecteur.

Enfin, cela n'a pas été facile d'écrire toutes ces lignes sans céder à la colère, sans rajouter des jugements de valeur qui auraient nui à la neutralité du contenu. Dans cette quête de la vérité, j'ai essayé de m'en tenir aux faits et rien qu'aux faits. Les aberrations de notre système ne sont pas le fruit de mon imagination, et j'invite sincèrement les lecteurs les plus sceptiques à aller vérifier par eux-mêmes toutes les sources que j'ai citées.

Cette révolte contenue au fur et à mesure de l'écriture, j'ai pu l'évacuer en la partageant parfois avec mon entourage, proche ou moins proche. J'ai pu globalement distinguer trois différentes catégories d'attitude en réaction à mes propos.

Tout d'abord, la plus rare et la plus réjouissante a été celle de prêcher un convaincu. Non que je me satisfasse de ne rien apprendre à personne, mais c'est parfois rassurant de ne pas se sentir seul dans ce long combat pour la survie de nos enfants. Et pour ces convaincus, c'est rassurant également de se voir confirmer par des faits, des chiffres ou même des raisonnements logiques, ce qui n'était qu'une intuition au départ. En cela, j'avoue que le premier bénéficiaire de ce long travail de recherche a bien évidemment été moi-même. Il y a tant de pièces dans ce puzzle à assembler que, sans l'avoir couché par écrit, je n'aurais pu en prendre la totale mesure.

Ensuite, la plus conflictuelle et majoritaire des réactions a été celle du déni. Il existe encore de nombreuses personnes, hélas ! qui ont assimilé les discours prétendument néolibéraux de nos dirigeants au point de croire que le salut de notre pays se trouvera sur la première place du podium économique. Toujours plus de sacrifices pour plus de compétitivité, plus de croissance, plus d'incitations fiscales, une monnaie forte, un budget bien en équilibre… c'est le fameux *Make America great again* de Donald Trump décliné à toutes les sauces, qui a valu l'élection d'Emmanuel Macron en France, celle de Jair Bolsonaro au Brésil, etc. L'argumentation avec ces gens-là est difficile car, comme disait Simone de Beauvoir, *le principal fléau de l'humanité n'est pas l'ignorance mais le refus de savoir*. Ils perdent vite patience, et coupent court à la conversation dès qu'ils sentent leurs idéaux menacés. Certains arguments passent parfois mieux par écrit que par oral, j'ose espérer que ce livre leur sera peut-être utile.

Enfin, la dernière catégorie, à part égale avec la seconde, regroupe ceux qui ne s'étonnent plus de rien mais qui ne se révoltent pas non plus. Ce sont des phrases du genre : « On le savait… ça a toujours été comme ça… on ne pourra rien changer ! ». Que faire devant tant de passivité et d'indifférence ? D'abord, ils se trompent sur un point : ils ne le savaient pas. Ils s'en doutaient car ils voient bien que le monde dans lequel nous vivons ne tourne pas rond, mais leur indifférence envers lui est à l'échelle du peu d'efforts qu'ils font pour le comprendre. Entre *se douter d'une chose* et *en comprendre les moindres rouages*, il existe une belle différence, et c'est cette différence qui nous révolte et nous pousse à agir. *Si tu ne participes pas à la lutte, tu participes à la défaite*, disait Bertold Brecht. Il faut être conscient que ne rien faire ou ne rien dire, c'est se ranger du côté de ces politiciens qui nous exploitent. C'est le même principe qui prévaut en matière d'éducation parentale : *qui ne dit mot consent*. Lorsque l'on surprend un de nos enfants lever la main sur son cadet (ou parfois son aîné), pour quelque raison que ce soit, il est de notre devoir en tant que parent d'intervenir, au risque d'approuver tacitement cette injustice et cette violence, et au final de l'encourager. Cela vaut pour nos dirigeants. Quand on assiste aux scandales de corruptions auxquels ils sont mêlés, quand on voit comment ils détournent l'argent public pour le mettre dans leur poche, quand on entend leurs mensonges répétés de manière éhontée... on ne peut pas rester sans rien dire ou sans rien faire, ou alors c'est que l'on cautionne ce type de comportement.

Vous qui avez lu ce livre, je ne sais pas dans laquelle de ces trois catégories vous vous situez mais merci d'être arrivé jusqu'au bout. Je ne vous demande pas de croire tout ce que vous avez lu sur parole. Au contraire, je vous supplie de douter et de faire à votre tour toutes les démarches nécessaires à la recherche de la vérité. Je sais très bien que l'on n'est convaincu que par soi-même, donc n'hésitez pas à rassembler vous aussi toutes les pièces du puzzle, sans avoir peur de perdre vos préjugés ou vos idéaux. Dites-vous toujours que si une pièce ne s'imbrique pas bien dans une autre, il ne faut surtout pas vous en contenter car c'est que votre connaissance de la vérité est incomplète. Evitez les raccourcis trop faciles et les syllogismes. Trop longtemps on m'a fait croire que les Africains étaient pauvres simplement parce qu'ils ne voulaient pas travailler et se faisaient tout le temps la guerre, mais ça ne collait pas avec le fait que certains réussissent bien leurs études, que d'autres travaillent douze heures par jour, qu'ils s'entraident bien plus que chez nous et que leur continent est le plus riche du monde en ressources minières. Ce sont ces discordances qui nous font chercher plus loin la vérité et découvrir les rouages de tout un système qui nous était avant invisible. Et il y en a tellement dans ce monde : l'exploitation effrénée des ressources alors qu'elles touchent pourtant à leur fin ; le FMI qui tire le signal d'alarme dès que la croissance ralentit alors qu'elle est pourtant insoutenable à long terme ; le gouvernement qui lutte en priorité contre la fraude aux prestations sociales alors qu'elle ne représente pourtant qu'une goutte d'eau par rapport à l'évasion fiscale, etc. Tous ces travers ne découlent pas d'une *dérive* du système mais du *système lui-même*.

Maintenant que vous savez, et parce que *savoir, c'est pouvoir*, je vous en conjure, ne laissez pas les idées de ce livre moisir dans votre bibliothèque. Conseillez-le, prêtez-le, donnez-le, offrez-le… mais il faut que les gens sachent !

Nous voulons un monde où chacun pourrait vivre sans s'inquiéter de son avenir ou de celui de ses enfants, un monde où nous pourrions respirer un air pur et goûter à des aliments sains, un monde où la protection de la nature serait non un combat mais une évidence, un monde sans esclave à exploiter, sans peuple à abuser. Ce monde, c'est notre monde, et il est en notre pouvoir d'en faire ce que l'on veut, et de faire en sorte que notre mode de vie actuel soit compatible avec la survie de nos descendants. Les politiciens nous ont privés de ce pouvoir afin de détourner le système à leur seul profit. A nous de nous le réapproprier avant qu'il ne soit trop tard. Si les quelques centaines de millionnaires qui nous gouvernent ont réussi à s'entendre pour s'accaparer la planète, peut-être pouvons-nous aussi nous entendre pour lui rendre sa liberté ? Il est plus difficile de s'organiser quand on est des millions que des milliers, mais nous n'avons plus d'autre choix. Autrefois, je croyais que les dirigeants politiques se conduisaient envers leurs électeurs comme de « bons pères de famille », bienveillants et soucieux de leur avenir, mais il faut aujourd'hui se rendre à l'évidence : nos politiciens n'ont pas d'enfants.

# Table des matières